БЕЛАРУСКАЯ БІБЛІЯТЭКА І МУЗЭЙ
ІМЯ ФРАНЦІШКА СКАРЫНЫ

НОВЫМ ІМКНЕНЬНЯМ ДАЦЬ НОВЫЯ ФОРМЫ

Вацлаў Ластоўскі і культурны дыскурс 1920-х гадоў

SKARYNA PRESS

Uładzisłaŭ Harbacki, Volha Łabačeŭskaja i Janina Łaŭnik (red.)
"Novym imknieńniam dać novyja formy". Vacłaŭ Łastoŭski
i kulturny dyskurs 1920-ch hadoŭ : Materyjały mižnarodnaj
kanferencyi da 140-hodździa Vacłava Łastoŭskaha
(London, 10–11 listapada 2023)

Skaryna Press, Лёндан
skarynapress.com

Рэдактары: Уладзіслаў Гарбацкі, Вольга Лабачэўская і
Яніна Лаўнік

Рэцэнзэнт: Тамаш Блашчак, PhD, дацэнт Унівэрсытэту
Вітаўта Вялікага, Коўна

Адказны рэдактар: Ігар Іваноў
Мастак: Сяргей Шабохін

Кніга выйшла зь фінансавай падтрымкай
Беларускага дабрачыннага фонду, Лёндан

ISBN 978-1-915601-80-3

© Аўтары, 2025
© Skaryna Press, 2025

ЗЬМЕСТ

Аўтары — 7

Прадмова — 9

Філязофская думка Вацлава Ластоўскага
ў інтэлектуальным кантэксьце эпохі
Антон Пракапчук — 17

Дэкалянізацыя беларускага наратыву
гісторыі Вялікага Княства Літоўскага:
ад Вацлава Ластоўскага да Міколы Ермаловіча
Сяргей Марозаў (Беласток) — 44

Вацлаў Ластоўскі:
ля вытокаў беларускай сацыялінгвістыкі
Уладзіслаў Гарбацкі (Вільня) — 70

Першая і дагэтуль непераўзыдзеная
„Гісторыя беларускай (крыўскай) кнігі"
Вацлава Ластоўскага
Алесь Суша (Менск) — 86

„Гісторыя беларускае літэратуры" (1920)
Максіма Гарэцкага ў параўнаньні з сучаснай
праграмай „Беларуская літаратура" (2023)
для школ Беларусі: канцэптуальныя мадэлі,
корпусы тэкстаў, падыходы
Віктар Халіпаў (Кляйпэда) — 118

Вацлаў Ластоўскі і справа вывучэньня помнікаў
даўніны ў Беларусі ў 1920-я гады
Сяргей Харэўскі (Вільня) — 136

Вацлаў Ластоўскі — мастак, калекцыянэр,
мастацтвазнаўца: старонкі да біяграфіі
Вольга Лабачэўская (Менск)   *152*

Забыты беларускі этнограф:
жыцьцё і творчасьць Аляксандра Шлюбскага
Сьцяпан Захаркевіч (Вільня)   *180*

Навуковыя сувязі Яўхіма Карскага
зь міжваеннай Чэхаславаччынай
Міраслаў Янкавяк (Прага)   *208*

Вацлаў Ластоўскі
ў беларускай і польскай культуры
Натальля Русецкая (Люблін)   *220*

Паказальнік   *239*

АЎТАРЫ

Уладзіслаў Гарбацкі, PhD у сацыялінгвістыцы, Эўрапейскі гуманітарны ўніверсытэт, Вільня; выдавецтва Skaryna Press, Лёндан.

Сьцяпан Захаркевіч, кандыдат гістарычных навук, Эўрапейскі гуманітарны ўніверсытэт, Вільня.

Вольга Лабачэўская, доктарка мастацтвазнаўства, Менск.

Сяргей Марозаў, кандыдат гістарычных навук, незалежны дасьледнік, Беласток.

Антон Пракапчук, магістар філязофскіх навук, незалежны дасьледнік.

Натальля Русецкая, PhD у гуманітарных навуках / літаратуразнаўстве, катэдра славянскага літаратуразнаўства, універсытэт Марыі Кюры-Складоўскай, Люблін.

Алесь Суша, кандыдат культуралёгіі, старшыня Міжнароднай асацыяцыі беларусістаў, Менск.

Віктар Халіпаў, кандыдат філялягічных навук, катэдра філялёгіі Кляйпэдзкага ўніверсытэту, Кляйпэда.

Сяргей Харэўскі, лектар, Эўрапейскі гуманітарны ўніверсытэт, Вільня.

Міраслаў Янкавяк, доктар габілітаваны ў галіне мовазнаўства, Інстытут славістыкі Чэскай Акадэміі Навук, Прага.

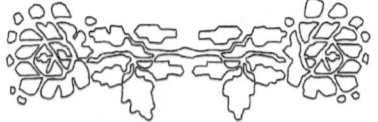

ПРАДМОВА

Вашай увазе прапануюцца матэрыялы міжнароднай канфэрэнцыі „Новым імкненьням даць новыя формы". Вацлаў Ластоўскі і беларускія мовазнаўцы ў культурным дыскурсе 1920–30-х гадоў", якая адбылася 10–11 лістапада 2023 г. у Скарынаўскай бібліятэцы ў Лёндане ў рэальным і віртуальным фармаце. Канфэрэнцыя была прымеркаваная да 140-годзьдзя Вацлава Ластоўскага (1883–1938) — пісьменьніка, гісторыка, мовазнаўцы, этнографа, грамадзкага і палітычнага дзеяча — а таксама да юбілеяў выбітных мовазнаўцаў Язэпа Лёсіка (1883–1940) і Сьцяпана Некрашэвіча (1883–1937) і пісьменьніка, літаратуразнаўцы і стваральніка сучаснай беларускай мовы Максіма Гарэцкага (1893–1938). Усе яны разам з Ластоўскім былі сярод тых, хто стаяў ля вытокаў сучаснага беларускага мовазнаўства і гістарыяграфіі, ствараў слоўнікі, граматыкі, літаратуразнаўчыя агляды, хто закладаў Інбелкульт і Беларускую акадэмію навук. Яны ж былі аднымі зь першых ахвяр сталінскага тэрору супраць нацыянальнай інтэлігенцыі. Канфэрэнцыя мела зьвярнуць увагу на вялікую ролю беларускага мовазнаўства ў інтэлектуальным і сацыяльна-культурным дыскурсе беларускага грамадзтва сто гадоў таму і ў чарговы раз асэнсаваць спадчыну рэпрэсаваных інтэлектуалаў.

Постаць *Вацлава Ластоўскага* — палімата-самавука, сапраўднага пачынальніка, які закладаў новыя формы і падыходы ў многіх галінах беларусазнаўства, выразна вылучаецца на тле культурнага будаўніцтва 1920-х гадоў. Менавіта яму была прысьвечаная большая частка выступаў. На жаль, у пэўнай ступені іншыя ўзгаданыя мовазнаўцы і пісьменьнікі засталіся па-за ўвагай. Тым ня менш, у зборніку ёсьць дасьледаваньні, прысьвечаныя *Яўхіму Карскаму*, *Максіму Гарэцкаму* і *Аляксандру Шлюбскаму*, а дзейнасьць В. Ластоўскага разглядаецца ў зьвязцы з шматлікімі іншымі стваральнікамі беларускай сацыяльнай і гуманітарнай навукі ў 20-ыя гады мінулага стагодзьдзя. Адыход ад меркаванага мовазнаўчага характару зборніка адлюстраваны ў больш шырокай фармулёўцы ягонае назвы, якая прадстаўляе творчасьць Ластоўскага як частку агульнага культурнага дыскурсу 1920-х гадоў.

Варта зазначыць, што Скарынаўская бібліятэка, якая арганізавала канфэрэнцыю 2023 году, не ўпершыню ладзіць навуковую імпрэзу, прысьвечаную В. Ластоўскаму. Так, у 1983 годзе, калі ў БССР імя Ластоўскага было пад забаронай, Скарынаўка адзначыла стагодзьдзе аўтара „Гісторыі беларускай (крыўскай) кнігі", зладзіўшы сэмінар, прысьвечаны памяці Вацлава Ластоўскага ў Лёндане. З дакладамі на сэмінары выступалі Антон Адамовіч, Аляксандр Баршчэўскі, Джым Дынглі, Альбэрт Барташэвіч і Антон Шукелойць[1]. Некаторыя з гэтых дакладаў былі апублікаваныя ў Journal of Belarusian Studies за 1984 год[2]. На радзіме ж навукоўцы і шырокае грамадзтва змаглі адкрыць для сябе імя Вацлава Ластоўскага толькі пасьля 1988 году, калі ён быў канчаткова рэабілітаваны і пазьней, у 1990 годзе, адноўлены ў годнасьці акадэміка АНБ. З таго часу пачалі ладзіцца канфэрэнцыі, сэмінары, прысьвечаныя ягонай дзейнасьці, і (пера)выдавацца ягоныя працы. У Беларусі, Польшчы, Летуве даклады на тэмы, зьвязаныя зь дзейнасьцю Ластоўскага, гучалі на агульных канфэрэнцыях, а таксама ладзіліся рэдкія спэцыялізаваныя навуковыя імпрэзы. Так, у 2003 годзе Таварыства беларускай культуры ў Вільні адзначыла 120-годзьдзе з дня народзінаў В. Ластоўскага і Я. Лёсіка. У 2008 годзе ў Маладэчне адбылася навукова-краязнаўчая канфэрэнцыя „«Шляхамі Вацлава Ластоўскага»: да 125-годзьдзя з дня народзінаў гісторыка, пісьменьніка, акадэміка АН Беларусі" (4 верасьня 2008), у выніку якой зьявіўся зборнік матэрыялаў[3].

---

[1] Панькоў, М. Хроніка беларускага жыцця на чужыне (1945–1984), Мінск, Бібліятэка часопісу „Беларускі Гістарычны Агляд", 2001.

[2] Journal of Belarusian Studies, Volume 5 (1984): Issue 3–4 (Dec 1984).

[3] Матэрыялы навукова-краязнаўчай канферэнцыі «Шляхамі Вацлава Ластоўскага»: да 125-годдзя з дня нараджэння гісторыка, пісьменніка, акадэміка АН Беларусі (4 верасня 2008 г.) / [падрыхтоўка тэксту і ўкладанне М. Казлоўскага], Маладзечна, 2008.

Аднак афіцыйны Менск не далучаўся да шанаваньня аднаго зь першых прынцыповых незалежнікаў Беларусі. Пасьля 2020-га году В. Ластоўскі зноў трапіў у няласку: гісторыя з забаронай кніг навукоўца ў 1937 годзе паўтарылася ў Беларусі ў 2024-м, калі творы пісьменьніка былі прызнаныя экстрэмісцкімі.

Як і ў 1983 годзе, у 2023-м чарговы юбілей Ластоўскага адзначыла выключна дыяспара, на радзіме сьвяткаваньне было амаль немагчымым. Такім парадкам, канфэрэнцыя 2023 году „«Новым імкненьням даць новыя формы». Вацлаў Ластоўскі і беларускія мовазнаўцы ў культурным дыскурсе 1920-30-х гадоў" сталася адзінай на гэтым этапе магчымасьцю сабраць тых, хто дасьледуе спадчыну нашага выбітнага пачынальніка, і забясьпечыць акадэмічную прызму міждысцыплінарных дасьледаваньняў вакол тэкстаў і даробку Ластоўскага.

Адлюстроўваючы множнасьць сфэр дзейнасьці Вацлава Ластоўскага, зборнік прадстаўляе міждысцыплінарны падыход да ягонае творчасьці. Ці не ўпершыню перад намі паўстае Ластоўскі як сацыялінгвіст, мастацтвазнаўца і філёзаф, дасьледуецца рэцэпцыя ягонае творчасьці. Поруч з цэнтральнай постацьцю Ластоўскага разглядаюцца іншыя значныя асобы, якія закладалі асновы беларускага мовазнаўства (Я. Карскі), літаратуразнаўства (М. Гарэцкі) і этнаграфіі (А. Шлюбскі).

Зборнік адкрываецца гісторыка-філязофскім дасьледаваньнем *Антона Пракапчука*, які ставіць публіцыстычны даробак В. Ластоўскага ў шырэйшы кантэкст эўрапейскага мысьленьня. Артыкул прасочвае інтэлектуальныя плыні, якія адбіліся на мэтадалягічным падыходзе Ластоўскага да нацыянальнае гістарыяграфіі. У выніку, аўтар выяўляе адметную філязофскую лёгіку Ластоўскага ў фармуляваньні паняткý нацыянальнага стылю як культурнай формы, празь якую нацыя стварае свае каштоўнасьці.

Тэму мэтадалёгіі гістарыяграфіі працягвае *Сяргей Марозаў*. Дасьледнік аналізуе ўнёсак Вацлава Ластоўскага і Міколы Ермаловіча ў дэкаланізацыю дыскурсу беларускай гістарыяграфіі. Асобная ўвага надаецца ролі, якую адыграў канцэпт Вялікага Княства Літоўскага ў фармаваньні нацыянальнага гістарычнага наратыву ў ХХ стагодзьдзі. Празь параўнальны аналіз прац В. Ластоўскага і М. Ермаловіча артыкул паказвае іх ролю ў абгрунтаваньні ідэі беларускай дзяржаўнасьці і фармаваньні нацыянальнай сьвядомасьці.

Як адзначае *Уладзіслаў Гарбацкі*, дэкаляніялісцкі дыскурс Вацлава Ластоўскага праяўляецца і ў ягоных мовазнаўчых працах. Дасьледнік падсумоўвае свой аналіз публікацый Ластоўскага, прысвечаных моўнай палітыцы, русыфікацыі і крытыцы каляніялісцкага бачаньня, і ставіць Ластоўскага ля вытокаў беларускай сацыялінгвістыкі. Асобная ўвага надаецца лексыкаграфічнай працы Ластоўскага і ягонаму „Падручнаму расійска-крыўскаму слоўніку", у прадмове да якога закладзеныя вострая крытыка імпэрскай моўнай палітыкі і незалежніцкае пасланьне.

Артыкулы *Алеся Сушы* і *Віктара Халіпава* перагукаюцца фокусам і тэмаю: абодва аўтары разглядаюць грунтоўныя навуковыя працы, апублікаваныя ў 1920-я гады, якія прадставілі першыя агляды гісторыі беларускай кнігі і пісьменства. Асьвятляючы гісторыю стварэньня, зьмест і значэньне фундамэнтальнай „Гісторыі беларускай (крыўскай) кнігі" (1926) В. Ластоўскага, А. Суша падкрэсьлівае культуралягічны падыход, які ляжыць у яе аснове: праз разгорнутую бібліяграфію беларускіх выданьняў і рукапісаў ад канца X да пачатку XIX стагодзьдзя Ластоўскі паказаў „цэласную карціну разьвіцьця беларускай культуры як самабытнай, яркай і поўнавартаснай часткі сусьветнага культурнага працэсу". У сваю чаргу, В. Халіпаў зьвяртаецца да „Гісторыі беларускае літаратуры" (1920) М. Гарэцкага, канцэптуалізуючы яе як „уяўны дыскурс" беларускай літаратуры, гісторыя якой зьнітаваная з наратывам нацыянальнага адраджэньня і станаўленьня беларускай нацыі. Гэтым, сярод іншага, праца Гарэцкага кантрастуе з сучаснай школьнай праграмай па беларускай літаратуры, якая пакідае па-за ўвагай уласнабеларускі кантэкст і палітычныя чыньнікі разьвіцьця культуры. Паводле дасьледніка, інклюзіўны і кантэкстуальны падыход Гарэцкага да вызначэньня межаў, этапаў і фактараў разьвіцьця беларускае літаратуры надзвычай актуальны і сёньня.

Прадмова

Дзейнасьці Ластоўскага як дасьледніка помнікаў даўніны і арганізатара музэйнай справы ў Беларусі прысьвечаны артыкул *Сяргея Харэўскага*. Паводле аўтара, Ластоўскі адным зь першых яшчэ ў нашаніўскі пэрыяд уводзіць у грамадзкі дыскурс панятак помнікаў даўніны як нацыянальных здабыткаў, на якіх мусіць адбудоўвацца жыцьцё народу. Асаблівая ўвага ў артыкуле надаецца працы па вывучэньні, зьбіраньні і захаваньні старажытных помнікаў, якую Ластоўскі разгарнуў у канцы 1920-х гадоў на пасадзе дырэктара Беларускага дзяржаўнага музэю.

Вольга Лабачэўская знаёміць чытача зь менш дасьледаванымі аспэктамі творчасьці Ластоўскага як мастацтвазнаўцы. Перагукаючыся з папярэднім аўтарам, дасьледніца прасочвае шлях Ластоўскага ад першага выкарыстаньня матываў слуцкага пояса ў кніжнай графіцы і праграмных артыкулаў у „Нашай ніве" і „Крывічу" да распрацоўкі мэтадалёгіі музэйнай справы і арганізацыі працы па зборы і вывучэньні ўзораў народнага мастацтва ў Савецкай Беларусі. Аўтарка пакрэсьлівае цэнтральную ролю, якую адыграла канцэпцыя беларускага народнага стылю, высноваваная Ластоўскім, у фармаваньні нацыянальнага мастацтва ў 1920-я гады.

Поруч з Ластоўскім, шэраг выдатных навукоўцаў спрычыніліся да станаўленьня беларускае навуковае этнаграфіі. Артыкул *Сьцяпана Захаркевіча* асьвятляе бачынкі жыцьця і творчасьці аднаго з найбольш яскравых этнографаў гэтага пакаленьня Аляксандра Шлюбскага, які амаль ня згадваецца ў сучасных гістарычных дасьледаваньнях. Зьвяртаючыся да публікацый Шлюбскага, ягонага ліставаньня з Я. Карскім і У. Пічэтам і іншых архіўных дакумэнтаў, аўтар малюе жывую і неардынарную постаць маладога і пладавітага навукоўцы, творчы і жыцьцёвы шлях якога быў перарваны рэпрэсіямі і вайной.

Тэму акадэмічных стасункаў паміж беларускімі мовазнаўцамі і Чэхаславаччынай у міжваенны пэрыяд разьвівае *Міраслаў Янкавяк*. Зьвяртаючыся да постаці выбітнага лінгвіста і беларусазнаўцы Яўхіма Карскага, аўтар апісвае, сярод іншага, удзел Карскага як прадстаўніка савецкай навукі ў Першым зьезьдзе географаў і этнографаў у Празе ў 1924 годзе. Паездкі і справаздачы Карскага асабліва цікавыя ў кантэксьце свайго часу, паказваючы пошук шляхоў супрацы зь міжнароднай акадэмічнай супольнасьцю на фоне пагаршэньня стасункаў паміж Савецкім Саюзам і дэмакратычнымі краінамі.

Натальля Русецкая зьвяртаецца да маладасьледаванай тэмы рэцэпцыі творчасьці Вацлава Ластоўскага ў Беларусі і ў Польшчы. Дасьледніца паказвае, як вяртаньне спадчыны дзеяча ў Беларусі суправаджала працэс аднаўленьня незалежнасьці і фармаваньня культурнай памяці. Зважаючы на абмежаваную прысутнасьць Ластоўскага ў польскай культурнай прасторы, аўтарка падкрэсьлівае важнасьць асобных прыкладаў культурнага трансфэру, у тым ліку публікацыі вершаў Ластоўскага ў польскамоўнай анталёгіі беларускай паэзіі „Чала я не хіліў прад сілай".

Скразная ідэя, якая аб'ядноўвае ўсе тэксты зборніка, — гэта ўнікальная значнасьць інтэлектуальнага даробку беларускіх адраджэнцаў 1920-х гадоў для фармаваньня беларускае нацыі. Антон Пракапчук заўважае, што „гісторык нацыі — гэта яшчэ і яе творца", падобным чынам Віктар Халіпаў кажа: „Працэс самаапісаньня нацыі ў пэўнай ступені зьяўляецца аднаучасова і працэсам яе тварэньня". Гарэцкі ў „Гісторыі беларускае літаратуры", Ластоўскі ў „Кароткай гісторыі Беларусі" і ў „Гісторыі беларускай (крыўскай) кнігі", іншыя выбітныя навукоўцы — аўтары першых слоўнікаў, граматык, падручнікаў і бібліяграфій — займаліся ў рэшце рэшт менавіта нацыятворчасьцю — фармавалі пачаткі сучаснай нацыі, здольнай да суб'ектнасьці і самарэфлексіі.

Мы спадзяемся, што матэрыялы гэтага зборніка дапамогуць далейшаму вывучэньню і асэнсаваньню постацей і працэсаў, якія заклалі падмуркі сёньняшняе беларускае навукі і культуры, і што гэтыя матэрыялы заахвоцяць больш шырокую чытацкую аўдыторыю зьвярнуцца да тэкстаў Вацлава Ластоўскага ды іншых дзеячаў нашага адраджэньня.

Усе тэксты ў выданьні падаюцца клясычным правапісам кадыфікацыі 2005 году. У цытатах, дзе магчыма, мы імкнуліся

Прадмова

захаваць дарэформавы правапіс публікацый 1920-х гадоў і адметную мову самога В. Ластоўскага.

Тэксты артыкулаў ілюстраваныя выявамі рэдкіх выданьняў і аўтографаў В. Ластоўскага, Я. Карскага, М. Гарэцкага, А. Шлюбскага і пазьнейшых перавыданьняў, якія захоўваюцца ў зборах Скарынаўскай бібліятэкі, і здымкамі С. Марозава.

Рэдактары шчыра ўдзячныя лёнданскаму Беларускаму дабрачыннаму фонду за фінансавую падтрымку выданьня.

Рэдактары

ФІЛЯЗОФСКАЯ ДУМКА ВАЦЛАВА ЛАСТОЎСКАГА Ў ІНТЭЛЕКТУАЛЬНЫМ КАНТЭКСЬЦЕ ЭПОХІ

Антон Пракапчук

Вацлаў Ластоўскі традыцыйна вядомы як палітычны пісьменьнік, гісторык і мовазнаўца, але амаль ніколі — як філёзаф. Хаця ён не сфармуляваў сыстэмнай філязофскай канцэпцыі, ягоныя працы выяўляюць выразную філязофскую лёгіку, асабліва ў мэтадалягічным падыходзе да нацыянальнай гістарыяграфіі. Артыкул прасочвае, як Ластоўскі паступова выпрацоўваў гэтую мэтадалёгію ў сэрыі публікацый 1910-х гадоў. Ягоны мэтад, які пазьней стаў асновай ягоных галоўных прац, у тым ліку „Гісторыі беларускай (крыўскай) кнігі", можна ахарактарызаваць як тэарэтычны кампраміс паміж унівэрсалісцкімі канцэпцыямі пазытывізму і сацыялізму і гістарычным кантэкстуалізмам нямецкага Historismus.

Артыкул аналізуе простыя і ўскосныя інтэлектуальныя ўплывы на Ластоўскага, у тым ліку ўплыў аўстрыйскай сацыял-дэмакратыі, расейскай дэмакратычнай сацыялёгіі XIX стагодзьдзя, пазытывізму, паўднёва-заходняй школы нэакантыянства і Lebensphilosophie. Фармуючы ўласны падыход да нацыянальнае гістарыяграфіі, Ластоўскі ўводзіць панятак нацыянальнага стылю — аб'ектыўна вызначальнай культурнай формы, празь якую нацыя стварае свае каштоўнасьці. Ён прапануе клясыфікацыю такіх каштоўнасьцей, якая, на ягоную думку, павінна вызначаць як навуковае вывучэньне нацыі, так і яе палітычнае і культурнае жыцьцё. Для Ластоўскага нацыя — гэта ня толькі „супольнасьць лёсу", а перадусім супольнасьць стылю — сыстэма супольных каштоўнасьцей і форм культурнай экспрэсіі.

Такім чынам, падыход Ластоўскага можна ахарактарызаваць як варыянт гісторыі культуры, або гісторыі нацыянальных каштоўнасьцей. Нацыя ня можа існаваць без стварэньня ўласных каштоўнасьцей, бо кожная нацыя індывідуальная па сваёй прыродзе і культурных патрэбах. Гісторыкі павінны дасьледаваць гэтыя каштоўнасьці, каб вызначыць культурную еднасьць, або стыль, пэўнае нацыі.

Артыкул сьцьвярджае, што праект Ластоўскага па стварэньні крыўскай ідэнтычнасьці ня быў рамантычнай утопіяй, а лягічнай тэарэтычнай канцэпцыяй, якая вынікае зь ягоных раньніх гістарыяграфічных прац. Ягоныя гістарычныя і палітычныя творы — тыя, за якія ён найбольш вядомы, — грунтуюцца на нявыяўленым філязофскім падмурку. Пэўныя аспекты мэтаду Ластоўскага застаюцца актуальнымі і сёньня, асабліва ў кантэксьце дэбатаў пра дэкаляніялізаваную гістарыяграфію паняволеных народаў. Ягоная спроба сумясьціць гістарычны кантэкстуалізм (які можа прыводзіць да рэлятывізму) з патрэбай у цэласным бачаньні гістарычнай пераемнасьці (што рызыкуе стацца гістарыясофіяй) выглядае надзвычай канструктыўнай.

◇◇◇◇◇

Вацлаў Ластоўскі не пакінуў філязофскае сыстэмы, але ў ягонай публіцыстыцы 1910-х гадоў можна прасачыць пэўную палітыка-філязофскую лёгіку, якую ён больш-менш сьвядома паклаў у мэтадалягічны падмурак сваёй гістарычнай і філялягічнай працы. Гэтая лёгіка непасрэдна зьвязаная з дагэтуль актуальным пытаньнем пра сутнасьць і магчымасьць нацыянальнай гістарыяграфіі, якое па сваёй структуры зьяўляецца ня толькі гістарычным, але ў першую чаргу палітыка- і гісторыка-філязофскім. Спадчына Ластоўскага, такім чынам, цікавіць нас ня толькі як артэфакт мінулага, але як адзін з варыянтаў погляду на адвечныя пытаньні, і таму апроч фактычнага апісаньня патрабуе філязофскай інтэрпрэтацыі. Каб правільна зразумець сэнс аргумэнтаў Ластоўскага, трэба рэканструяваць іх лёгіку ўнутры гістарычнага ды інтэлектуальнага кантэксту. Менавіта гэтую працу я паспрабую распачаць у сваім артыкуле. Спадзяюся, што мой нарыс прыцягне ўвагу іншых спэцыялістаў да больш грунтоўнай распрацоўкі праблемы.

Дакладна выявіць кола чытаньня Ластоўскага аб'ектыўна складана, няшмат вядома пра тое, у якім выглядзе да яго дайшлі ідэі нават тых аўтараў, якіх ён згадвае па прозьвішчах. Перавага гісторыка-філязофскага дасьледаваньня тут палягае ў тым, што яно дазваляе зразумець значныя для нас ідэі, нават калі мы ня ведаем усіх акалічнасьцей іх узьнікненьня. Нашмат важней структурнае падабенства канцэпцый: тое, якую лёгіку прыўносяць у дыскурс ідэі, запазычаныя беларускімі мыслярамі з пакуль што невядомых нам крыніц. Калі правесьці такое дасьледаваньне як строгае структурнае параўнаньне, яго вынікі могуць дапамагчы больш дакладна скіраваць шчыра гістарычны пошук. Такім чынам, гісторыка-філязофскі падыход можа прадуктыўна папярэднічаць гістарычнаму. Менавіта гэтага падыходу я прытрымліваюся далей.

Ластоўскі кампэнсаваў недахоп сыстэматычнай адукацыі надзвычайным энтузіязмам і няспыннай самаадукацыяй, што паступова адбівалася на яго поглядах. Нягледзячы на пэўную нескончанасьць ці адсутнасьць сыстэмы, у думцы Ластоўскага магчыма вызначыць канцэптуальнае ядро, устойлівы комплекс ідэй пра тое, як павінна выглядаць гістарычнае дасьледаваньне. Гэты „канцэптуальны згустак" я далей буду скарочана называць канцэпцыяй ці падыходам Ластоўскага. Гледзячы па сьпісах крыніц у працах Ластоўскага, ён чытаў пераважна па-беларуску і па-расейску, спарадычна спасылаўся на польска- і ўкраінскамоўныя крыніцы. Хутчэй за ўсё, ён ня ведаў заходнеэўрапейскіх моваў, прынамсі ў 1910–1920-х гадох. Заходняя думка была даступная яму ў перакладах і пераказах, і дасьледаваньне інтэлектуальных уплываў на ягоны падыход мусіць гэта ўлічваць.

У першай частцы я разгляджу, як у публіцыстыцы 1910-х гадоў Ластоўскі паступова фармулюе асновы падыходу да нацыянальнай гістарыяграфіі. У другой частцы я акрэсьлю кола аўтараў і тэкстаў, ад якіх проста ці ўскосна залежыць ягоная канцэпцыя. Напрыканцы я паспрабую паказаць, што крыўскі праект — гэта не рамантычная фантазія пра страчаны „залаты век", але пасьлядоўны гістарыяграфічны канструкт беларускае ідэнтычнасьці, абумоўлены лёгікай падыходу Ластоўскага, які захоўвае актуальнасьць і сёньня.

I

Адзін зь першых „мэтадалягічных" тэкстаў Ластоўскага — прадмова да „Кароткай гісторыі Беларусі" (1910), дзе ён сьцісла фармулюе свой позірк на сэнс вывучэньня гісторыі. Па-першае, ён амаль не адрозьнівае гісторыю як фактычнае мінулае і гісторыю як навуку аб мінулым. Таму, па-другое, вывучэньне гісторыі — гэта пытаньне ня толькі навукі як асобнай сфэры жыцьця, але і пытаньне сумеснага жыцьця як такога, бо з гістарычнага досьведу супольнасьці паўстаюць яе адзінства і самасьвядомасьць. Гісторыя ў абодвух значэньнях — гэта „фундамэнт, на каторым будуецца жыцьцё народу"[1]. Ластоўскі акцэнтуе, што ягоная праца ня шчыра навуковая, бо імкнецца ня толькі распавесьці пра факты гісторыі, але праінтэрпрэтаваць іх, данесьці да масавага чытача агульны сэнс калектыўнага досьведу[2]. Такім чынам, праца нацыянальнага гісторыка шырэй за навуковую: навука дапамагае людзям зразумець тое, што робіць зь іх супольнасьць.

На працягу „Кароткай гісторыі" Ластоўскі падкрэсьліваў непадзельнасьць гісторыі беларускага народу як мінімум ад XII стагодзьдзя. Гэта азначае, што гісторыя народу мае прадметам гэты самы народ і тое, што ён робіць сам, а не асобныя падзеі, якія здараюцца зь ім. Гісторык мусіць вызначаць суб'ект гісторыі, які захоўвае пэўныя фундамэнтальныя рысы, нават калі зь цягам часу ў чымсьці зьмяняецца. Шматлікія разрывы традыцыі ў беларускай гісторыі Ластоўскі зьвязвае з вонкавымі палітычнымі перашкодамі. Галоўная практычная

---

[1] Ластоўскі В. Ю. Кароткая гісторыя Беларусі. Мінск: Універсітэцкае, 1993. С. 5.
[2] Тамсама.

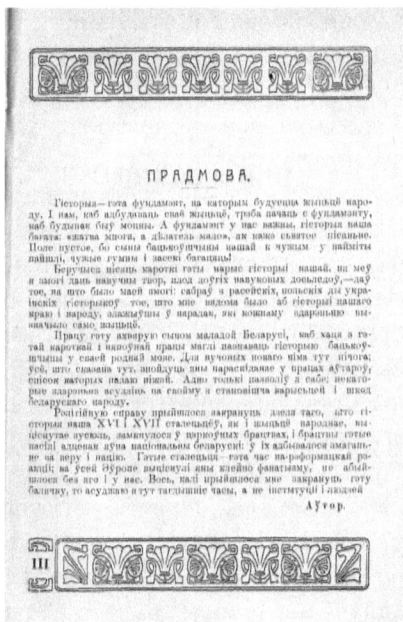

Прадмова да „Кароткай гісторыі Беларусі" (1910) В. Ластоўскага.

складанасьць такога падыходу палягае ў тым, што ў беларусаў не захавалася ўласных пісьмовых крыніц з шмат якіх пэрыядаў, і гісторык беларускай старажытнасьці вымушаны абапірацца на „чужыя" крыніцы. Такім чынам, гістарычнае адзінства народу парушаецца, і гісторык заўсёды павінен будаваць яго нанова. Праз шаснаццаць гадоў, у прадмове да „Гісторыі крыўскай кнігі" Ластоўскі напіша: „Няма больш занядбанай дзедзіны ў сьветавой пісьменнасьці як гісторыя паняволеных народаў"³. Відавочна, сытуацыя з гісторыяй свабодных народаў зусім іншая, таму пытаньне гісторыі ад самога пачатку апынаецца пытаньнем палітычнай незалежнасьці.

У 1910-х гадох падыход Ластоўскага здаецца прымардыяльным, бо ён сьцьвярджае нязьменнае спрадвечнае існаваньне нацыі ў больш-менш фіксаваных межах, а прыналежнасьць

---

³ Ластоўскі В. Гісторыя беларускай (крыўскай) кнігі. Спроба паясьніцельнай кнігопісі ад канца Х да пачатку ХІХ стагодзьдзя. Коўна: Друкарня Сакалоўскага і Лана, 1926. С. V.

да нацыі ўважае пытаньнем кроўнага паходжаньня[4]. Больш уважлівае чытаньне дазваляе ўбачыць, што ў вывучэньні гістарычных зьяў Ластоўскі праяўляе пэўны гістарызм, то бок, разглядае гістарычныя фэномэны не як адвечныя, але як індывідуальныя, творчыя, маючыя гістарычны пачатак і абумоўленыя кантэкстам сваёй эпохі. Ластоўскі не адмаўляе існаваньне гістарычных зьмен і нават прагрэсу, таму варта разглядаць ягоную патрэбу адзінства суб'екту нацыянальнай гісторыі менавіта як патрэбу: як спробу зьняць тэарэтычнае напружаньне паміж ідэяй гістарычнай зьменлівасьці (гісторыяй як навукай) і неабходнасьцю гістарычна патлумачыць сучасны стан нацыі (гісторыяй як калектыўным досьведам). Каб вырашыць гэтую праблему, Ластоўскі ўводзіць канцэпт стылю ў артыкуле „Аб патрэбе стылю ў жыцьці народу" (1911)[5]. Кожны народ як цэлае, як суб'ект гісторыі, пазнаецца па сваіх адбітках: ён выяўляе сябе як народ праз тое, якім чынам ён нешта робіць. Археолягі адрозьніваюць адныя культуры ад іншых адпаведна адрозьненьнямі ў стылі іх вырабаў, а галоўная праява стылю пісьменных народаў — мова. Мове Ластоўскі, як і ўсе дзеячы нацыянальнага адраджэньня, надае шмат увагі, але паказвае, што гісторыку нацыі яе недастаткова. Уласная мова толькі адрозьнівае адзін народ ад іншага, прапануе нэгатыўны крытэр „свайго-чужога"[6], але не абавязкова азначае крышталізаваную станоўчую ідэнтычнасьць. Паказальны пазьнейшы прыклад гэтае лёгікі — артыкул пра Міцкевіча і Дастаеўскага як „сыноў крывіцкага народнага генія" (1926)[7]. Можна спрачацца, ці робіць зь іх беларускіх пісьменьнікаў генэалёгія, але пастаноўка пытаньня сьведчыць пра тое, што Ластоўскі разумее праблему: стыль народу шырэй за граматыку яго мовы.

---

[4] Ластоўскі В. Што трэба ведаць кажнаму беларусу. Менск: Друкарня Грынблята, 1918. С. 2.

[5] Ластоўскі В. Аб патрэбе стылю ў жыцьці народу, Наша ніва, 13 (26) кастрычніка 1911, №41.

[6] Але недахопам цьвёрдай „нэгатыўнай ідэнтычнасьці" Ластоўскі тлумачыць заняпад беларускага адраджэньня ў XIX стагодзьдзі ў аднайменным артыкуле 1916 г. Ластоўскі В. Выбраныя творы. Уклад., прадм. і каментары Я. Янушкевіча. Мінск: Беларускі кнігазбор, 1997. С. 301–303.

[7] Ластоўскі В. Выбраныя творы. С. 383–386.

Здаецца, таму ён і схіляецца да станоўчай крыўскай ідэнтычнасьці замест беларускай, пабудаванай пераважна на нэгатыўным самавызначэньні. Ластоўскі не аднойчы кажа, што пісьмовыя, моўныя сьведчаньні пра народ абмежаваныя вонкавымі абставінамі, у тым ліку палітычным становішчам на зямлі народу, і таму гісторык ня мусіць абапірацца выключна на іх. Да беларусаў мова і пісьменнасьць прыйшлі звонку, разам з чужымі культурнымі і палітычнымі звычаямі. Існуюць у гісторыі і выпадкі моўнай „дэнацыяналізацыі", калі калянізатары спрабуюць зьнішчыць адрозьненьні паміж народамі за кошт асыміляцыі, але, нягледзячы на гэта, народы працягваюць існаваць. Прыклад ірляндцаў, які прыводзіць Ластоўскі, менавіта ў гэтым пляне паказальны: нават сёньня большасьць насельніцтва Ірляндыі размаўляе па-ангельску, што не замінае ім самім і ўсяму сьвету казаць пра „ірляндзкасьць ірляндцаў".

Такім чынам, адмоўнай калектыўнай сьвядомасьці і нават народнага саманазову недастаткова для вызначэньня яго станоўчай ідэнтычнасьці ў гісторыі. Значыць, трэба шукаць стыль народу недзе яшчэ. Ластоўскі шукае яго ў розных сфэрах жыцьця: у прававых звычаях („Копныя суды", 1912)[8], у саслоўнай структуры („Станы ў старой Беларусі", 1912)[9], у традыцыях сельскай гаспадаркі („Хлебаробства на Беларусі ў даўные часы", 1914)[10], у стылю беларускай літаратуры („Па сваім шляху!", 1914)[11]. Невыпадкова, што адсутнасьць у беларусаў народнае рэлігіі і падзеленасьць паміж рознымі канфэсіямі выклікае моцную занепакоенасьць Ластоўскага ў працах „Разьдзелы і сваркі" (1912)[12], „Нашы цэннасьці" (1919)[13], „Што спрыяе разросту і ўпадку народаў і дзяржаў"

---

[8] Ластоўскі В. Выбраныя творы. С. 256–258.
[9] Тамсама. С. 258–259.
[10] Тамсама. С. 284–286.
[11] Тамсама. С. 277–279.
[12] Тамсама. С. 263–264.
[13] Тамсама. С. 313–316.

(1926)[14], „Унія" (1926)[15] і іншых. Менавіта таму ён час ад часу схіляецца да паганства як „сапраўднай" беларускай рэлігійнасьці. Своеасаблівым вынікам пошукаў нацыянальнага стылю можна ўважаць рукапіс „Кароткай энцыклапедыі старасьвеччыны", які, паводле ацэнкі Язэпа Янушкевіча, Ластоўскі зрабіў недзе ў пачатку 1920-х гадоў[16]. У прадмове да „Падручнага расійска-крыўскага слоўніка" (1924) ён згадвае ўжо ня стыль, а „псыхіку мовы"[17], часта ў гэтым жа сэнсе сустракаецца ў ягоных творах слова „характар". У артыкуле „Ганчарскія вырабы" (1916) Ластоўскі робіць важную заўвагу да канцэпцыі стылю: у нацыянальнай творчасьці існуе розьніца паміж рамяством і мастацтвам. Беларускія вырабы Ластоўскі разглядае ў адным цывілізацыйным кантэксьце з эўрапейскімі, але як „артысты" беларускія ганчары з мастакамі Эўропы не канкуруюць, іх вырабы маюць хутчэй этнаграфічную каштоўнасьць[18]. Можна казаць, што стыль народу — ня толькі аб'ектыўны паказьнік, але і пэўны ідэал самаразьвіцьця і народнай творчасьці, безь якога немагчымая сапраўдная культурная незалежнасьць. Нездарма адпаведны артыкул мае назву „Аб патрэбе стылю ў жыцьці народа": народ мае патрэбу ў стылі каб працягваць гістарычнае жыцьцё, гісторык — каб вывучаць яго. Такім чынам, канцэпцыя стылю народу зноў праяўляе сабе як аднаначасова гістарыяграфічная і нацыянальна-палітычная: патрэба адзінага суб'екту нацыянальнае гісторыі — гэта патрэба стылю. Гісторык мусіць вылучаць стыль, нацыя — стварацьяго. Гісторык, такім чынам, дапамагае нацыі стварацьсябе самую нанова.

У нататцы „Шляхам творчасьці" (1916) Ластоўскі ўдакладняе свой падыход і разглядае пытаньне ўзаемных уплываў народаў. Любы народ патрапляе пад уплывы, але зь цягам гісторыі толькі паглыбляе індывідуальнасьць. Усе народы,

---

[14] Тамсама. С. 387–391.
[15] Тамсама. С. 391–406.
[16] Ластоўскі В. Кароткая энцыклапедыя старасьвеччыны. Мінск: Выдавец В. Хурсік, 2003. С. 3.
[17] Ластоўскі В. Выбраныя творы. С. 354.
[18] Тамсама. С. 303–304.

навучыўшыся ад іншых, імкнуцца праявіць сябе, нават несьвядома тварыць з чужога сваё[19]. Ластоўскі зноў прыводзіць прыклады беларусаў, якія ўзмацнілі іншыя культуры: яны пісалі на іншых мовах, але „характар далі ў творах сваіх" беларускі. На падставе гэтага „да гісторыі творчасьці мысьлі беларускай павінны быць палічаны ўсе творы сыноў зямлі і народа нашага, ня гледзячы на тое, якой мовай і дзе яны творэны"[20]. Далей Ластоўскі паўтарае, што літаратурны аналіз можа дапамагчы вызначыць стыль народу, нават калі крыніцы належаць да іншай палітычнай і моўнай прасторы. Канешне, тут паўстае пытаньне, як зразумець, да якога народу насамрэч належыць той ці іншы аўтар. Пытаньне стылю прымае форму кола — можна сказаць, гермэнэўтычнага кола: трэба вызначыць стыль па аб'ектыўных адбітках, але для гэтага трэба суаднесьці адбіткі з загадзя наяўнай карцінай стылю. Але Ластоўскі акцэнтуе важную рэч: абумоўленыя гістарычным кантэкстам асаблівасьці літаратурных крыніц, у тым ліку нават намеры аўтара, могуць не супадаць з тым, якія рысы аб'ектыўна праяўляюцца ў ягоным стылі. То бок, чысты гістарызм мае абмежаваньні, яго аднаго не хапае для нацыянальнай гістарыяграфіі. У „Гісторыі крыўскай кнігі" Власт напіша:

> найранейшыя летапісы дахавалі нам не істотную гісторыю, а палітычныя трактаты ілюстраваныя сякімі-такімі жывымі падзеямі, на апраўданьне гістарычных злачынаў і гвалтаў дакананых над вольнымі народамі, тымі або іншымі, дынастыямі і палітычнымі цэнтрамі. Гісторыя дагэтуль была служкай палітыкі пануючых дынастый і дзяржаў[21].

У артыкуле пра Дастаеўскага і Міцкевіча ён заўважае: „у даўныя часы дзяржавы прадстаўлялі не народы, а дынастыі, народ быў знадаббем толькі для дынастычных мэт"[22]. Менавіта таму нацыянальная мова атрымлівае значнасьць толькі ў мадэрне, калі ў XVII ст. паўстае нацыянальная дзяржава,

---

[19] W. Ł. [Ластоўскі В.] Szlacham tworczaści. Homan, 14 marca 1916 h., № 9, S. 2.
[20] Тамсама.
[21] Ластоўскі В. Гісторыя беларускай (крыўскай) кнігі. C. V.
[22] Ластоўскі В. Выбраныя творы. C. 384.

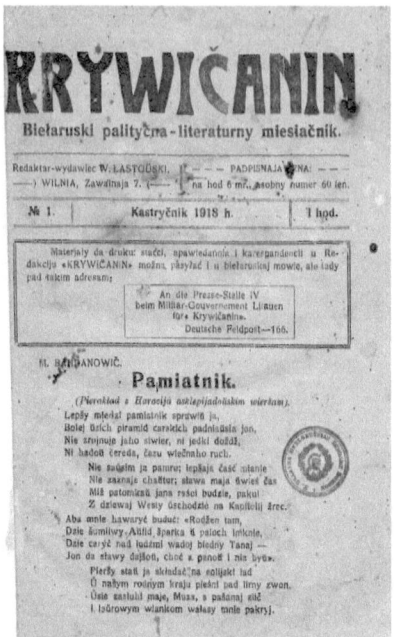

Першы нумар часопіса „Крывічанін" (1918) з уступным артыкулам В. Ластоўскага.

а зь ёй паўстае нацыянальная гісторыя і ўвогуле гісторыя як навука ў XIX ст. Няма супярэчнасьці ў тым, што гісторыя нацыі апынаецца даўжэйшай за гісторыю яе палітычнай незалежнасьці, бо менавіта з гістарычнага досьведу прыгнечаная нацыя стварае сябе як незалежны суб'ект. Такім чынам, з 1911 па 1926 год Ластоўскі прытрымліваецца даволі ўстойлівых мэтадалягічных поглядаў. Далей мы паглядзім, якім чынам разьвіваліся погляды Ластоўскага на ўзаемаадносіны паміж гісторыяй, палітыкай і культурай нацыі.

II

У 1918 г. робіцца відавочным тэарэтычнае захапленьне Ластоўскага нацыянальным пытаньнем. Уступны артыкул да №1 часопіса „Крывічанін" — гэта своеасаблівы маніфэст гісторыка-палітычных поглядаў Ластоўскага на той час. Як мы бачылі, у ягоных працах мэтадалёгія гісторыі і палітыка ідуць

Фílязофская думка Вацлава Ластоўскага 27

разам. У гэтым Ластоўскі пасьлядоўны, бо яго „мэталягічныя" артыкулы падкрэсьліваюць, што палітыка — гэта ня ўсё, гэта не татальная зьява, але адна з частак жыцьця[23]. Тое ж самае тычыцца навукі. Сумленная праца кожнага прафэсіянала на сваім месцы складаецца ў дабрабыт нацыі ўвогуле, а не падпарадкоўвае яе інтарэсы нейкай адной прафэсійнай групе ці партыі. Менавіта таму „Крывічанін" заснаваны як паказальна пазапартыйнае, агульнанацыянальнае выданьне[24]. У тым жа 1918 г. ён публікуе вельмі важны артыкул „Нацыянальнае пытаньне", дзе мы зноў бачым лёгіку падзеленасьці жыцьця на асобныя сферы, кожная зь якіх мае самастойную каштоўнасьць, але нацыянальнае жыцьцё абдымае іх усе, бо ў сучаснасьці атаясмліваецца з жыцьцём як такім[25].

---

[23] Тамсама. С. 306.
[24] Тамсама.
[25] Тамсама. С. 307.

Ластоўскі разумее нацыянальнае пытаньне як натуральнае па паходжаньні і структуры, але яно ўзьнікае гістарычна, ня ёсьць адвечным. Далей ён разглядае некалькі падыходаў, зь якіх запазычвае элемэнты ўласнага погляду. Ён не пакідае спасылак на крыніцы, але іх магчыма вызначыць.

Першая зь іх — знакамітыя „Гістарычныя лісты" (1868–1869) Пятра Лаўрова, расейскага пазытывіста і сацыёляга-народніка. Ластоўскі прыводзіць вялікую, але адрэдагаваную цытату з 11 ліста „Нацыянальнасьці ў гісторыі"[26]. У прыватнасьці, усюды, дзе ў Лаўрова „нацыянальнасьць", Ластоўскі піша „нацыя". Зараз няма магчымасьці дэталёва параўнаць арыгінал і цытату, адзначым толькі ключавы зрух сэнсу: калі Лаўроў акцэнтуе барацьбу нацый за выжываньне, Ластоўскі зьвяртае ўвагу на „біялягічна-гістарычную" аснову нацыянальнага пытаньня і кажа, што гэтую аснову прызнаюць „і нацыяналісты, і антынацыяналісты", адрозьніваюцца яны толькі ў стаўленьні да яе[27]. Відавочна, Ластоўскі імкнецца знайсьці кампраміс паміж пазытывізмам і гістарызмам, пазьбегнуць рэзкай тэзы пра барацьбу і ўвогуле заняць нэўтральную пазыцыю навукоўца, які вывучае аб'ектыўныя зьявы, а не прыпісвае ім належны стан.

Потым Ластоўскі цытуе нейкага Шпрынгера[28]. Укладальнік „Выбраных твораў" Язэп Янушкевіч у камэнтары сьцьвярджае[29], што маецца на ўвазе Эдуард Шпрангер, нямецкі філёзаф, псыхоляг і пэдагог. У гэтым мала сэнсу, бо Шпрангер не пісаў па нацыянальным пытаньні. Насамрэч Ластоўскі спасылаецца на Рудальфа Шпрынгера (сапраўднае імя Карл Рэнэр), аўстрыйскага марксіста і сацыял-дэмакрата. На мяжы 1900–1910-х гадоў зьявілася некалькі перакладаў ягоных прац на расейскую, якія моцна паўплывалі на дыскусіі па нацыянальным пытаньні. Ластоўскі цытуе кнігу „Нацыянальная праблема" (1909) і зноў інтэрпрэтуе крыніцы па-свойму. Шпрынгер

---

[26] Лавров П. Л. Философия и социология. Избранные произведения в двух томах. Т. 1. Москва: Мысль, 1965. С. 163–164.

[27] Ластоўскі В. Выбраныя творы. С. 308.

[28] Тамсама.

[29] Тамсама. С. 476.

разглядае нацыянальнае пытаньне пераважна зь юрыдычнай пазыцыі, адстойвае канстытуцыйныя рэформы імпэрыі і канцэпцыю экстэрытарыяльнага сувэрэнітэту[30], а этналёгію згадвае толькі як дапаможны элемэнт нацыянальнае палітыкі. Этнаграфічныя зьвесткі ня здольныя даць надзейных вынікаў па пытаньні нацыі, бо яны тычацца толькі *нацыянальнасьці*[31]. Ластоўскі сьцьвярджае літаральна адваротнае: этналёгія неабходная дзеля таго, каб абгрунтаваць натуральнае паходжаньне і роўнасьць нацый, аб'ектыўны характар іх разьвіцьця і творчасьці. Тут ён зноў атаясамляе „народ", „нацыю" і „нацыянальнасьць". Цяпер зразумела, што гэта адбываецца сыстэматычна: Ластоўскі разумее нацыю не як грамадзянскую, але перадусім як культурную супольнасьць, „супольнасьць стылю".

Трэцім Ластоўскі цытуе[32] „Нацыянальнае пытаньне ў гісторыі і літаратуры" (1873) Аляксандра Градоўскага, расейскага правазнаўцы і публіцыста. Гэта вельмі папулярная праца, у літаратуры па нацыянальнай праблеме пачатку ХХ ст. можна знайсьці шмат спасылак на яе. Ластоўскі цытуе з павагай да арыгінальнага кантэксту[33], таму пазыцыя Градоўскага падаецца найбліжэйшай да ягонай уласнай. Градоўскі абапіраецца на філязофію Ёгана Готліба Фіхтэ і сьцьвярджае, што нацыянальнае пытаньне не вырашаецца на глебе палітыкі, а пераносіцца на больш высокі ўзровень культуры. Тое ж самае ўласьціва падыходу Ластоўскага, які называе палітыку адной з сфэраў культурнага жыцьця народу. Варта зьдзівіцца, што Ластоўскі ніколі не згадвае Фіхтэ, ці не самага ўплывовага

---

[30] Гэта пазыцыя накшталт беларускага краёўства: нацыянальная аўтаномія пры захаваньні адзінай дзяржавы для ўсіх нацыянальнасьцей імпэрыі, але з той розьніцай, што правы меншасьцей тут прызнаюцца незалежна ад тэрыторыі, дзе жывуць іх прадстаўнікі. Такі падыход адпавядае прынцыпам фэдэралізму і добра дапасуецца да інтэрнацыянальных сацыялістычных поглядаў. Ластоўскага гэта не задавальняе, бо ён заўсёды падкрэсьліваў неабходнасьць стварэньня незалежнай дзяржавы.
[31] Шпрингер Р. Национальная проблема: борьба национальностей в Австрии. Москва: КРАСАНД, 2010. С. 6-7 [рэпрынт].
[32] Ластоўскі В. Выбраныя творы. С. 309.
[33] Градовский А. Д. Национальный вопрос в истории и литературе (1873). Москва: 2009. С. 27–28 [рэпрынт].

сусьветнага тэарэтыка і ідэоляга нацыяналізму. Справа ў тым, што Ластоўскі, нават калі ён набліжаецца да падыходу Фіхтэ (дарэчы, гістарысцкага па духу), не пераходзіць да грамадзянскага разуменьня нацыі. Так ці інакш, пра Фіхтэ ён мусіў ведаць. Уплыў жа Градоўскага ў яго праяўляецца не аднойчы: развагі пра культурны абмен у артыкуле „Шляхам творчасьці"[34] вельмі нагадваюць адпаведныя думкі Градоўскага[35], а ў „Нашых цэннасьцях" Ластоўскі апісвае[36] гістарычнае паходжаньне нацыянальнага пытаньня амаль тымі ж словамі, што і Градоўскі[37]. Нарэшце, думка пра недастатковасьць моўнага крытэру ў вывучэньні нацыі не аднойчы сустракаецца і ў Градоўскага, і ў іншых тагачасных крыніцах па тэме.

Артыкул „Нашы цэннасьці" (1919) трэба разгледзець асобна. Тут Ластоўскі зноў імкнецца да кампрамісу, бо акцэнтуе гістарычны характар нацыянальнага пытаньня, але ўважае яго зьяўленьне натуральным[38]. Ён згадвае заходніх філёзафаў і навукоўцаў, якія, на ягоную думку, зрабілі значны ўнёсак у распрацоўку нацыянальнага пытаньня: гэта Гербэрт Спэнсэр, Эдвард Бэрнэт Тайлар[39], Карл Каўцкі, Генры Томас Бокль і Вэрнэр Зомбарт. Ластоўскі зноў не пакідае спасылак, але можна сказаць упэўнена, што ягоная думка не нясе адбіткаў глыбокага ўплыву і нават непасрэднага знаёмства зь філязофіяй пазытывістаў Спэнсэра, Тайлара і Бокля. Ластоўскі мусіў сустракацца са згадкамі пра іх у Лаўрова, але больш верагодна,

---

[34] Ластоўскі В. Выбраныя творы. С. 305.

[35] Градовский А. Д. Национальный вопрос в истории и литературе. С. 39, 144; Национальный вопрос. Санкт-Петербург: тип. В. Безобразова и К°, 1877. С. 39. Тут жа можна ўбачыць развагі пра неабходнасьць незалежнай культурнай адукацыі, пра што шмат пісаў і Ластоўскі.

[36] Ластоўскі В. Выбраныя творы. С. 313.

[37] Градовский А. Д. Национальный вопрос в истории и литературе. С. 15–16.

[38] Ластоўскі В. Выбраныя творы. С. 313.

[39] У камэнтарах да „Выбраных твораў" (1997) „Тэйлар" апазнаны няправільна, але ў перавыданьні „Нашых цэннасьцей" ён ужо правільна абазначаны як Эдвард Бэрнэт Тайлар, ангельскі антраполяг і этноляг, дасьледнік першабытнай культуры (Беларуская думка XX стагоддзя. Філасофія, рэлігія, культура (Анталогія). Уклад., прадм. і апрац. Ю. Гарбінскі. Варшава, 1998. С. 668). На жаль, гэтае выданьне захоўвае памылковае атаясамленьне Шпрынгера з Шпрангерам у камэнтары да „Нацыянальнага пытаньня" (Тамсама).

што ён абапіраўся на знакаміты нарыс А. Я. Багдановіча.[40] Тут яны згадваюцца праз коску як аўтары выкарыстанай у дасьледаваньні этнаграфічнай і рэлігіязнаўчай тэрміналёгіі[41], але ўплыву ўласна пазытывісцкіх прынцыпаў у кнізе няма. Пазьней у лісьце да аўтара Ластоўскі называў „Перажыткі" „лепшай кніжкай па беларускай этнаграфіі"[42]. Хучэй за ўсё, уплыў заходняга пазытывізму на ягоныя погляды абмежаваны гэтым запазычаньнем у Багдановіча. Зрэшты, пазытывісты глядзелі на гісторыю грамадства як на натуральны прагрэс, падобны да эвалюцыі ад аднароднага становішча да больш складанага і дэмакратычнага. Яны звычайна не выступалі па нацыянальным пытаньні, а калі й набліжаліся да вывучэньня нацыі, дык выключна з этнаграфічнага боку. Дарэчы, на момант 1919 г. пазытывізм ужо паступова рабіўся састарэлай дактрынай, а расейскае народніцтва даўно пацярпела ідэалягічную паразу.

Працы больш актуальнага на той момант сацыял-дэмакрата Каўцкага па нацыянальным пытаньні актыўна перакладаліся. Ластоўскі мог быць зь імі знаёмы, бо цягам свайго жыцьця быў сябрам некалькіх сацыялістычных партый, але сур'ёзнага ўплыву Каўцкага ў ягоных працах няма. Нарэшце, паколькі Зомбарт вызначаны асобна, можна здагадвацца, што ён грае ключавую ролю для Ластоўскага, але і тут пакуль што няма чаго сказаць дакладна. Ягоныя працы актыўна перакладаліся на расейскую, але ў іх Зомбарт не пісаў па нацыянальным пытаньні і не ўжываў слова „цэннасьць" у тым сэнсе, у якім далей яго ўжывае Власт. Адзначу, што Зомбарт быў прадстаўніком „гістарычнай" школы эканомікі, адным з заснавальнікаў нямецкай сацыялёгіі, пэўны час быў сацыял-дэмакратам, але крытыкаваў марксізм. Зомбарта шмат узгадвае ў сваіх працах Каўцкі, але ў рэзка нэгатыўным ключы[43]. Вера-

---

[40] Богданович А. Е. Пережитки древняго міросозерцанія у бѣлоруссовъ. Этнографический очеркъ. Гродна, 1895.

[41] Тамсама. С. III. Гл. такс. спасылкі ў тэксьце: С. 13, 45, 47.

[42] Ластоўскі В. Выбраныя творы. С. 441.

[43] Каутский К. Национальные проблемы. Москва: Книжный дом «ЛИБРОКОМ», 2011 [рэпрынт]. Каўцкі таксама крытыкуе Шпрынгера і Ота Баўэра, чые погляды нашмат бліжэй Ластоўскаму.

годна, Ластоўскі згадвае Зомбарта паводле прынцыпу „вораг майго ворага", бо не пагаджаецца з Каўцкім. Іншых адбіткаў уплыву Зомбарта ў Ластоўскага пакуль ня знойдзена. Увогуле можна казаць, што кола чытаньня Ластоўскага па нацыянальным пытаньні ў моцнай ступені акрэсьленае папулярнай сацыял-дэмакратычнай літаратурай, яна была важнай крыніцай ведаў для Ластоўскага, але ягоныя погляды шмат у чым ёй не адпавядаюць.

Галоўная загадка гэтага артыкула — паходжаньне панятку „цэннасьць", яго асноўных характарыстык і клясыфікацыі. На жаль, пакуль што немагчыма зразумець, зь якіх крыніц Ластоўскі запазычыў лёгіку выкарыстаньня гэтага панятку, бо ён апэлюе да „найнавейшай навукі", але не пакідае ніякіх спасылак. „Цэннасьць" ці „каштоўнасьць" — адзін з ключавых паняткаў эўрапейскай філязофіі мяжы XIX–XX стст. Ён вельмі шырока сустракаўся ў самых розных крыніцах, у тым ліку па нацыянальным пытаньні, але пераважна ў эканамічным сэнсе. Ластоўскі ўжывае слова ў больш культурна-філязофскім сэнсе. Цікава тут згадаць кнігу Ўладзімера Дынзе „Аб нацыянальным выхаваньні" (1913): аўтар шмат у якіх поглядах супадае з Ластоўскім, спасылаецца на Фіхтэ, Шпрынгера, Градоўскага і разважае пра „цэннасьць нацыі", пакідаючы пры гэтым спасылку на працу Генрыха Рыкерта „Межы прыродазнаўчага ўтварэньня паняццяў"[44]. Гэта вельмі важная акалічнасьць, бо найбольш артыкуляваны панятак цэннасьці быў распрацаваны менавіта Рыкертам[45] і Вільгельмам Віндэльбандам[46] — засанавальнікамі паўднёва-заходняй школы нэакантыянства, на той момант ці не найбольш уплывовай філязофскай школы ў сьвеце. Лёгіка аўтаномных сфэр культуры і адпаведных ім цэннасьцей, якой прытрымліваецца Ластоўскі, таксама належыць нэакантыянцам. Яны разважалі пра спэцыфіку мэтадалёгіі гісторыі і гуманітарных навук: калі прыродазнаўства вывучае агульныя законы, гісторыя вывучае індывідуальныя

---

[44] Динзе В. О национальном воспитании. Санкт-Петербург: Издание О.В. Безобразовой, 1913. С. 66.
[45] Rickert H. Die Grenzen der naturwissenschaftlichen Begriffsbildung. 1913.
[46] Windelband W. Präludien. 5. Aufl. Tübingen: Mohr (Siebeck), 1915.

значныя зьявы, якія валодаюць спэцыфічнай цэннасьцю, а не падпарадкоўваюцца агульным законам. Прыродазнаўчы падыход да гісторыі, уласьцівы пазытывізму, тут абвяргаецца. У гэтым пляне мэтад Ластоўскага можна разглядаць як кампраміс паміж вывучэньнем агульных законаў і асобных зьяў: спачатку сьцьвярджаецца натуральнае, заканамернае паходжаньне нацый, потым вывучаюцца адметныя гістарычныя зьявы, якія нарэшце абагульняюцца ў цэласны і ўстойлівы нацыянальны стыль. Таксама нэакантыянцы выступалі за неангажаваны, пазапартыйны характар навукі, імкнуліся да распрацоўкі філязофіі культуры як сыстэмы цэннасьцей. Нэакантыянства моцна паўплывала на Макса Вэбэра, чыю знакамітую прамову „Навука як прафэсія" (1917)[47] у некаторых тэзісах вельмі нагадвае прадмова Ластоўскага да „Крывічаніна" (1918). Працы нэакантыянцаў актыўна перакладаліся на расейскую[48], але спасылак на іх у Ластоўскага няма. Тое, як Ластоўскі ўжывае слова „цэннасьць" не зусім адпавядае нэакантыянскаму разуменьню, а ягоная клясыфікацыя цэннасьцей анідзе не сустракаецца, таму пра ўплыў нэакантыянства можна казаць толькі ўскосна. Зрэшты, нэакантыянцы займаліся глыбокай і сыстэматычнай філязофскай канцэптуалізацыяй, што неўласьціва збольшага публіцыстычнай думцы Ластоўскага. Можна казаць, што ён быў знаёмы з папулярнай вэрсіяй іх думкі ў тым ці іншым выглядзе (напрыклад, па кнізе Дынзе) і адаптаваў гэтую тэрміналёгію пад патрэбы нацыянальнай гістарыяграфіі.

[47] Weber M. Wissenschaft als Beruf // Geistige Arbeit als Beruf. Vier Vorträge vor dem Freistudentischen Bund. Erster Vortrag. München: Duncker & Humblot, 1919. S. 23–24.
[48] Асабліва ў знакамітым „Лёгасе" (1911–1914), міжнародным штогодніку па філязофіі культуры: Виндельбандъ В. Философія культуры и трансцендентальный идеализмъ // Логосъ. Книга вторая. Москва: Книгоиздательство МУСАГЕТЪ, 1910; С. 1–14. Риккерт Г. О системѣ цѣнностей // Логосъ. Томъ I. Вып. I. С.-Петербургъ и Москва: Изданіе т-ва М.О. Вольфъ, 1914. С. 45–79; Риккерт Г. Цѣнности жизни и культурныя цѣнности // Логосъ. Книга первая и вторая. Москва: Книгоиздательство МУСАГЕТЪ, 1912–1913. С. 1–36. Там жа публікаваліся працы тэарэтыкаў гістарызму Бэнэдэта Крочэ (Кроче Б. О такъ называемыхъ сужденіяхъ цѣнности // Логосъ. Книга вторая. Москва: Книгоиздательство МУСАГЕТЪ, 1910. С. 20–33), Эрнста Трэльча і інш.

Другая важная крыніца лёгікі цэннасьцей — так званая філязофія жыцьця (Lebensphilosophie). Адзін з выбітных яе прадстаўнікоў, філёзаф і сацыёляг Георг Зімэль быў блізкі да нэакантыянства і пакінуў своеасаблівае разуменьне цэннасьці[49]. Ластоўскі не спасылаецца на філязофію жыцьця, але шмат у чым да яе набліжаецца: у прыватнасьці, у разуменьні жыцьця як усеабдымнай стыхіі, да якой адносяцца ўсе асобныя праявы культуры. Цікава, што аўстрыйскі сацыял-дэмакрат Ота Баўэр азначаў нацыю запазычаным з сацыялёгіі Зімэля паняткам „супольнасьць лёсу" (Schiksalsgemeinschaft)[50]. Пад „лёсам" тут разумеецца не прызначэньне, але агульнасьць гістарычнага досьведу, якая робіць з мноства людзей супольнасьць. Ластоўскі не карыстаўся паняткам „супольнасьці лёсу", але мог ведаць кнігу Баўэра, дзе той разважае і пра цэннасьці нацыі, і пра нацыянальны характар, і пра культурную аснову нацыянальнага жыцьця. Як мы ўжо бачылі, гісторыю нацыі Ластоўскі разглядае як гісторыю *супольнасьці стылю*, культурнай формы гістарычнага існаваньня нацыі, або, інакш кажучы, як яе „культурны лёс".

Канцэпцыю цэннасьцей трэба сьцісла разгледзець як працяг мэтадалягічнай працы Ластоўскага. Ён зноў сьцьвярджае недастатковасьць этнаграфічнага падыходу і памылковасьць атаясамленьня нацыі з мовай, рэлігіяй, дзяржавай, нават палітыкай увогуле, бо ўсё гэта — розныя сферы нацыянальнага жыцьця. Ён піша: „Пытаньне нацыі вынесена самім жыцьцём", але „у меру разьвіцця дэмакратызму"[51]. Разьвіцьцё дэмакратызму — нейкі натуральны працэс накшталт эвалюцыі, але ўсё ж дэмакратызм і нацыянальнае пытаньне — не адвечныя, а гістарычныя зьявы. Можна казаць, што жыцьцё як натуральная стыхія любой культурнай творчасьці ў нейкі гістарычны момант прымае форму спэцыфічна нацыянальных цэннасьцей,

---

[49] Зиммель Г. Понятіе и трагедія культуры // Логосъ. Книга вторая и третья. Москва: Книгоиздательство МУСАГЕТЪ, 1911–1912. С. 1–25. Цікава, што Зімэль таксама карыстаўся паняткам стылю.

[50] Бауэръ О. Національный вопросъ и соціалдемократія. СПб.: Книгоиздательство Серпъ, 1909. С. 115.

[51] Ластоўскі В. Выбраныя творы. С. 314.

і нацыянальнае жыцьцё апынаецца лякальнай формай жыцьця як такога. „Паводле найнавейшай навукі", кажа Ластоўскі, нацыянальныя „цэннасьці бываюць дваякія: матэрыяльныя і маральныя"[52]. Да матэрыяльных адносяцца „дзяржаўнасьць, войска, выканаўчыя органы і іншыя прыналежнасьці дзяржаўнай улады". Матэрыяльныя цэннасьці маюць толькі нацыі-дзяржавы, але і нацыі безь дзяржавы за кошт маральных цэннасьцей могуць трымацца тысячагодзьдзямі, нават супраць дэнацыяналізуючага ўплыву. У сваю чаргу, маральныя цэннасьці ёсьць інстытуцыйныя і ідэальныя. Інстытуцыйныя складаюцца з сумы „маральных інстытуцый" і „арганізацыйных форм", апошнія таксама распадаюцца на чатыры вялікія аддзелы: мова і літаратура, царква, пачуцьцё нацыянальнае годнасьці, абычаі. Ідэальныя цэннасьці — гэта гісторыя, традыцыі, ідэалы.

Нацыя разумеецца як супольнасьць агульных цэннасьцей, але не абавязкова мае ўсе зь іх. Ластоўскі прытрымліваецца культурнага падыходу, бо сьцьвярджае, што дзяржаўнасьць — гэта лягічны працяг нацыянальнае творчасьці, сродак падтрымкі незалежнасьці, а не ўмова існаваньня нацыі. Гэта азначае, што гісторыя нацыі — гэта перш за ўсё гісторыя яе маральных цэннасьцей, а разрывы ў гісторыі дзяржаўнасьці зьвязаныя з вонкава абумоўленай немагчымасьцю ствараць уласныя матэрыяльныя цэннасьці. Менавіта дасьледаваньнем маральных цэннасьцей і быў заняты Ластоўскі ў сваіх гістарычных працах. Такі культурны падыход цалкам супрацьлеглы марксісцкаму гістарычнаму матэрыялізму. Матэрыяльных цэннасьцей можна ня мець, галоўнае мець маральныя-інстытуцыйныя, то бок, сталыя формы нацыянальнай маралі. Гэта і ёсьць падмурак нацыянальнага стылю.

---

[52] Тамсама. Пра „матэрыяльную этыку цэннасьцей" у 1913–1916 пісаў Макс Шэлер, але адпаведная праца не перакладалася: Scheler M. Der Formalismus in der Ethik und die materiale Wertethik. Neuer Versuch der Grundlegung eines ethischen Personalismus. Halle an der Saale: Niemeyer, 1916. Хутчэй за ўсё, „матэрыяльныя цэннасьці" у Ластоўскага — гэта ўплыў эканамізму сацыял-дэмакратаў. Варта памятаць, што шмат хто зь іх карыстаўся думкай нэакантыянства, асабліва т.зв. „сацыялісты з катэдры" (Kathedersozialisten), у тым ліку Зомбарт.

Беларусы валодаюць усімі зь іх акрамя нацыянальнае царквы: мовай, пачуцьцём нацыянальнае еднасьці (бо яно ўтвараецца праз мову — той самы „нэгатыўны крытэр самавызначэньня") і абычаямі. Ідэальныя маральныя цэннасьці таксама ў беларусаў ёсьць: гэта гісторыя („была нават беларуская дзяржаўнасьць") і традыцыі (але яны слабыя, таму што беларусы „страцілі буржуазію і мяшчанства"). Цікава, што традыцыі тут разумеюцца не як нейкія вясковыя абычаі, але як гарадзкая інтэлектуальная пераемнасьць. У гэтым Ластоўскі ідзе (але не да канца) за заходняй думкай па нацыянальным пытаньні і адмаўляецца ад стэрэатыпнага погляду на беларускі нацыяналізм як вясковы праект. Ідэалы ў беларусаў, кажа Ластоўскі, пакуль толькі „агульналюдзкія — дэмакратычныя", якія, на жаль, успрымаюцца ўператворанай суседзямі форме[53]. Так Ластоўскі зводзіць разам усе асноўныя матывы свайго падыходу і працягвае патрабаваньне беларускага стылю, але ў больш канкрэтным выглядзе, пры дапамозе падзелу жыцьця на цэннасьці. Ідэал, да якога імкнецца нацыя — гэта нацыянальны стыль, які будзе на адным узроўні зь іншымі стылямі чалавецтва. Разьвіцьцё дэмакратызму — натуральны працэс, але кожная нацыя паўстае і разьвіваецца гістарычна. Форма выяўленьня агульначалавечае творчасьці павінна быць сусьветназначнай, але спэцыфічна нацыянальнай. Тут можна згадаць кнігу „Сацыялізм і нацыянальнае пытаньне" ураджэнца Ўшачаў Хаіма Жытлоўскага. Ён вельмі падобна да Ластоўскага разважае пра творчасьць нацыяй уласных цэннасьцей і прапануе іх клясыфікацыю, якая ў некаторых месцах нагадвае падыход Ластоўскага[54]. Цікава, што Жытлоўскі спасылаецца на марбурскага нэакантыянца Фрыдрыха Лангэ[55], а яго азначэньне нацыі вельмі блізкае да культурнага разуменьня нацыі Ластоўскім[56]. Увогуле падабенства вельмі моцнае, можна

---

[53] Ластоўскі В. Выбраныя творы. С. 315.
[54] Житловскій Х. Соціализмъ и національный вопросъ. Кіевъ-Петербургъ: Книгоиздательство СЕРПЪ, 1906. С. 24–26; 67-68, 80-81.
[55] Тамсама. С. 31.
[56] Тамсама. С. 37–38.

здагадвацца, што Ластоўскі ведаў гэтую кнігу, але не пакінуў спасылак.

„Нашы цэннасьці" — апошні артыкул 1919 году. Пасьля гэтага Ластоўскі цалкам аддаецца працы над „Падручным расійска-крыўскім слоўнікам" і „Гісторыяй крыўскай кнігі". Такім чынам, канцэпцыя цэннасьцей уяўляе найвышэйшую ступень крышталізацыі мэтаду Ластоўскага. У гэтым кантэксьце, „Гісторыю крыўскай кнігі" можна разглядаць як спробу вылучыць нацыянальны стыль у гісторыі беларускай кніжнасьці і такім чынам паказаць адзінства нацыянальнае гісторыі насуперак усім зьнешнім перашкодам і разрывам у традыцыі, зь якімі Ластоўскі пастаянна сутыкаецца на працягу ўсёй манаграфіі. У прадмове да „Слоўніка" ён піша[57], што слова — гэта ня проста ўмоўны знак, але мастацкі вобраз, глыбока ўкаранёны ў народным жыцьці. Калі гармонію народнае мовы парушае іншаземная пісьменнасьць, як гэта адбылося зь беларускай, пачынаецца размываньне нацыянальнае ідэнтычнасьці і асыміляцыя. Нацыя павінна жыць у адпаведнасьці з сваімі цэннасьцямі, у т.л. уласнай пісьменнасьці і рэлігійнасьці. Менавіта таму Ластоўскі прапануе зьвярнуцца да крыўскага праекту замест беларускага, бо апошні ёсьць прадуктам асыміляцыі і славянізацыі спрадвечнай крыўскай ідэнтычнасьці. Ён сьцьвярджае, што да XIX ст. беларускі народ размаўляў на той самай крыўскай мове, насуперак уплыву чужых рэлігійных і дзяржаўных інстытутаў — то бок, народ захоўваў галоўныя з сваіх цэннасьцей, і таму можна казаць пра яго гістарычнае адзінства і яго аднаўленьне.

Паводле выразу Ігара Бабкова, „Гісторыя крыўскай кнігі" уяўляе „хроніку змагання" асобных гістарычных эпох, якія аб'ектыўна не складаюцца ў адзінае апавяданьне[58]. Але, як мы цяпер разумеем, гэта не недарэчнасьць і ня мэта падыходу Ластоўскага. Наадварот, ён імкнецца абазначыць праблему

---

[57] Ластоўскі В. Падручны расійска-крыўскі (беларускі) слоўнік. Коўна: Друкарня А. Бака, 1924. С. I–XII.
[58] Бабкоў І. Абдзіраловіч і беларуская традыцыя [Электронны рэсурс] Рэжым доступу: abdziralovic.com/igar-babkou-abdziralovich-i-belaruskaya-tradycyya. Дата доступу: 13.02.2024.

і пераадолець яе, паказаць, што ў нацыянальнай гістарыяграфіі існуе аб'ектыўная патрэба адзінага суб'екта з сваім стылем і цэннасьцямі. Як слушна заўважае Бабкоў, „ідэя Крыўі — гэта не кансерватыўная утопія, не вяртанне да «крыўскіх плямёнаў»", але „утоеная суб'ектнасьць тутэйшай традыцыі"[59]. Зараз няма магчымасьці падрабязна разгледзець, як праяўляе сябе канцэпцыя стылю і цэннасьцей у „Гісторыі беларускай (крыўскай) кнігі". Гэтую працу я спадзяюся зрабіць у будучых артыкулах, а таксама запрашаю далучыцца да яе іншых спэцыялістаў.

III

Як мы ўбачылі, падыход Ластоўскага да пытаньня нацыі пасьлядоўна культурны, а не грамадзянскі. Пытаньне дзяржавы і грамадзкай супольнасьці ён разглядае як другаснае адносна культурнага адзінства. Гэта тлумачыцца ня толькі актуальна-палітычнымі мэтамі Ластоўскага, але і лёгікай ягонага мэтаду. Ластоўскі сьцьвярджае, што нацыя жыве, пакуль жыве яе культура; нацыя больш-менш аднародная ў культурных межах, паколькі ёсьць адзінства стылю. Вядзецца пра тое, каб дадаць яму ўстойлівасьць, „матэрыяльную цэннасьць" дзяржаўнасьці, якая дазволіць нацыі існаваць сапраўды незалежна і пераадолець культурную асыміляцыю. Крыўскі праект, як і іншыя праграмы беларускага адраджэньня, не заклікае вяртацца да канкрэтнага палітычнага стану мінулага. Гісторыя тут падкрэсьлівае працяглае існаваньне беларускае нацыі і наяўнасьць у беларусаў сумеснага гістарычнага досьведу. Яскрава праяўляецца гэта ў атаясамленьні нацыі і народа. У беларусаў, як слушна заўважае Ластоўскі, няма доўгай традыцыі інстытуцыйнай інтэлектуальнай пераемнасьці, у прыватнасьці, нацыянальных буржуазіі і акадэмічнай супольнасьці, зьвязанай з эўрапейскай навукай. Менавіта гэтым можна патлумачыць адсутнасьць ідэі грамадзянскай нацыі на пачатку XX стагодзьдзя. У беларусаў, з іншага боку, на той час не было свайго абата Сыеса, не склалася сытуацыі, калі адбываецца сапраўды

---

[59] Тамсама.

палітычная нацыянальная рэвалюцыя і канстытуецца грамадзянскае адзінства. На гэта зьвярталі ўвагу ўжо сучасьнікі[60]. Беларусы бачылі неабходнасьць дзяржаўнасьці і грамадзянскага разуменьня нацыі, яны адчувалі патрэбу палітычнага адзінства, але першаснай задачай была культурная незалежнасьць і спыненьне культурнай асыміляцыі. Таму не зьдзіўляе, што Ластоўскі ня надта зважае на палітычны аспект нацыянальнае гісторыі, які ўважае вонкавым. Адпаведна, гісторыка паняволенай нацыі цікавіць не палітычная гісторыя, але ў першую чаргу гісторыя культуры ва ўсіх яе праявах. Аднак паколькі падыход Ластоўскага ня толькі навуковы, але і накіраваны на нацыянальнае адраджэньне, ягоныя мэты аўтаматычна робяцца палітычнымі — інакш за савецкім часам Ластоўскаму не давалося б цярпець за сваю дзейнасьць. Тэза пра палітыку як частку ўсёабдымнага нацыянальнага жыцьця зьяўляецца імпліцытна палітычнай. Такім чынам, падыход Ластоўскага можна назваць палітыка-філязофскім, з спэцыфічным, блізкім да нэакантыянскага ці вэбэраўскага стаўленьнем да палітыкі як хутчэй асобнай прафэсійнай сфэры ў межах агульнага культурнага жыцьця нацыі.

Падыход Ластоўскага да нацыі знаходзіцца паміж прымардыяльным этнанацыяналізмам, якому ўласьцівыя традыцыяналізм і адмаўленьне разрываў у гісторыі, і канструктывісцкім грамадзянскім нацыяналізмам, які наадварот акцэнтуе разрывы і штучны характар нацыянальнай сьвядомасьці. Мэтадалягічна Ластоўскі імкнецца пераадолець гістарычны рэлятывізм і знайсьці аб'ектыўны падмурак для таго, каб разглядаць гісторыю як адзіны працэс. Ён шукае кампраміс паміж гістарызмам і ўнівэрсалізмам (сацыялістычнага ці пазытывісцкага кшталту), паміж нацыянальным і агульначалавечым. Гісторыя культуры здаецца тут ідэальнай глебай, бо дае магчымасьць разглядаць станаўленьне нацый як момант гістарычнага разьвіцця агульначалавечай

---

[60] Новина А. [Антон Луцкевіч] Бѣлоруссы // Формы національнаго движенія въ современныхъ государствахъ. СПб.: Изданіе т-ва Общественная польза, 1910. С. 383–395. Милюков П.Н. Національный вопрос. Прага: Библиотека изд-а Свободная Россия, 1925. С 166–167.

творчасьці[61]. Таму Ластоўскі распрацоўвае канцэпцыю стылю як сукупнасьці цэннасьцей, па якой пазнаюць кожную нацыю; як аб'ектыўнай характарыстыкі спэцыфічных культурных форм нацыянальнага жыцьця. Стыль нацыі ў пэўнай ступені абумоўлены гістарычна, мае індывідуальны і творчы характар, але зьяўляецца адносна ўстойлівым. Гісторык нацыі вылучае яе стыль, каб такім чынам акрэсьліць адзінства прадмету і мець магчымасьць дасьледаваць яго незалежна ад разрываў у палітычнай гісторыі, якая разглядаецца як фон ці жыцьцёвае асяродзьдзе. Адпаведна, нацыя, якая імкнецца да незалежнасьці, мусіць распрацоўваць і ўдакладняць стыль, ствараць уласныя матэрыяльныя і маральныя цэннасьці на падставе агульнага гістарычнага досьведу. Падыход Ластоўскага па сутнасьці набліжаецца да культурнага марфалягізму, за выключэньнем арганічнай аналёгіі, бо Ластоўскі не вылучае цыкляў жыцьця культур ці цывілізацый, але кажа пра ўстойлівы нацыянальны стыль. Патрэба адзінага стылю ўзьнікае гістарычна, нацыянальнае пытаньне не зьяўляецца адвечным. Гэта непазьбежна прыводзіць да канструяваньня прадмета нацыянальнае гісторыі, бо аб'ектыўна стыль ніколі ня дадзены адразу цалкам, але патрабуе ўдакладненьня ў дасьледаваньні і разьвіцьця ў творчасьці. Такім канструктам сапраўднага і спрадвечнага стылю беларускае нацыі становіцца ў Ластоўскага крыўскі праект.

Такім чынам, распрацаваны Ластоўскім накід палітыкафілязофскай мэтадалёгіі дазволіў яму разглядаць нацыю як устойлівы аб'ект гістарычнага дасьледаваньня і палітыка-публіцыстычнай працы. Гісторык нацыі — гэта яшчэ і яе творца, бо ён дапамагае нацыі зразумець агульны сэнс гістарычнага досьведу, убачыць нацыю як такую ў падзеях мінулага. Гісторыя, можна сказаць, ёсьць формай пазнаньня нацыяй

---

[61] Што набліжае падыход Ластоўскага да нэагуманізму кшталту Ёгана Ёахіма Вінкельмана, Фрыдрыха Шылера і Ёгана Готфрыда Гердэра. Увогуле параўнаньне думкі беларускага адраджэньня XIX–XX стст. з нэагуманізмам здаецца больш слушным, чым бясконцыя і пасьпешныя параўнаньні з пазьнейшым рамантызмам. Магчыма, тут палягае спэцыфіка беларускага нацыяналізму ў адрозьненьне ад тагачасных нацыянальных праектаў суседзяў, асабліва польскага, які знаходзіўся пад моцным уплывам рамантызму.

самой сябе як супольнасьці стылю ці супольнасьці цэннасьцей. Каб акрэсьліць прадмет дасьледаваньня, гісторык вылучае адметныя і гістарычна ўстойлівыя агульныя цэннасьці, якія канстытуююць супольнасьць. Сыходзячы з гэтага, гісторык можа зразумець сэнс тых ці іншых гістарычных падзей з пункту гледжаньня гэтай супольнасьці. Можна казаць, што падыход Ластоўскага адкрывае пэрспэктыву для распрацоўкі спэцыфічнай мэтадалёгіі нацыянальнае гісторыі, якая пазьбягае шмат якіх скрайнасьцей сучасных падыходаў. Менавіта ў гэтым падыход Ластоўскага дэманструе вялікую актуальнасьць для сёньняшніх гістарыяграфічных дыскусій. Магчыма, хтосьці з будучых беларускіх дасьледнікаў захоча пайсьці менавіта шляхам Ластоўскага. Безумоўна, у ягоным падыходзе яшчэ няма дэталёва распрацаванай мэтадалёгіі, і шмат што патрабуе ўдасканаленьня ў адпаведнасьці з сучаснымі навуковымі стандартамі, але праца ў гэтым напрамку падаецца надзвычай прадуктыўнай.

PHILOSOPHICAL THOUGHT OF VACŁAŬ ŁASTOŬSKI IN THE INTELLECTUAL CONTEXT OF HIS TIME

Anton Prakapchuk

Vacłaŭ Łastoŭski is primarily recognized as a political writer, historian, and linguist, but never as a philosopher. While he did not develop a philosophical system, his works reveal a distinct philosophical logic, particularly in his approach to the methodology of national historiography. This article reconstructs how Łastoŭski gradually developed this approach to the problem in a series of articles written in the 1910s. His method, which later underpins his major works such as The History of the Belarusian (Kryvian) Book, can be characterised as a theoretical compromise between the universalist frameworks of positivism and socialism, and the historical contextualism of German Historismus.

The article examines both the direct and indirect influences on Łastoŭski's thinking, including Austrian social-democratic thought, positivism, 19th-century Russian democratic sociology, the Southwest school of neo-Kantianism, and Lebensphilosophie. Developing his approach to national historiography of Belarus, Łastoŭski proposes a concept of national style as an objectively identifiable cultural form through which a nation creates values. He then proposes a classification of national values, according to which both the scholarly study of a nation and its actual political and cultural life should be organized. For Łastoŭski, nation is not primarily a community of destiny, but rather a community of style—a community of historically shared values and forms of cultural expression.

Łastoŭski's method can be described as a variation of cultural history or history of national values. His concept of nation blends the notions of "nationality" and the political connotations of "nation" in European political thought. A nation cannot exist without creating its own values, because every nation is individual in its nature and its cultural needs. Historians study national values and thus establish the historical cultural unity or style of the nation in question. The analysis of Łastoŭski's methodological approach reveals that his project of Kryvian identity as an alternative to a Belarusian one is not a romantic fantasy, but rather a coherent theoretical construct that emerges from his early historiographical work. Thus, his historical and political writings—those for which he is best known—rest on an implicit philosophical foundation.

Certain aspects of Łastoŭski's approach are quite relevant today, especially in the context of contemporary debates about the possibility of developing a decolonised approach to historiography of oppressed nations. His attempt to find a compromise between strict historical contextualism (which can devolve into relativism) and the need for a unified and coherent view on historical continuity (which risks lapsing into historiosophy) is seen as especially constructive.

ДЭКАЛЯНІЗАЦЫЯ БЕЛАРУСКАГА НАРАТЫВУ ГІСТОРЫІ ВЯЛІКАГА КНЯСТВА ЛІТОЎСКАГА: АД ВАЦЛАВА ЛАСТОЎСКАГА ДА МІКОЛЫ ЕРМАЛОВІЧА

Сяргей Марозаў (Беласток)

Дэкалянізацыя, як сучасны напрамак ва ўсходнеэўрапейскіх дасьледаваньнях, актуальная для гістарычнай навукі Беларусі, бо ў ёй працяглы час панавалі іншанацыянальныя канцэпцыі, якія адмаўлялі суб'ектнасьць беларускага народу і асобнасьць яго гістарычнага шляху. У часы нацыянальных рухаў і адраджэньняў гістарыяграфія становіцца інструмэнтам барацьбы за веды паняволеных народаў супраць калянізатара. Місіяй посткаляніяльнага гісторыка зьяўляецца адшуканьне адабранага мінулага і доказ гістарычнасьці свайго народу. Важным вызначальнікам, вакол якога ў XX ст. будавалася нацыянальная вэрсія гісторыі беларускага народу, стала памяць аб Вялікім Княстве Літоўскім.

Вацлаў Ластоўскі і Мікола Ермаловіч жылі ў розныя эпохі. Але свае галоўныя гістарычныя працы („Кароткая гісторыя Беларусі" В. Ластоўскага; „Па слядах аднаго міфа", „Старажытная Беларусь. Полацкі і Новагародскі перыяды" М. Ермаловіча) яны стварылі ў часы ўзрушэньняў і зьмен — у пачатку і ў канцы XX ст., калі адчуваўся „голад" на гістарычную інфармацыю, не заангажаваную каляніяльным наратывам. Сваімі інтэрпрэтацыямі яны разьвянчалі каляніяльныя міты пра свой народ, чым выклікалі рэзкую крытыку іх прадстаўнікоў. Галоўны акцэнт Ластоўскі і Ермаловіч зрабілі на гісторыі беларускае дзяржаўнасьці, доказу яе старажытнасьці і абгрунтаваньні беларускага характару Вялікага Княства Літоўскага. Сваім бачаньнем гісторыі Беларусі Вацлаў Ластоўскі паўплываў на сьвядомасьць беларускай інтэлігенцыі, якая нараджалася ў „нашаніўскі пэрыяд". М. Ермаловіч увёў праблематыку Вялікага Княства Літоўскага ў масавую сьвядомасьць і даў імпульс яе вяртаньню ў акадэмічную сфэру. Дзякуючы гэтым аўтарам і іх працам Вялікае Княства Літоўскае стала неад'емнай часткай нацыянальнага гістарычнага наратыву Беларусі.

Канцэптуальныя працы Вацлава Ластоўскага і Міколы Ермаловіча, хоць і ацэньваюцца гісторыкамі як рамантычныя, увайшлі ў залаты фонд беларускай гістарычнай навукі і гістарычнай публіцыстыкі. Іх навуковая спадчына стала зьявай нацыянальнай гістарыяграфіі і адыграла выключную ролю ў вяртаньні беларусам пачуцьця гістарычнасьці.

◇◇◇◇◇

Актуалізаваная падзеямі 2022 г. дэкалянізацыя ва ўсходнеэўрапейскіх дасьледаваньнях — трэнд нашага часу. Яна азначае зьмену парадыгмы мысьленьня, калі чалавек пачынае глядзець на ўсё, што адбываецца навокал, на грамадства, на сябе ўласнымі вачыма, а не праз накінутую оптыку калянізатара. Дэкалянізацыя ўключае ў сябе адмову ад навязанага народам былога СССР імпэрска-савецкага гістарычнага наратыву, перагляд скажоных і вяртаньне адабраных у іх старонак мінулага. Дэкалянізацыю, важную для ідэнтычнасьці народаў, разглядаюць як сучасную і гістарычную сілу ва Ўсходняй Эўропе[1].

Асаблівасьцю гістарычнай навукі Беларусі было працяглае панаваньне ў ёй іншанацыянальных канцэпцый, што сьведчыць аб прыгнечаным стане народу, бо нацыянальная гістарыяграфія зьяўляецца важным кампанэнтам нацыянальнае культуры[2].

---

[1] Saifullayeu A. Postkolonialne historiografie. Casus jednego średniowiecza. Warszawa : Instytut Historii Nauki im. L. i A. Birkenmajerow PAN, 2020. 250 s.
[2] Біч М. Аб нацыянальнай канцэпцыі гісторыі і гістарычнай адукацыі ў Рэспубліцы Беларусь // Беларускі гістарычны часопіс. 1993. №1. С. 15.

Асьвятленьнем гісторыі беларускіх земляў і беларускага народу навукоўцы займаліся і да Вацлава Ластоўскага. Але ў пачатку ХХ ст. тон у трактоўцы мінулага задавалі працы расейскіх і польскіх гісторыкаў. Зыходзячы з пазыцыі нацыянальна-дзяржаўных інтарэсаў сваіх краін і народаў, яны адмаўлялі сам факт існаваньня беларускага этнасу, яго мовы і культуры, суб'ектнасьць беларускага народу і адметнасьць яго гістарычнага шляху, які разглядалі ў кантэксьце гісторыі Расеі або Польшчы.[3]

У такой падачы ўся „сапраўдная" гісторыя рабілася ў Маскве і Пецярбургу, або ў Кракаве і Варшаве, а на беларускіх землях адбываліся толькі местачковыя водгукі тых падзей, не прызнавалася існаваньне тут дзяржаўнасьці, ігнараваўся факт самастойнага існаваньня Вялікага Княства Літоўскага і яго князёў — яны былі для гісторыкаў суседніх народаў толькі польскімі каралямі. У пачатку ХХ ст., на закаце Расейскае імпэрыі, беларусаў — на завяршальным этапе фармаваньня нацыі — уважалі народам без уласнай гісторыі. У іх гістарычную памяць прышчапілі дэфармаваную карціну ўласнага мінулага, навязаўшы комплекс гістарычнай непаўнавартасьці і тым запаволіўшы працэс нацыянальнага высьпяваньня.

Вацлаў Ластоўскі зь вялікай павагай ставіўся да беларускага народу як самабытнага этнасу, што паўстаў на зямлі, якая цягам стагодзьдзяў была „вечным ваенным боішчэм". Ён хацеў адсланіць новую — багатую і годную — гісторыю сваёй Бацькаўшчыны, бо ўважаў гісторыю „фундамэнтам, на каторым будуецца жыцьцё народу". Быў перакананы, што беларусам адбудову свайго жыцьця „трэба пачаць з фундамэнту, каб будынак быў моцны"[4].

Нацыянальная гісторыя зьяўлялася галоўнай тэмай газэты „Наша ніва", рэдакцыйным сакратаром якой у 1909–1914 г. быў Вацлаў Ластоўскі. Ва ўмовах запаволенага беларускага нацыятворчага працэсу рэдакцыя газэты, вакол якой скансалідаваўся

---

[3] Біч М. Станаўленне нацыянальнай гістарыяграфічнай канцэпцыі // Энцыклапедыя гісторыі Беларусі. У 6 т. Т. 3. Мінск : БелЭн, 1996. С. 19.
[4] Ластоўскі В. Ю. Кароткая гісторыя Беларусі. Мінск : Універсітэцкае, 1992. С. 5.

беларускі нацыянальны рух, бачыла сваю місію ў асьветніцтве, у патрыятычна-абуджальнай, мабілізацыйнай працы на карысьць нацыянальнага адраджэньня. Спробы гістарычнага абгрунтаваньня сышліся з палітычнымі амбіцыямі аўтараў[5].

Энтузіяст з пакаленьня адраджэнцаў, Ластоўскі, як піша ягоны біёграф Язэп Янушкевіч, „жыў гісторыяй, мысліў яе катэгорыямі і валодаў найбагацейшай факталогіяй". Адзін з сучасьнікаў, Клаўдзій Дуж-Душэўскі сьведчыў:

> Трапіў я ў рэдакцыю „Наша ніва". Сталі мы гаварыць аб беларускай справе. Я выказаў фразу: „…але, на жаль, мы, беларусы, маем бедную гісторыю". Раптам скуль узяўся чалавек лысы, абросшы, няголены з круглым чалом і, ідучы яшчэ, паднятым голасам стаў гаварыць: „Як, мы ня маем гісторыі? Скажыце, калі ласка, хто мае багацейшую гісторыю, чым мы, беларусы?" і г. д. Зразу ён мне насыпаў так шмат, што перавярнуў усю маю гістарычную веду дагары нагамі, і я павінен быў прызнацца, што гісторыі я ня ведаю. Гэта быў В. Ластоўскі[6].

Гістарычны інтарэс дамінаваў на многіх старонках „Нашай нівы". Ужо ў другім нумары тыднёвіка гістарычны артыкул трапіў на тытульны аркуш. На фоне руін Наваградзкага замка распавядалася пра каранацыю Міндоўга на літоўскага караля ў 1252 г. і пра пачаткі Вялікага Княства Літоўскага, калі Наваградак „быў сталіцай Літвы і Белай Русі"[7]. Газета друкавала навуковыя артыкулы і кароткія гістарычныя апавяданьні, юбілейныя матэрыялы і ілюстраваныя апісаньні. Для тысяч беларускіх сялян нашаніўскія публікацыі на гістарычную тэму былі першай магчымасьцю пазнаёміцца зь іншай, чым расейская ці польская, візіяй гісторыі беларускіх земляў[8]. Чытачы даведваліся пра ролю беларускага народу

---

[5] Лінднэр Р. Гісторыкі і ўлада: нацыятворчы працэс і гістарычная палітыка ў Беларусі XIX–XX ст. / Пер. з ням. Л. Баршчэўскага. СПб, 2003. С. 108.
[6] Ластоўскі В. Выбраныя творы. Мінск : Беларускі кнігазбор, 1997. С. 8.
[7] Zamczyszcze u Navahrudku // Nasza Niwa. 1906. №2. С. 1.
[8] Śleszyński W. Historia w służbie polityki: zmiany polityczne a konstruowanie przekazu historycznego na ziemiach białoruskich w XX i XXI wieku. Białystok : Wydawnictwo Uniwersytetu w Białymstoku, 2018. S. 67.

ў стварэньні Вялікага Княства Літоўскага, пра посьпех яго войска пад кіраўніцтвам Вітаўта ў бітве пад Грунвальдам, пра ліквідацыю ў 1839 г. царкоўнай уніі і інш. 750-я ўгодкі нараджэньня сьв. Эўфрасіньні Полацкае і 500-годзьдзе Грунвальдзкай бітвы ў 1910 г. сталі нагодай для публікацыі ў газэце „Кароткае гісторыі Беларусі" Вацлава Ластоўскага.

Тагачаснае гісторыяпісаньне было шчыльна зьвязанае з нацыянальнай ідэалёгіяй, гістарычная аргумэнтацыя адыгрывала важную ролю ў палітычнай публіцыстыцы. Нацыянальныя мэты гісторыкі ставілі побач з навуковымі. Яны разумелі, што абгрунтаваньне ўласнага, адметнага нацыянальнага існаваньня, а тым больш прызнаньне яго суседзямі і сувэрэнам, мела вялікае значэньне для будучыні нацыі. Далейшы ход нацыянальнага руху і легітымацыя нацыі ў палітычнай прасторы залежалі ад хады навуковае фазы нацыянальнага руху (паводле тэрміналёгіі Міраслава Гроха)[9]. Гістарыяграфія, якая разьвівалася ў межах нацыянальных рухаў, станавілася галоўным інструмэнтам барацьбы за веды паняволеных народаў супраць калянізатара[10].

Перакананы ў тым, што нацыянальнае самавызначэньне немагчымае безь вяртаньня народу праўды пра яго мінулае, В. Ластоўскі адчуў вострую неабходнасьць даць народу, які абудзіўся ад этнічнай летаргіі, асноўныя зьвесткі пра мінулае Бацькаўшчыны. Сваёй працай ён спатоліў „голад" сваіх сучасьнікаў на веды па гісторыі роднага краю.

„Кароткая гісторыя Беларусі" Вацлава Ластоўскага стала ключавой публікацыяй у працэсе стварэньня беларускага нацыянальнага гістарычнага наратыву[11]. Гэта было першае цэльнае апісаньне гісторыі Беларусі, напісанае для беларусаў і па-беларуску. У ім 27-гадовы гісторык канцэптуальна абагульніў вядомыя факты пра мінулае Беларусі (падзеі даведзеныя

---

[9] Maxwell A. Typologies and phases in nationalism studies: Hroch's A-B-C schema as a basis for comparative terminology // Nationalities Papers: The Journal of Nationalism and Ethnicity. 2010, 38 (6). P. 868.
[10] Saifullayeu A. Postkolonialne dziejopisarstwo na Białorusi. Zarys teoretyczny // Białoruskie Zeszyty Historyczne. 2014. №42. S. 230.
[11] Śleszyński W. Historia w służbie polityki. S. 70.

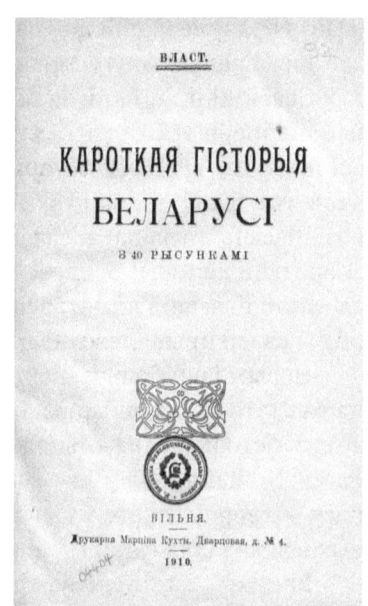

Вокладка і тытульны аркуш „Кароткай гісторыі Беларусі" (1910) Вацлава Ластоўскага.

да 1905 г.) з пункту погляду беларускіх нацыянальных інтарэсаў, „з становішча карысьцей і шкод беларускага народу". Сваю ролю ён сьціпла вызначыў як звычайнага рэгістратара вядомых фактаў, узятых з прац знаных папярэднікаў — расейскіх, польскіх, украінскіх дасьледнікаў.

У „Кароткай гісторыі Беларусі" няма разгорнутага і сыстэматычнага выкладу падзей і іх ацэнак. Яна нават уражвае некаторай наіўнасьцю і кампілятыўнасьцю. Аўтар амаль не абапіраўся на гістарычныя крыніцы. Аднак кніга стваралася менавіта як папулярная, разьлічаная на шырокае кола непадрыхтаваных чытачоў. Да таго ж, галоўнае тут — канцэптуальны падыход, погляд на айчынную гісторыю вачыма саміх беларусаў. „Патрэбу гэткай кніжкі чулі ўсе, — канстатаваў рэцэнзэнт на старонках «Нашай нівы». — ... Кніжка напісана жыва і зразумела для кожнага і даволі поўна на 104 старніцах дае абраз нашай мінуўшчыны"[12].

Сваёй кнігай, напісанай у папулярнай форме, прысьвечанай найперш моладзі („сынам маладой Беларусі"), Ластоўскі выступіў супраць гістарычнага бяспамяцтва, каб сфармаваць у народу трывалую нацыянальную самасьвядомасьць і годнасьць гаспадара сваёй зямлі. Галоўнае прызначэньне „Кароткай гісторыі Беларусі" — даць чытачам усьведамленьне своеасаблівасьці і адметнасьці гістарычнага шляху свайго народу і сваёй прыналежнасьці да яго.

Новым і найбольш значным у кнізе Ластоўскага зьяўляецца тое, што ён упершыню паказаў беларускі народ ня толькі як аб'ект гісторыі, залежны ад волі больш магутных суседзяў — Расеі і Польшчы, але і як самастойны суб'ект гістарычнага працэсу — творцу свайго ўласнага лёсу. У гэтым крыецца вялікая выхаваўчая сіла гэтай маленькай кніжкі.

Вацлаў Ластоўскі ўпершыню абгрунтаваў палажэньне аб тым, што за тэрмінамі „рускі" і „літоўскі" хаваецца тысячагадовая нацыянальная спадчына беларусаў, што шырокае ўжываньне гэтых тэрмінаў у дачыненьні да беларусаў вельмі часта ўводзіла ў зман ня толькі людзей маладасьведчаных, але і многіх гісторыкаў. І гэта тэрміналягічная заблытанасьць часта выкарыстоўвалася сьвядома, каб сказіць і прынізіць нацыянальную гісторыю беларусаў. З-за гэтай лінгвістычнай блытаніны і ў наш час можна сустрэць спэкуляцыі накшталт: „Скарына для каго выдаў Біблію? Для браціі сваёй русі. Дзе вы знайшлі беларусаў у XVI стагодзьдзі?" Або: „Якая яшчэ беларуская шляхта ў XIX стагодзьдзі? Гэта ж палякі!"

Мінулае Беларусі паказанае Ластоўскім, галоўным чынам, як гісторыя княжаньняў, войнаў і палітычных падзей з дадаткам зьвестак па гісторыі культуры. У кнізе практычна адсутнічае эканамічная гісторыя і гісторыя сацыяльных адносін у беларускім грамадстве. Шмат месца адведзена пытаньням беларускае дзяржаўнасьці.

---

[12] Янушкевіч Я. Неадменны сакратар Адраджэння: Вацлаў Ластоўскі. Мінск : Навука і тэхніка, 1995. С. 19.

Галоўную ўвагу Ластоўскі засяродзіў на гісторыі Вялікага Княства Літоўскага. Ягоная праца, напісаная з пункту гледжаньня страт і здабыткаў беларускага народа, выразна дыстанцыявалася і ад польскай, і ад расейскай гістарычнай канцэпцыі. Вялікае Княства Літоўскае прадстаўленае як адзін з этапаў разьвіцця дзяржаўнасьці на тэрыторыі пражываньня беларусаў і як беларуская дзяржава, засавальнікамі якой былі князі полацка-крывіцкага паходжаньня і ў якой панаваў беларускі элемэнт, а XVI ст. зьяўлялася залатым векам беларускае культуры. Паказана таксама роля Полацкага княства ў фармаваньні пачаткаў беларускае дзяржаўнасьці. Гэтыя два элемэнты сталі важным вызначальнікам, вакол якога ў наступныя гады будавалася нацыянальная візія гісторыі беларускага народу[13].

Памяць аб Вялікім Княстве Літоўскім як аб гістарычнай форме беларускае дзяржаўнасьці, якую прадставіў В. Ластоўскі ў сваёй „Кароткай гісторыі Беларусі", лягла ў аснову беларускай нацыянальна-дзяржаўнай ідэалёгіі пачатку XX ст., у аснову барацьбы за адраджэньне беларускага народу[14].

У распрацоўцы беларускай нацыянальнай элітай канцэпцыі дзяржаўнага ўладкаваньня Беларусі, якая была б забясьпечаная больш-менш шырокай грамадзкай падтрымкай, выключна важным быў „гістарычны аргумэнт", ці гістарычная традыцыя, на якую абапіралася беларускае адраджэньне. Такім аргумэнтам стала традыцыя Вялікага Княства Літоўскага. Паводле парадыгмы гісторыі дзяржаўнага ўладкаваньня Беларусі, якую высноваў Вацлаў Ластоўскі, беларусы ў складзе Вялікага Княства Літоўскага былі дзяржаўнай нацыяй. Гэты статус яны страцілі з утварэньнем Рэчы Паспалітай. Галоўную прычыну згоды палітыкаў Вялікага Княства Літоўскага на ўтварэньне Рэчы Паспалітай Ластоўскі тлумачыў Рэфармацыяй у Эўропе, якая насіла цывілізацыйны антыфэадальны характар, таму і Княства павярнулася ў бок цывілізацыі.

---

[13] Śleszyński W. Historia w służbie polityki. S. 70.
[14] История белорусской государственности: в 5 т. Т. 2: Белорусская государственность в период Российской империи (конец XVIII — начало XX в.) Минск : Беларуская навука, 2019. С. 223.

Старонка з „Кароткай гісторыі Беларусі" (1910) Вацлава Ластоўскага з партрэтам Жыгімонта Старога.

Аднак пасьля 1569 г. наступіў пэрыяд паступовага заняпаду беларускае дзяржаўнасьці і беспасьпяховай абароны нацыянальнага жыцьця перад палянізацыяй. Таму гістарычным ідэалам уважалася Вялікае Княства Літоўскае да заключэньня Люблінскай уніі[15]. Хоць прызнавалася, што і пасьля 1569 г. землі Вялікага Княства Літоўскага ў значнай ступені здолелі захаваць сваю самабытнасьць. Існаваньне беларускай дзяржаўнасьці заканчваецца з трэцім падзелам Рэчы Паспалітай у 1795 г.

Вацлаў Ластоўскі ўпершыню прывёў слушную пасьлядоўнасьць праўленьня вялікіх князёў літоўскіх, бо і расейская, і польская гістарыяграфія пазначалі іх як польскіх каралёў, тым самым ігнаруючы факт існаваньня Вялікага Княства Літоўскага і яго гаспадароў. Так, Жыгімонт I Стары (1506–1548) у Княстве быў Жыгімонтам II з улікам, што ў 1432–1440 гадох

---

[15] Грамадска-палітычнае жыццё ў Беларусі, 1772–1917 гг. Мінск : Беларуская навука, 2019. С. 510, 512.

там правіў Жыгімонт Кейстутавіч (адпаведна, ён быў Жыгімонтам I). Ластоўскі і гэтым падкрэсьліваў самастойнасьць і адметнасьць беларуска-літоўскай дзяржавы ў той пэрыяд.

Вялікае Княства Літоўскае ў трактоўцы Ластоўскага было велізарнай дзяржавай, якая ўяўляла пагрозу для суседзяў, але ня мела ні агульнай гістарычнай традыцыі, ні адзінай веры, ні аднароднай мовы. Адначасова з паказам значнасьці гісторыі ВКЛ ствараўся вобраз яго гістарычных ворагаў. Гэта былі манархі — польскія, што спрыялі працэсам ліквідацыі Княства як асобнага палітычнага ўтварэньня і палянізацыі, і расейскія. Гістарычна, Расея была галоўным палітычным канкурэнтам у рэгіёне. Ластоўскі неаднаразова падкрэсьлівае факт суперніцтва Вільні і Масквы ў пэрыяд новай гісторыі. Міжнароднае становішча і зьнешняя палітыка ВКЛ паказаныя ім як гісторыя войнаў, галоўным чынам, з Маскоўскай дзяржавай, якая набывала зь цягам часу ўсё большую моц. Апісаньне войнаў давала адчуваньне трагізму беларускае гісторыі і страчанага мінулага. І гэтае адчуваньне „было своеасаблівым знакам, закліканым стымуляваць грамадзтва да адраджэньня слаўнага мінулага"[16].

Сваёй інтэрпрэтацыяй гісторыі В. Ластоўскі кінуў выклік польскай гістарыяграфіі, паставіў пад сумнеў расейскі імпэрскі наратыў Вялікага Княства Літоўскага, навязаны беларускаму грамадзтву афіцыйнай навукай і царскай ідэалёгіяй. Якраз гістарычны вобраз Вялікага Княства, як адзначыў нямецкі гісторык Р. Ліндэр, выявіў рознасьць падыходаў беларускіх і расейскіх гісторыкаў. Меркаваньні навукоўцаў разышліся ў ацэнцы менавіта гэтай гістарычнай эпохі[17].

Ня дзіўна, што выхад кнігі ў сьвет выклікаў хвалю крытычных рэцэнзій і рэзкіх выпадаў з боку польскіх і афіцыйных расейскіх гісторыкаў. І тыя, і другія абвінавачвалі Ластоўскага ў скажэньні гістарычнае праўды, фальсыфікацыі фактаў. Галоўнае, з чым яны не маглі пагадзіцца, гэта тое, што ён падаваў не гісторыю „усходніх крэсаў" Рэчы Паспалітай або

---

[16] Saifullayeu A. Postkolonialne dziejopisarstwo na Białorusi. S. 239, 241. (*Пер. С. М.*)
[17] Ліндэр Р. Гісторыкі і ўлада. С. 88.

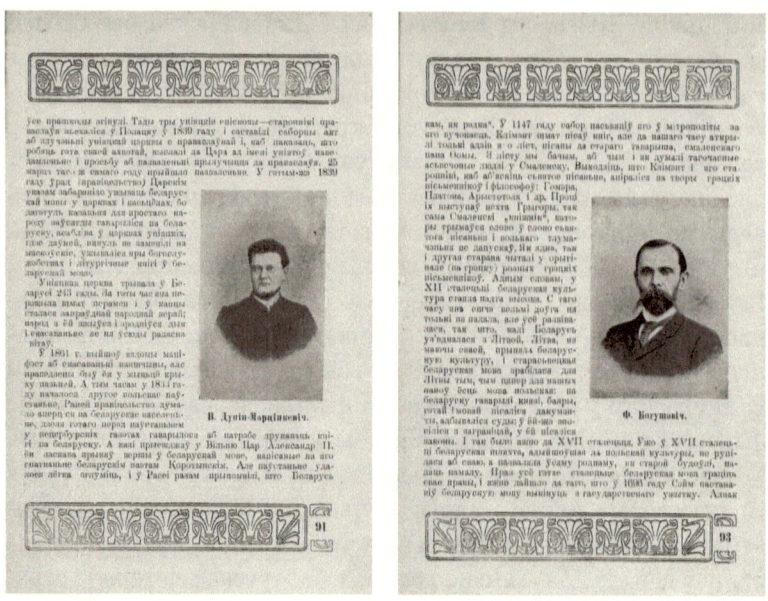

Старонкі з „Кароткай гісторыі Беларусі" (1910) Вацлава Ластоўскага з партрэтамі В. Дуніна-Марцінкевіча і Ф. Багушэвіча.

Паўночна-Заходняга краю Расейскай імпэрыі, а гісторыю адметнай і самадастатковай Беларусі. Русыфікатарскі орган „Окраина России" атакаваў гісторыка за тое, што ў ягонай кнізе няма „портретов ни императара Александра II, ни графа М. Н. Муравьева, ни митрополита Иосифа Семашки", затое зьмешчаныя партрэты Вінцэнта Дуніна-Марцінкевіча, Францішка Багушэвіча, Янкі Лучыны[18]. Ластоўскаму да гэтага часу закідаюць тое, што нацыянальная оптыка пазбавіла яго больш глыбокага аналітычнага падыходу і мела вынікам стварэньне спрошчанай карціны гісторыі.

Трэба мець на ўвазе, што Ластоўскі не праводзіў спэцыяльных гістарычных дасьледаваньняў. Ён нават не атрымаў сыстэматычнай гістарычнай адукацыі. Ягоная кніга носіць

---

[18] Арбузаў А. Ц. Першапраходзец гісторыі Беларусі // Сборник научных трудов сотрудников кафедры „История, мировая и отечественная культура" БНТУ. Минск : БНТУ, 2014. С. 16.

кампілятыўны характар і заснаваная на фактах, запазычаных з прац расейскіх, польскіх, украінскіх і беларускіх гісторыкаў. Сам аўтар сьведчыць аб гэтым у прадмове (праўда, беларускія гісторыкі ў яго праходзяць пад найменьнем „рускія"). У пачатку кнігі ён прыводзіць сьпіс выкарыстаных выданьняў па гісторыі Беларусі, які абмежаваны васямнаццацю кнігамі. Сярод іх — працы Пампэя Бацюшкава, Міхаіла Каяловіча, Міхайлы Грушэўскага, Мітрафана Доўнар-Запольскага, Яўхіма Карскага, Аляксандра Пыпіна, Людвіка Кубалы ды іншых. Сам Ластоўскі не зьбіраўся рабіць ніякіх сэнсацый і адкрыцьцяў, нават пісаць нешта новае. Ён выступіў таленавітым інтэрпрэтатарам гісторыі — адабраў з прац прафэсійных гісторыкаў важнейшыя, на ягоную думку, факты з гісторыі Беларусі; скампанаваў і пераказаў іх, расставіў беларускацэнтрычныя акцэнты — чагосьці падобнага да гэтага ніхто не рабіў — і адаптаваў для ўспрыманьня моладзьдзю. Пры гэтым пазьбягаў навязваць чытачам уласныя ацэнкі і абагульненьні. Хаця ягоныя высновы могуць быць недастаткова навукова абгрунтаваныя і доказныя, гэта не павінна перашкаджаць нам бачыць у ім таленавітага мысьляра, які „перакадыфікаваў мінулае" з пункту гледжаньня беларускага этнацэнтрызму.

Усе нацыянальныя рухі пачатку XX ст. грунтаваліся на пошуках і вынаходжаньні ўласнай гістарычнай, дзяржаўнай і культурнай традыцыі. Кніга Вацлава Ластоўскага мела свой аналяг ва Ўкраіне. За два гады да выхаду ў сьвет „Кароткай гісторыі Беларусі", у 1908 г., Мыкола Аркас, які вучыўся ў Адэскім і Хэрсонскім унівэрсытэтах, выдаў сваю „Історію України-Русі", якая дэманстравала падобнае разуменьне нацыянальнай гістарыяграфіі. У цэнтры ўвагі аўтара было чаргаваньне валадароў і падзей, зь якімі спалучалася дынаміка росту нацыянальнай самасьвядомасьці. Сацыяльныя аспэкты гісторыі былі на апошнім пляне. Зьмест нацыянальных кампіляцый гісторыі, якія стварылі М. Аркас і В. Ластоўскі, хутчэй вынікаў з надзённых патрэб, чым грунтаваўся на дасьледаваньні гістарычных фактаў. Калі ж у беларускай нацыі на стадыі яе станаўленьня зьявіліся свае інтэрпрэтацыі мінулага, супраць яе адразу „распачаўся магутны палітычны і культурны ціск усталяваных нормаў", які доўжыцца і дагэтуль[19].

Сваім бачаньнем гісторыі Беларусі В. Ластоўскі паўплываў на сьвядомасьць нешматлікай беларускай інтэлігенцыі, якая нараджалася ў „нашаніўскі пэрыяд", у непараўнальна большай ступені, чым аналягічныя працы, створаныя як частка польска- ці расейскамоўнага дыскурсу. „Быў першы: вызначаў напрамак іншым"[20].

„Кароткая гісторыя Беларусі" стала важнай вяхой у станаўленьні нацыянальнай гістарычнай навукі. У сваю чаргу, станаўленьне нацыянальнай гістарыяграфічнай канцэпцыі — гэта паказьнік працэсу фармаваньня нацыі. Наяўнасьць уласнай гісторыі прымушала задумацца аб уласнай дзяржаўнасьці, давала дэмакратычным нацыянальна-вызваленчым сілам надзейныя арыенціры для ўпэўненага руху ў будучыню. Гэтай цьвёрдай упэўненасьці не хапала тады многім, нават сьвядомым беларусам, гатовым служыць ідэі нацыянальнага адраджэньня. Яны ўсё больш выразна артыкулявалі свой гонар за гістарычнае мінулае беларускага народа. Дасьледнік спадчыны В. Ластоўскага Язэп Янушкевіч перакананы, што без „Кароткай гісторыі" шмат каму з сучаснікаў давялося б пакутліва доўга аднаўляць гістарычную памяць[21]. „Гартаваў дух нацыі, упарта аднаўляючы памяць пра мінуўшчыну, пабітую нанесенымі праз чужынцаў камянямі няведання", — піша пра Ластоўскага Янушкевіч[22].

У XIX — пачатку XX ст. інтэрпрэтацыя гісторыі Беларусі ў школьнай вучэбнай літаратуры, як канстатуе яе дасьледнік Сяргей Бітчанка, прайшла эвалюцыю ад польска- і масквацэнтрычнай да беларускацэнтрычнай канцэптуальнай накіраванасьці. Вынікам гэтай эвалюцыі стала канцэптуальнае афармленьне гістарычнай і дзяржаваўтваральнай суб'ектнасьці, прадстаўленае ў працы В. Ластоўскага, а пазьней — у брашуры

---

[19] Лінднэр Р. Гісторыкі і ўлада. С. 17, 80.
[20] Radzik R. Wizja Polski i Rosji w „Krótkiej historii Białorusi" Wacława Łastowskiego // Białoruskie Zeszyty Historyczne. 2000. №14. S. 119, 122. (*Пер. С.М.*)
[21] Ластоўскі В. Выбраныя творы. С.8.
[22] Янушкевіч Я. Неадменны сакратар Адраджэння. С. 6.

Фабіяна Шантыра 1917 г. выданьня „Патрэбнасьць нацыянальнага жыцьця для беларусаў і самаадзначэньня народу"[23].

Праца В. Ластоўскага — зь яе абгрунтаваньнем беларускага характару Вялікага Княства Літоўскага — стала першым у гісторыі станаўленьня нацыянальнай адукацыі вучэбным дапаможнікам, напісаным беларусам для беларусаў. Яна, хоць і не атрымала афіцыйнага дазволу на выкарыстаньне ў адукацыйным працэсе, была запатрабаваная беларускімі настаўнікамі і выкарыстоўвалася імі неафіцыйна. Гэтая кніга закладала ў моладзі пачуцьцё патрыятызму, асновы нацыянальнай годнасьці, самаідэнтычнасьці і самасьвядомасьці. „Нацыянальны падручнік па нацыянальнай гісторыі — гэта заўсёды сімвал веры нацыі ў сваю прышласьць, рэлігія яе пачуццяў"[24]. Выданьне, а затым і выкарыстаньне ў беларускіх школах кнігі В. Ластоўскага паклала пачатак станаўленьню нацыянальнай гістарычнай адукацыі і паслужыла ўзорам для Ўсевалада Ігнатоўскага ды іншых аўтараў вучэбных дапаможнікаў па гісторыі Беларусі. У гэтым заключаецца гістарычнае значэньне кнігі[25].

Асабліва плённымі ў разьвіцьці нацыянальнай гістарыяграфічнай канцэпцыі былі 1920-я гады — пэрыяд адноснай лібэралізацыі палітыкі камуністычных улад і беларусізацыі ў БССР, хоць і тады над гістарычнай навукай быў дастаткова жорсткі ідэалягічны кантроль. У 1927 г. пачалася савецкая навуковая біяграфія В. Ластоўскага. Ён працаваў дырэктарам Беларускага дзяржаўнага музэю, падчас адной з экспэдыцый прывёз крыж Эўфрасіньні Полацкай. Запрошаны на працу

---

[23] Бітчанка С. М. Дзяржаўная палітыка Расійскай Імперыі ў дачыненні да ідэалагічнай накіраванасці гістарычнай адукацыі Беларусі ў апошняй чвэрці XIX — першай чвэрці XX стст. // Вестник Полоцкого государственного университета. Серия Е. Педагогические науки. Педагогика. 2021. №15. С. 8.
[24] Марзалюк І. „Ликбез" для ўсіх, каму гэта цікава // ARCHE. 2009. №11–12. С. 107.
[25] Багдановіч І. І. Значэнне „Кароткай гісторыі Беларусі" В. Ластоўскага ў станаўленні гістарычнай адукацыі ў Беларусі // Палітычныя, сацыяльна-эканамічныя і этнакультурныя працэсы на тэрыторыі Беларусі ў XIX — пачатку XX ст.: Да 150-годдзя скасавання прыгоннага права ў Расійскай імперыі: матэрыялы Рэсп. навук.-тэарэт. канф., г. Мінск, 4 сак. 2011 г. Мінск : БДПУ, 2011. С. 330.

ў Інбелкульт (Інстытут беларускай культуры), у 1928 г.ператвораны ў Беларускую акадэмію навук, атрымаў званьне акадэміка. Там ён справакаваў вялікую дыскусію пра крывічоў як продкаў беларусаў, пасьля чаго зрабіўся ў вачох партыйна-савецкіх чыноўнікаў увасабленьнем акадэмічнага „нацыянал-дэмакратызму". Лібэралізацыя 1920-х гадоў аказалася кароткатэрміновай. Старажытная гісторыя — сфэра вывучэньня дасьледнікаў — цяпер стала справай партыі. Інбелкульт стаў успрымацца ўладамі як контрарэвалюцыйны цэнтар.

У пачатку 1930-х г. вядучыя гісторыкі — прадстаўнікі нацыянальнай гістарыяграфічнай канцэпцыі — былі рэпрэсаваныя, а іх працы зьмешчаныя ў „спэцсховішчы". Падчас першай хвалі рэпрэсій супраць беларускіх інтэлектуалаў арыштавалі па сфальсыфікаванай палітычна-крымінальнай справе „Саюзу вызваленьня Беларусі" і В. Ластоўскага. Ён быў у ліку першых арыштаваных акадэмікаў (21 ліпеня 1930 г.); быў таксама пазбаўлены гэтага званьня. Абвінаваўцам муліла вочы найперш ягоная дасавецкая палітычная дзейнасьць, а таксама кіроўная функцыя ў Радзе Беларускай Народнай Рэспублікі. Больш за дваццаць супрацоўнікаў Акадэміі навук кінулі за краты па гэтай справе: ім не маглі прабачыць адмову падпарадкавацца і стаць паслухмянымі[26]. В. Ластоўскага ўтрымлівалі ў турмах Масквы і Менску, потым адправілі на пяць гадоў у высылку за межы БССР, у Саратаў. У 1938 г. ён стаў ахвярай бальшавіцкага тэрору — расстраляны як „вораг народу". У 1958 г. і 1988 г. быў рэабілітаваны з-за адсутнасьці складу злачынства.

Працы Вацлава Ластоўскага трапілі пад забарону. Шмат дзесяцігодзьдзяў у СССР ягоная „Кароткая гісторыя Беларусі" была недаступная — захоўвалася ў закрытых фондах дзяржаўных бібліятэк — і невядомая. У выдадзеным у 1986 г. дасьледаваньні Зіновія Капыскага і Валянціны Чапко „Историография БССР (эпоха феодализма)" імя В. Ластоўскага ня згадвалася. Дарэвалюцыйную гістарыяграфію аўтары рэзка супрацьстаўлялі савецкай, манапольнае становішча ў якой

---

[26] Ліндвэр Р. Гісторыкі і ўлада. С. 197, 295–296.

заняла марксісцкая мэтадалёгія і клясавы падыход, спалучаныя з мадэрнізаванай расейскай вялікадзяржаўнай канцэпцыяй.

Толькі праз шэсьць дзесяцігодзьдзяў з Ластоўскага зьнялі ярлык „нацыяналіста і ворага народу". Ягонае імя вярнулася ў шэраг пачынальнікаў нацыянальнай гістарыяграфіі, у 1990 г. ён быў адноўлены ў званьні акадэміка. У сувэрэннай Беларусі вялікімі накладамі выдавалі рэпрынты прац В. Ластоўскага і У. Ігнатоўскага. У пачатку 1990-х г. яны сталі альтэрнатывай для паноўнага да таго часу савецкага гісторыяпісаньня[27] і зыходным пунктам працэсу „інвэнтарызацыі" мінулага[28].

Ужо другое стагодзьдзе пайшло з часу першага выданьня „Кароткай гісторыі Беларусі". Зьявіліся новыя канцэпцыі, адкрытыя новыя факты, але праца В. Ластоўскага ня страціла сваёй каштоўнасьці. Яна зноў і зноў зьвяртае на сябе ўвагу навукоўцаў — найперш як зьява беларускай нацыянальнай гістарыяграфіі. Зразумела, нельга падыходзіць да яе зь меркамі і патрабаваньнямі сёньняшняга дня як да гістарычных дасьледаваньняў. Зьмест кнігі трэба разглядаць у кантэксце стану айчыннай гістарычнай навукі больш за сто гадоў таму.

Беларускаму нацыянальна-культурнаму адраджэньню канца XX ст., як і ў пачатку стагодзьдзя, таксама былі патрэбныя навуковыя арыенціры — нацыянальная візія гісторыі, каб на ёй будаваць новую беларускую ідэнтычнасьць. На працягу 1930–1980-х г., пасьля расправы зь лепшымі прадстаўнікамі акадэмічнай навукі, з айчыннай гісторыі былі цалкам выкінутыя нацыянальныя гістарычныя каштоўнасьці й арыенціры. У перадапошняе дзесяцігодзьдзе XX ст. у беларускай гістарычнай навуцы зноў панавала антынацыянальная канцэпцыя — „сведчанне прыгнечанага, каланіяльнага становішча … краіны", — спалучаная з ідэалягічнымі ўстаноўкамі КПСС-КПБ на зьліцьцё моваў, культур і народаў. Разам з русыфікацыяй сыстэмы адукацыі і фактычнай ліквідацыяй нацыянальнай школы гэта прывяло да

---

[27] Śleszyński W. Historia w służbie polityki. S. 260.
[28] Saifullayeu A. Postkolonialne dziejopisarstwo na Białorusi. S. 237.

страты некалькімі пакаленьнямі беларусаў нацыянальнай гістарычнай памяці і самасьвядомасьці, шырокаму распаўсюджаньню нацыянальнага нігілізму і давяло беларусаў, як этнас, да мяжы зьнікненьня[29].

Сем стагодзьдзяў паміж распадам Кіеўскай Русі ды падзеламі Рэчы Паспалітай у савецкай канцэпцыі трактаваліся як перапыненьне лінейнага працэсу гістарычнага разьвіцьця Беларусі. Гісторыя Вялікага Княства Літоўскага была невядомай ня толькі грамадзтву, але і большасьці прафэсійных гісторыкаў. Стварэньне гэтай дзяржавы прызнавалася справай літоўцаў. Апраўдвалася яе ліквідацыя ў канцы XVIII ст.

Беларускае нацыянальнае адраджэньне, якое пачалося ў канцы 1980-х г., суправаджалася абуджэньнем гістарычнае памяці грамадзтва і пераасэнсаваньнем мінулага. Але адчуваўся моцны „голад" на гістарычную інфармацыю, не заангажаваную савецкім каляніяльным наратывам. Перавыдадзеныя пасьля дзесяцігодзьдзяў забароны „Кароткая гісторыя Беларусі" В. Ластоўскага і „Кароткі нарыс гісторыі Беларусі" У. Ігнатоўскага ў першай палове 1990-х г. выконвалі ролю падручнікаў, пакуль не былі створаныя школьныя і ўнівэрсытэцкія падручнікі сувэрэннай Беларусі. І на гэтым этапе канцэпцыя гісторыі беларускай дзяржаўнасьці Вацлава Ластоўскага працавала на беларускую нацыю — яна адыграла выключную ролю ў вяртаньні беларусам пачуцьця гістарычнасьці, адабранага ў іх афіцыйнай савецкай навукай ды ідэалёгіяй, і разуменьня старажытнасьці традыцыі свайго дзяржаўнага існаваньня.

Але на гэтым этапе беларускага адраджэньня ключавую ролю ў вяртаньні беларусам гісторыі іх дзяржаўнасьці і 500-гадовай гісторыі Вялікага Княства Літоўскага адыграў гісторык і пісьменьнік Мікола Ермаловіч (1921–2000).

---

[29] Біч М. Аб нацыянальнай канцэпцыі гісторыі і гістарычнай адукацыі ў Рэспубліцы Беларусь // Беларускі гістарычны часопіс. 1993. №1 [Электронны рэсурс]. Рэжым доступу: pawet.net/library/history/bel_history/_articles/bich/ біч_міхась._аб_нацыянальнай_канцэпцыі_гісторыі_і_гістарычнай_адукацыі_ў_рэспубліцы_беларусь.html. Дата доступу: 19.01.2024.

М. Ермаловіч ня меў акадэмічнай гістарычнай адукацыі, але дасьледніцкая сьмеласьць і літаратурны талент дазволілі яму пайсьці супраць тагачаснага гістарычнага мэйнстрыму, разьвянчаць каляніяльныя міты пра свой народ і даказаць, што беларусы маюць ня менш старажытную, багатую і слаўную гісторыю, чым іхныя суседзі. У 1960–1980-я гады ягоныя падрыўныя для пануючай парадыгмы гістарычныя працы пра Вялікае Княства Літоўскае хадзілі ў Менску ў нефармальным пісьменьніцка-мастакоўскім асяродзьдзі ў рукапісных і машынапісных копіях. Умовы, у якіх праходзіла творчасьць М. Ермаловіча, былі няпростыя. Ягоная навуковая дзейнасьць выклікала пытаньні ў „органаў" — у 1984 г. яго выклікалі ў КДБ: „До нас дошли сведения, что вы пишете историю, в которой хотите доказать извечную самостоятельность Белоруссии". Альтэрнатыўны погляд гісторыка-аматара на мінулае Беларусі раздражняў таксама акадэмічных вучоных Інстытуту гісторыі[30].

Творы М. Ермаловіча „стрэлілі" ў канцы 1980-х г., на скон СССР, калі яшчэ ніхто не верыў у зьмену ўсёй гістарычнай парадыгмы. Яго „Старажытная Беларусь. Полацкі і Новагародскі перыяды" аказалася адзінай на той час кнігай, у якой была выкладзеная цэльная канцэпцыя гісторыі краіны ад старажытных часоў, напісаная зь беларускіх пазыцый. Калі Беларусь атрымала незалежнасьць, выявілася, што ніводнай цэльнай канцэпцыі гісторыі краіны, апроч той, якую высноўваў М. Ермаловіч, проста няма. У пачатку 1990-х г. яна захапіла розумы беларусаў. Ягоныя кнігі разьмяталі з паліц. Тысячы чытачоў зь іх „упершыню даведаліся, што беларусы маюць усе правы, каб лічыць гістарычную спадчыну ВКЛ сваёй уласнай. І засвоілі гэты ўрок на ўсё жыцьцё"[31]. Для посткаляніяльнага гісторыка, як сьцьвярджае дасьледнік беларускага посткаляніялізму Антон Сайфулаеў, важны сам працэс адшуканьня адабранага мінулага, доказу гістарычнасьці ўласнае супольнасьці.

---

[30] Скурко А. Мікола Ермаловіч: жыццё як бы асобна // Наша гісторыя. 2021. №3. С. 14.
[31] Тамсама. С. 1.

Сярэднявечча ў гэтым пляне зьяўляецца надта прыцягальным інтэрпрэтацыйным полем[32].

Цэнтральная ідэя ў гістарычнай канцэпцыі М. Ермаловіча заключалася ў тым, што Вялікае Княства Літоўскае было беларускай дзяржавай і паўстала яно на беларускіх землях. Аналізуючы летапісы і зьвесткі тапанімii, ён прыйшоў да высновы, што старажытная, ці летапісная Літва XII–XIII ст. не адпавядала сёньняшняй. Яна разьмяшчалася на тэрыторыі Беларусі, паміж Наваградкам, Маладэчнам і Пінскам — гэта тлумачыць, чаму Наваградак стаў сталіцай новай эўрапейскай дзяржавы.

М. Ермаловіч абвяргаў палажэньне расейскай, літоўскай і савецкай гістарыяграфіі аб тым, што Вялікае Княства Літоўскае ўтварылася ў выніку заваёвы беларускіх земляў літоўскімі фэадаламі. Ніякай літоўскай заваёвы не было — ніводная крыніца, на думку гісторыка, не гаварыла, што Літва заваявала нейкую беларускую тэрыторыю. Наадварот, гэта беларускія фэадалы запрасілі княжыць да сябе ў Наваградак літоўскага князя Міндоўга, зь ягонай дапамогай падначалілі сабе суседнюю Літву і такім чынам далі пачатак Вялікаму Княству Літоўскаму. Такая інтэрпрэтацыя па прынцыпе даміно абвальвала ўсю афіцыйную канструкцыю старажытнай гісторыі Беларусі зь яе тэорыямі „трыадзінага народу", гістарычнай недарэчнасьці, у выніку якой продкі беларусаў і ўкраінцаў стрaцілі сувязь з расейскім „старэйшым братам", трапіўшы ў склад Вялікага Княства Літоўскага, і іх „адвечнай мары аб уз'яднаньні з Расіяй"[33].

Канцэпцыя М. Ермаловіча, свораная на аснове прац дасавецкіх гісторыкаў і летапісных крыніц, ацэньваецца гісторыкамі як спрошчаная і рамантычная, хоць і прывабная. Слабым месцам ягоных прац зьяўляецца недастатковая крыніцавая база, невалоданьне дасьледаваньнямі замежных навукоўцаў. Сумнеўным маркерам знаходжаньня летапіснай Літвы на тэрыторыі Беларусі зьяўляюцца вёскі з назвай „Літва". Сказалася адсутнасьць у М. Ермаловіча, філёляга па адукацыі,

---

[32] Saifullayeu A. Postkolonialne historiografie. S. 248.
[33] Скурко А. Мікола Ермаловіч. С. 11.

сыстэмных акадэмічных гістарычных ведаў, перайманьне некаторых састарэлых палажэньняў гісторыкаў XIX ст. Усё гэта зьмяншае навуковую каштоўнасьць ягоных прац. Але ніхто не аспрэчвае ягоную цэнтральную думку, што Вялікае Княства Літоўскае і Рэч Паспалітая — гэта частка гістарычнай спадчыны беларусаў.

Высока ацаніў ролю таго імпульсу, які канцэпцыя М. Ермаловіча надала беларускай гістарыяграфіі, акадэмічны гісторык Алег Дзярновіч. Паводле яго, М. Ермаловіч нібы пераключыў тумблер — перавёў гістарычную і інтэлектуальную пэрспэктыву беларусаў ад занядбанасьці і падпарадкаванасьці да нармальнасьці і паказаў, што Вялікае Княства Літоўскае — гэта частка гісторыі Беларусі. Пры ўсіх спрэчных моманатах ягоных асобных ідэй ён фактычна „нацыяналізаваў" нашую гісторыю, надаў ёй нацыянальны кірунак. Яго галоўная заслуга заключаецца ў тым, што ён увёў праблематыку Вялікага Княства Літоўскага ў масавую сьвядомасьць і замацаваў яе на ўзроўні прафэсійнага дыскурсу. Нават аспрэчваючы ідэі Ермаловіча, гісторыкі міжволі прызнаюць значнасьць ягонага даробку[34].

З выхадам у друк прац Міколы Ермаловіча, якія пярэчылі афіцыйнай канцэпцыі гісторыі Беларусі, зьвязваюць пералом у беларускай савецкай гістарыяграфіі. Ён стаў пачынальнікам новага этапу разьвіцьця гістарычнай навукі, яе рамантычнай плыні. Ягоныя працы сталі каталізатарам дасьледаваньня гісторыі Вялікага Княства Літоўскага акадэмічнымі гісторыкамі. Ён пазбавіў беларусаў комплексу гістарычнай непаўнавартасьці і недзяржаўнасьці нацыі і прыцягнуў увагу навукі і грамадства да „літоўскага пэрыяду" гісторыі Беларусі. Тэорыя „Беларусь = Вялікае Княства Літоўскае" стала паноўнай у інтэлігенцкай аўдыторыі і сярод гісторыкаў „адраджэнскай хвалі". Пра яго, інваліда па зроку, кажуць: „Сьляпы гісторык, які цэламу народу расплюшчыў вочы на яго гісторыю".

---

[34] Алег Дзярновіч: Мікола Ермаловіч зрабіў гісторыю Літвы часткай гісторыі Беларусі. У гэтым яго значнасьць і велічы [Электронны рэсурс]. Рэжым доступу: svaboda.org/a/31228324.html. Дата доступу: 05.09.2025.

Аўтарытэт М. Ермаловіча, аднак, ніяк не прымяншае ролі навуковай спадчыны В. Ластоўскага ў працэсе фармавання нацыянальнай канцэпцыі гісторыі Беларусі і разьвенчваньня каланіяльнага міту Вялікага Княства Літоўскага на новым этапе разьвіцця гістарычнае навукі. Слушна заўважана: „Любая версія беларускай гісторыі, пазбаўленая любога каланіяльнага ўплыву, фактычна паўтарае формулу Ластоўскага — Беларусь пачалася са старажытнага Полацка"[35] і працягнулася (напоўніцу рэалізавалася) у Вялікім Княстве Літоўскім.

У сувязі з выкладзеным вышэй напрошваюцца некаторыя параўнаньні.

Эпохі, кантэксты. Увага да гісторыі звычайна ўзрастае ў часы ўзрушэньняў і зьмен. Цікавасьць да яе абуджаецца балючай стратай спадчыны, упэўненасьці і даверу (з-за актыўнага сьвядомага маніпуляваньня гістарычнай інфармацыяй), крызісам ідэнтычнасьці. Гісторыя ў такія часы здаецца настолькі істотнай, што ўзьнікае спакуса пераглядзець яе нанова. Канцэптуальныя гістарычныя працы В. Ластоўскага „Кароткая гісторыя Беларусі" (Вільня, 1910) і М. Ермаловіча „Па слядах аднаго міфа" (Мінск, 1989) і „Старажытная Беларусь. Полацкі і Новагародскі перыяд" (Мінск, 1990) надалі так патрэбныя беларускаму нацыянальна-культурнаму адраджэньню навуковыя арыенціры і ў пачатку, і канцы ХХ ст. Мы маем аналёгію паміж гістарычнай палітыкай імпэрыялізму пачатку ХХ ст. і камуністычнага рэжыму другой паловы ХХ ст. і сьведчаньне цыклічнасьці спалучэньня нацыянальных праграм з рухам супраць гістарычнага нігілізму і вызначэньнем гістарычных каардынат Бацькаўшчыны.

Рэйтынг твораў. Абодва гэтыя невялікія творы (кніга В. Ластоўскага — 110 стар., „Па слядах аднаго міфа" М. Ермаловіча — 98 стар.) увайшлі ў залаты фонд беларускай гістарычнай навукі і гістарычнай публіцыстыкі. Апублікаваныя з розьніцай у 80 гадоў, яны займаюць пазыцыі ў топ-50 беларускіх кніг

---

[35] Л. Г. Навошта Ластоўскі прыдумаў Крыўю? [Электронны рэсурс]. Рэжым доступу: budzma.org/news/lastouski-kryuyu.html. Дата доступу: 05.09.2025.

XX ст. У 2023 г. „Кароткую гісторыю Беларусі" В. Ластоўскага адзін з блогаў прапаноўваў прачытаць у ліку васьмі галоўных кніг пра нашу гісторыю „для павышэньня градусу нацыянальнай сьвядомасьці"[36].

Абодва аўтары — пісьменьнікі і гісторыкі, якія ня мелі прафэсійнай гістарычнай адукацыі, аднак здолелі кампэнсаваць недахоп адукацыі настойлівай самастойнай працай і сканцэнтраванай воляй. В. Ластоўскі ведаў найважнейшую літаратуру па гісторыі так званай „заходняй Русі" (іншай тады не было) і ў сваёй працы абапіраўся на апублікаваныя зборы дакумэнтаў. М. Ермаловіч на працягу двух дзесяцігодзьдзяў штодня езьдзіў электрычкай з Маладэчны ў Менск, у Дзяржаўную бібліятэку (цяпер Нацыянальная бібліятэка Беларусі). Ведаў працы сваіх папярэднікаў, расейскіх і беларускіх гісторыкаў, старанна вывучаў публікацыі старажытных летапісаў. В. Ластоўскі напісаў сваю галоўную гістарычную працу ў 27 гадоў. М. Ермаловіч — меў за 40 гадоў (у 1960-я гады ягоная праца „Па слядах аднаго міфа" хадзіла ў рукапісах). Абодва аўтары, ня маючы сыстэматызаванай гістарычнай адукацыі, сталі клясыкамі беларускай гістарыяграфіі.

Галоўны акцэнт у сваіх працах В. Ластоўскі і М. Ермаловіч зрабілі на гісторыі беларускай дзяржаўнасьці і абгрунтаваньні яе старажытнасьці. Абодва кінулі выклік паноўным гістарычным канцэпцыям, навязаным беларусам афіцыйнай навукай і ідэалёгіяй, у тым ліку расейскаму імпэрскаму і польскаму наратывам Вялікага Княства Літоўскага (Ластоўскі), і савецкаму, а таксама літоўскаму наратыву Вялікага Княства Літоўскага (Ермаловіч). Іхныя працы вярталі беларусам адабранае ў іх пачуцьцё гістарычнасьці — пачуцьцё сваёй даўняй і багатай гісторыі. Яны ўвялі праблематыку Вялікага Княства Літоўскага ў масавую сьвядомасьць. Даказалі, што нацыянальная, у тым ліку дзяржаўна-палітычная спадчына беларусаў тых часоў хаваецца за тэрмінамі „рускі" і „літоўскі" і што гэтую

---

[36] Адкуль мы ўзяліся: 8 кніг пра нашу гісторыю [Электронны рэсурс]. Рэжым доступу: sojka.io/by/guides/history-books-guide. Дата доступу: 19.07.2025.

тэрміналягічную блытаніну часта выкарыстоўвалі, каб сказіць і прынізіць нацыянальную гісторыю беларусаў.

Як піша Райнэр Ліндныр, „няпэўная гістарычна-нацыянальная самасвядомасць адукаваных беларусаў мела свае карані ў сапраўдным і ўяўным удзеле ў сярэднявечнай гісторыі Вялікага Княства Літоўскага". Гэты адрэзак часу займаў галоўную частку распрацовак В. Ластоўскага і іншых гісторыкаў, якія выйшлі да 1934 г.[37] Дзякуючы гэтым працам і іх аўтарам, Вялікае Княства Літоўскае стала неад'емнай часткай нацыянальнага гістарычнага наратыву Беларусі. Дзяржава, якая існавала на беларускіх землях пяць з паловай стагодзьдзяў, глыбока ўвайшла ў гістарычную памяць. Творы В. Ластоўскага і М. Ермаловіча — гэта пратэст супраць гістарычнага бяспамяцтва, прышчэпленага беларускаму народу[38].

Навуковая спадчына В. Ластоўскага і М. Ермаловіча *стала зьявай нацыянальнай гістарыяграфіі* і плённа выкарыстоўваецца і ў нашыя дні. Праца В. Ластоўскага ўважаецца пераломнай паміж двума этапамі разьвіцця беларускай гістарычнай навукі. М. Ермаловіча называюць заснавальнікам новай беларускай рамантычнай гістарыяграфіі. Іх працы далі імпульс да дасьледаваньняў той эпохі і пошуку інтэрпрэтацый, выклікалі рэзананс, крытыку ў суседніх краінах. Гісторыкі зьвяртаюцца да іх і цяпер. Нават змаганьнем зь іх ідэямі і канцэпцыямі гісторыкі міжволі прызнаюць значнасьць гэтых аўтараў.

Прызнаньне. М. Ермаловіч пры жыцці атрымаў шырокае грамадзкае прызнаньне. Быў прыняты ў Саюз пісьменьнікаў (1989). „Старажытная Беларусь" прынесла яму прызнаньне на дзяржаўным узроўні. За кнігу, рукапіс якой у свой час „прасілі пачытаць" у КДБ, у 1992 г. гісторык атрымаў Дзяржаўную прэмію імя Кастуся Каліноўскага. У 1993 г. быў уганараваны мэдалём Францыска Скарыны.

У савецкай Беларусі В. Ластоўскі стаў увасабленьнем акадэмічнага „нацыянал-дэмакратызму", быў пазбаўлены званьня

---

[37] Ліндныр Р. Гісторыкі і ўлада. С. 85.
[38] Saifullayeu A. Postkolonialne dziejopisarstwo na Białorusi. S. 238.

Бюст Вацлава Ластоўскага ў Глыбокім і памятны знак Міколу Ермаловічу ў Маладэчне. Здымкі Сяргея Марозава.

акадэміка, арыштаваны, высланы ў Саратаў. Толькі ў першай палове 1990-х гадоў да яго вярнулася прызнаньне.

Памяць. Абодва аўтары памерлі не сваёй сьмерцю: В. Ластоўскі быў расстраляны ў Саратаве ў 1938 г.; М. Ермаловіч загінуў пад коламі аўтамабіля ў двары свайго дома.

Абодвум гісторыкам на іх радзіме пастаўлены помнікі: бюст В. Ластоўскага ў Глыбокім Віцебскай вобласьці (2012); памятны знак М. Ермаловічу ў Маладэчне (2003). Выдадзеныя зборнікі іх выбраных твораў[39]. У іх гонар праводзяцца навуковыя канфэрэнцыі.

Аўтарская рэфлексія

Беларусаў за адносна кароткі адрэзак часу двойчы пазбаўлялі гістарычнай памяці. І хоць гэтую памяць у народу забіралі,

---

[39] Ластоўскі В. Лабірынты. Выбраныя творы. Мінск : Попурри, 2015. 176 с.; Ермаловіч М. Выбранае. Мінск : Кнігазбор, 2010. 635 с.

яна зноў і зноў вярталася ў Беларусь — творамі В. Ластоўскага ў пачатку XX ст. і М. Ермаловіча ў канцы XX ст. Гісторыкі, зьвязаныя зь беларускім нацыянальным рухам і адраджэньнем, засяроджвалі свае дасьледаваньні на гісторыі Вялікага Княства Літоўскага.

Сёньня сытуацыя складаецца так, што замест дэкалянізацыі гісторыі і памяці мы хіба што маем трэцюю хвалю посткаляніялізму. Прызнаньне ў судовым парадку выданьня 1997 г. „Выбраныя творы" Вацлава Ластоўскага „экстрэмісцкім матэрыялам" — сьведчаньне таму.

DECOLONIZATION OF THE BELARUSIAN NARRATIVE OF THE HISTORY OF THE GRAND DUCHY OF LITHUANIA: FROM VACŁAŬ ŁASTOŬSKI TO MIKOŁA JERMAŁOVIČ

Siarhiej Marozaŭ (Białystok)

Decolonization as a contemporary direction in Eastern European studies is highly relevant to the historical studies of Belarus, which for a long time were dominated by the historical narratives of other nations that denied the subjectivity of the Belarusian people and its historical path. In times of national movements and cultural revivals, historiography becomes a tool of resistance against the colonizer. The mission of post-colonial historians is to uncover a suppressed past and reconstruct the historical trajectory of their people. In this context, the memory of the Grand Duchy of Lithuania became a key reference point around which a national narrative of Belarusian history was constructed in the 20th century.

Vacłaŭ Łastoŭski and Mikoła Jermałovič lived in different periods—Łastoŭski at the beginning, and Jermałovič at the end of the 20th century. However, both produced their seminal works—"The Short History of Belarus" by Łastoŭski and "Tracing a Myth" and "Early Belarus: The Połacak and Novaharodak Periods" by Jermałovič—during times of social upheaval and transformation, when there was a deep hunger for historical narratives that broke away from the colonial framework. Through their interpretations, they challenged historical amnesia and dismantled colonial myths about the Belarusian people, which provoked fierce criticism. Both Łastoŭski and Jermałovič focused on the history of Belarusian statehood, asserting its ancient roots and advocating the Belarusian character of the Grand Duchy of Lithuania. Łastoŭski's historical vision shaped the consciousness of the Belarusian national elite during the Naša Niva period, and Jermałovič helped to reintroduce the Grand Duchy into academic debates and public discourse in the 1990s. Thanks to these two authors, the Grand Duchy of Lithuania became an inseparable part of the Belarusian national historical narrative.

Although often seen by historians as romantic, the conceptual works of Łastoŭski and Jermałovič have earned a lasting place in the canon of Belarusian historical scholarship and journalism. Despite lacking formal historical training, both left behind scholarly legacies that became a phenomenon of national historiography and played a key role in restoring Belarusians' sense of historicity.

ВАЦЛАЎ ЛАСТОЎСКІ: ЛЯ ВЫТОКАЎ БЕЛАРУСКАЙ САЦЫЯЛІНГВІСТЫКІ

Уладзіслаў Гарбацкі (Вільня)

Мовазнаўчая спадчына Вацлава Ластоўскага вядомая і досыць дасьледаваная беларускімі і дыяспарнымі дасьледнікамі і дасьледніцамі. Прыгэтым постаць В. Ластоўскага як мовазнаўцы часта стаіць асобна ў зьвязку з тым, што мовазнаўчае адукацыі ён ня меў. Тым ня менш у сьвятле разьвіцьця беларускага мовазнаўства і, у прыватнасьці, сацыялінгвістыкі, а таксама публікацыі ў 2023 годзе дастаткова поўнага збору ягоных мовазнаўчых працаў, у артыкуле прадпрымаецца спроба вылучэньня і аналізу сацыялінгвістычнага пласту ягоных мовазнаўчых напрацовак. Асобнае месца прысьвячаецца сьмелым напрацоўкам і тлумачэньням сацыялінгвістычнага кшталту ў тэкстах В. Ластоўскага, які адзін зь першых у беларускай інтэлектуальнай прасторы ня проста прызнаў імпэрскі, каляніялісцкі чыньнік у маргіналізацыі беларускай мовы, але прапанаваў першыя дэкаляніялісцкія крокі дзеля спыненьня далейшай маргіналізацыі. Зрэшты, у артыкуле даводзіцца, што рэпрэсаваны за саветамі навуковец стаяў ля вытокаў беларускай сацыялінгвістычнай навукі.

Уступ

Вацлаў Ластоўскі — нестандартная постаць у беларускай прасторы. Чалавек-аркестар, які праявіў сябе ў шматлікіх навуковых і грамадзкіх сфэрах: у гісторыі, літаратуры, літаратуразнаўстве, этнаграфіі, выдавецкай дзейнасьці, палітыцы, дыпляматыі. А таксама ён быў мовазнаўцам, хоць і ня меў адпаведнай адукацыі. Але з волі лёсу стаў ім, каб разьвіць у тым ліку і сацыяльнае мовазнаўства, адрознае ад клясычнай філялёгіі. Гэтая патрэба літаральна лунала ў эўрапейскім паветры напярэдадні Першай сусьветнай вайны. Падчас вайны ў мовазнаўчых колах у Францыі дый ва ўсёй Эўропе яна вылілася ў публічныя дэбаты паміж клясычнымі мовазнаўцамі і сацыяльнымі мовазнаўцамі, якія потым стануць называцца сацыялінгвістамі. Вядомы канфлікт паміж прыхільнікамі швайцарскага лінгвіста Фэрдынана дэ Сасюра (1857–1913) і францускім мовазнаўцам Антуанам Мэе (1866–1936) канчаткова сфармаваўся ў 1916 г., калі вучань дэ Сасюра Антуан Мэе зрэагаваў на апублікаваную пасьля сьмерці ягонага мэтра кнігу „Курс агульнай лінгвістыкі" (1916)[1]. На зьдзіў Антуана Мэе, ягоны настаўнік, які пры жыцьці заўсёды вызначаў мову як сацыяльны фэномэн, праігнараваў гэтую аксіёму ў сваім фундамэнтальным творы. Таму Антуан Мэе скрытыкаваў мэтра, стварыўшы тым самым аснову для будучай сацыялінгвістыкі:

> Аддзяляючы моўныя зьмены ад зьнешніх умоваў, ад якіх яны залежаць, Фэрдынан дэ Сасюр пазбаўляе іх рэальнасьці; ён зводзіць іх да абстракцыяў, якія немагчыма вытлумачыць[2].

З таго часу мовазнаўчы сьвет умоўна падзяліўся на два лягеры.

---

[1] Meillet Antoine. Compte rendu de F. de Saussure, Cours de linguistique général, Bulletin de la Société de linguistique de Paris, 1916–20. P. 32–36. (*Пер. У. Г.*)
[2] Тамсама.

Фрагмэнт паласы „Нашай нівы" зь першым мовазнаўчым тэкстам
В. Ластоўскага — „З нашага жыцьця. Перапіска ў беларускай мове".

У той час яшчэ не існавала беларускай акадэмічнай супольнасьці, бо не існавала беларускае дзяржавы, але, няма сумневу, тагачаснае інтэлектуальнае кола Беларусі таксама сачыла за мовазнаўчымі дэбатамі і рэагавала на такі падзел. Вацлаў Ластоўскі, які ня быў клясычным філёлягам, але ж працаваў на мовазнаўчай ніве, натуральна ўпісаўся ў агульнаэўрапейскія дэбаты і далучыўся да г. зв. сацыяльных мовазнаўцаў. Прыгадаем першы мовазнаўчы тэкст В. Ластоўскага — „З нашага жыцьця. Перапіска ў беларускай мове", які зьявіўся ў „Нашай ніве" у 1912 годзе[3]. Ужо ў гэтым тэксьце выразна чыталіся і дамінавалі экстралінгвістычныя тлумачэньні і зацікаўленасьці дасьледніка. Паступова непрафэсійны мовазнаўца стаўся вядомым прафэсійным лексыкографам, стваральнікам слоўнікаў і, кажучы сучаснай мовай, адным зь першых беларускіх сацыялінгвістаў.

---

[3] Ластоўскі В. З нашага жыцьця. Перапіска ў беларускай мове. Наша ніва, №10, 8 (21) сакавіка, 1912. Б. 1.

Прыгадаем, што пры жыцьці В. Ластоўскага не аднойчы паўставаў канфлікт паміж клясычнымі і сацыяльнымі мовазнаўцамі, у гушчу якога часта патрапляў сам Ластоўскі: на карысьць гэтага сьведчыць вядомая крытыка працаў не філёляга Вацлава Ластоўскага філёлягамі Сьцяпанам Некрашэвічам, Янам Станкевічам ды іншымі. Цікава, што В. Ластоўскі на манер А. Мэе крытыкаваў выключна сухі мовазнаўчы падыход без уліку экстралінгвістычных чыньнікаў і называў яго „азыяцкім абсалютызмам"[4], які шкодзіць мове, граматыцы і беларускай справе.

Сьмелы экстралінгвістычны падыход В. Ластоўскага ў мовазнаўстве застаецца й сёньня сучасным і надзвычай карысным. Сацыяльныя, палітычныя тлумачэньні разьвіцьця ў мове, рэвізія каляніялісцкіх і стэрэатыпных схемаў і поглядаў на беларускую мову, прапанаваных расейскімі, польскімі ды наагул заходнімі навукоўцамі XIX–XX стст., агучваньне беларусацэнтрычнай пазыцыі ў сьвеце, які ігнараваў і дагэтуль ігнаруе беларушчыну, — усё гэта робіць В. Ластоўскага ўнікальным крытычным, няхай часам і рамантычным дасьледнікам. Зрэшты, вялікі інтарэс да спадчыны В. Ластоўскага праяўляецца з боку сучасных мовазнаўцаў, якія падкрэсьліваюць ня толькі актуальнасьць ягонай спадчыны, але і творчую сьмеласьць, рэдка ўласьцівую навукоўцам[5]. Тэмы і крытычныя падыходы В. Ластоўскага ў асьвятленьні гісторыі беларускай мовы і прычынаў яе маргіналізацыі ляжаць у аснове сучаснага беларускага дэкаляніялісцкага дыскурсу. Таму актуальнасьць мовазнаўчай спадчыны мысьляра выходзіць за межы адной дысцыпліны, а зьяўляецца па сутнасьці міждысцыплінарнай. Зрэшты, апошнія палітычныя навіны з радзімы аб прызнаньні кнігі „Выбраныя творы" Вацлава Ластоўскага экстрэмісцкім

---

[4] F21–2172, Lastouski V. List Ksiandzu W. Taločko. Адзьдзел рукапісаў Бібліятэкі Акадэміі навук Летувы імя Ўрублеўскіх. Вільня.

[5] Zaprudski. Ластоўскі як стваральнік слоў і як дыялекталагічная крыніца. LiveJournal, 28.08.2012 [Электронны рэсурс]. Рэжым доступу: zaprudski.livejournal.com/52679.html. Дата доступу: 30.04.2024.

матэрыялам, актуалізуюць постаць рэпрэсаванага дзеяча і мовазнаўцы[6].

Такім парадкам, мэта артыкула палягае ў тым, каб вылучыць з масіву навуковай мовазнаўчай спадчыны В. Ластоўскага пласт гэтак званых сацыялінгвістычных тэкстаў і прааналізаваць іх у сьвятле паўстаньня і разьвіцьця беларускай сацыялінгвістычнай навукі, а таксама з улікам сучасных выклікаў, якія стаяць перад навукай.

Мэталягічна артыкул базуецца на:

– аналізе мовазнаўчых тэкстаў В. Ластоўскага, сабраных і выдадзеных у 2023 годзе ў кнізе „Мовазнаўчыя працы Вацлава Ластоўскага"[7];

– аналізе другасных матэрыялаў: сучаснага асэнсаваньня і ацэнкі спадчыны В. Ластоўскага ў працах сучасных мовазнаўцаў (Юрась Пацюпа, Вінцук Вячорка, Сяргей Запрудскі[8], Ніна Баршчэўская і г.д.);

– аналізе эпісталярнай спадчыны: лісты з архіваў Акадэмічнай бібліятэкі Ўрублеўскіх, апублікаваныя лісты ў „Выбраных творах"[9], а таксама ў „Архівах БНР"[10].

– аналізе літаратурнай творчасці В. Ластоўскага, якая добра падсумоўваецца ўрыўкам зь ягонага верша: „Новым імкненьням даць новыя формы".

---

[6] Кнігі Вацлава Ластоўскага і Алеся Петрашкевіча прызналі экстрэмісцкімі матэрыяламі. Наша ніва, 6 мая 2024 [Электронны рэсурс]. Рэжым доступу: nashaniva.com/342246. Дата доступу: 30.04.2024.

[7] Ластоўскі Вацлаў. Мовазнаўчыя працы. Уклад. У. Гарбацкі. Лёндан : Skaryna Press, 2023.

[8] Запрудскі Сяргей. Пурыстычная мовазнаўчая спадчына 1920-х гг. Вацлава Ластоўскага і Янкі Станкевіча. Роднае слова, № 7, 2018, С. 40–42; Запрудскі С. Моўнае рэдагаваньне ў Беларусі ў 1920-я гг. як сацыяльная практыка і лінгвістычная рэфлексія. Веснік БДУ, Серыя 4, 2015, №3, С. 29–35.

[9] Ластоўскі Вацлаў. Выбраныя творы. Мінск, 1997, уклад., прадм. і камент. Я. Янушкевіча.

[10] Архівы Беларускай Народнай Рэспублікі. Т. 1, кн. 1, 2. Фонд №582 Дзяржаўнага архіву Літвы („Рада Міністраў Беларускай Рэспублікі") / укладаньне, падрыхтоўка тэксту, уступны артыкул, камэнтары, пераклады, паказальнікі: Сяргей Шупа, Вільня, Нью-Ёрк, Менск, Прага : Беларускі інстытут навукі й мастацтва, Таварыства беларускага пісьменства, Наша ніва, 1998; Архівы Беларускай Народнай Рэспублікі. Т. 2, кн. 1 / Уклад., прадм., камент. Андрэя Бучы, Аляксандра Горнага, Мінск : Кнігазбор, 2021.

Сацыялінгвістычныя тэмы ў працах В. Ластоўскага

Перадусім пачнем з азначэньня цэнтральнага панятку артыкула — сацыялінгвістычны падыход, сацыялінгвістыка: „разьдзел лінгвістыкі, які вывучае, як грамадзтва, ўключаючы культурныя нормы, чаканьні і кантэкст, уплываюць на мову і яе выкарыстаньне"[11]. То бок, у моўны аналіз інтэграваныя экстралінгвістычныя (палітычныя, сацыяльныя, дэмаграфічныя, гендэрныя і іншыя) уплывы і чыньнікі ў разьвіцьці мовы. Панятак „сацыялінгвістыка" ўпершыню быў ужыты напярэдадні Другой сусьветнай вайны, пасьля вайны зьявілася і сама дысцыпліна, якую асабліва актыўна разьвіваў амэрыканскі сацыялінгвіст Ўільям Лабоў[12]. Як ужо адзначалася вышэй, у эпоху В. Ластоўскага і А. Мэе панятку „сацыялінгвістыка" не існавала, але якраз у той час адбыўся першы публічны раскол паміж клясычнымі філёлягамі і філёлягамі, якія актыўна ўводзілі ў аналіз мовы сацыяльныя чыньнікі. Так паўстала супольнасьць тых, хто стаяў ля вытокаў будучай дысцыпліны. Таму ў дачыненьні да мовазнаўчых працаў В. Ластоўскага мэтазгодна выкарыстоўваць тэрміны „сацыяльнае мовазнаўства" ці „сацыялінгвістыка", бо ён усюль акрамя ўнутрымоўных перадусім разглядае экстрамоўныя, то бок сацыялінгвістычныя чыньнікі.

У сямідзесяці тэкстах і нататках з „Мовазнаўчых працаў", якія зьявіліся ў 2023 г., большая частка ахоплівае наступныя пераважна сацыяльныя, сацыялінгвістычныя тэмы: моўная палітыка, маргіналізацыя беларускай мовы, імпэрская палітыка ў дачыненьні да мовы, прычыны заняпаду крыўскай мовы, „пляновая асыміляцыя", русыфікацыя, сацыялекты і пад. Да ўсяго, у публіцыстычнай, перакладніцкай і паэтычнай

---

[11] Bigot Davy, Papen Robert A. La sociolinguistique en résumé. 2018 [Электронны рэсурс]. Рэжым доступу: uoh.concordia.ca/sociolinguistique/module1/module1_7.html. Дата доступу: 29.04.2024.

[12] Boutet J., Costa J. Dictionnaire de la sociolinguistique. Paris, FMSH, 2021 [Электронны рэсурс]. Рэжым доступу: cairn.info/revue-langage-et-societe-2021-HS1.htm. Дата доступу: 29.04.2024.

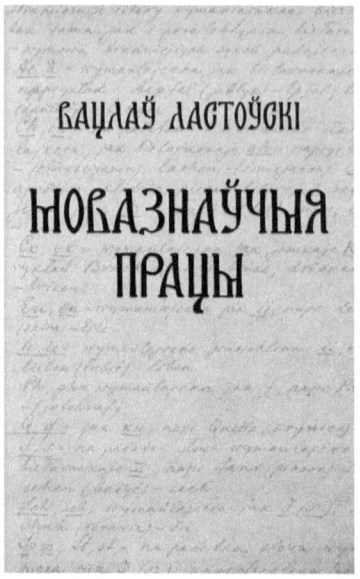

Вокладка зборніка артыкулаў
В. Ластоўскага "Мовазнаўчыя працы"
(уклад. У. Гарбацкі).

спадчыне В. Ластоўскага таксама заўважаецца выразна сацыялінгвістычнае пасланьне, якое рэзюмуецца ў ягонай слыннай фразе: "Новым імкненьням даць новыя формы". Зрэшты, асобнае месца займае "Падручны расійска-крыўскі слоўнік" В. Ластоўскага, у прадмове да якога аўтар прапануе цікавыя сацыялінгвістычныя тлумачэньні прычынаў складаньня слоўніка.

Аналізуючы сацыялінгвістычную ды наагул мовазнаўчую спадчыну В. Ластоўскага, адразу кідаюцца ў вочы сьмеласьць і наватарства дасьледніка ў наступных ключавых дэбатах XX–XXI стст., якія выходзяць па-за межы выключна мовазнаўства і закранаюць такія дысцыпліны як гісторыя, палітычная навука, літаратуразнаўства, этналёгія, філязофія:

1. *Крытыка каляніялісцкай візіі, імпэрскага падыходу* ў трактоўцы беларускай мовы. Гэтая тэма прасочваецца ў наступных тэкстах В. Ластоўскага: "З нашага жыцьця. Перапіска ў беларускай мове", "Родная мова", "Пагляд расійскіх вучоных на беларускую мову", "Крыўска-Беларускі іменнік", "Матэрыялы да беларускага зельніка", "Пляновая асыміляцыя", "Даль аб беларускай мове", "Прычыны заняпаду крыўскай мовы ў

XVII ст.", „Хто у каго запазычае?", „Якімі наіўнымі спосабамі польскія прафэсары полёнізуюць Вільню"¹³. Апрача таго, што гэтыя тэксты прапануюць выразныя экстралінгвістычныя падыходы і тлумачэньні, яны таксама зьяўляюцца, кажучы сучаснай мовай, дэкаляніялісцкімі. Бо В. Ластоўскі ня толькі дэманструе, як імпэрыя маргіналізавала беларускую мову, але прапануе пэўныя дэкаляніялісцкія мэтады вырашэньня праблемаў: напрыклад, прапанова і распаўсюд назвы *Крыўя*, *Крывія* замест назваў *Беларусь* ці *Белая Русь*, як супраціў каляніялісцкаму падыходу. У гэтай прапанове трэба бачыць ня толькі рамантычнае, але і досыць моцнае дэкаляніялісцкае пасланьне — выйсьці з адвечнага ценю імпэрыі, стаць суб'ектам, называцца інакш, адрозна ад імпэрскай суседкі.

1.1. У межах дэкаляніялісцкай дзейнасьці В. Ластоўскага варта адзначыць ягоныя вострыя дыскусіі ў тэкстах з прафэсарам Яўхімам Карскім і іншымі „казённымі" мовазнаўцамі, як называе іх В. Ластоўскі. Так, у зацемцы „Пагляд расійскіх вучоных на беларускую мову" (1923) закранаецца актуальная для нас, хоць і вырашаная ў межах заходняй славістыкі-беларусістыкі, тэма паходжаньня беларускай мовы і адсутнасьці агульнай усходнеславянскай мовы (старажытнарускай, „агульнарускай" і пад.) як папярэдніцы трох сучасных усходніх славянскіх моваў — украінскай, расейскай і беларускай. Гэтай канцэпцыі прытрымлівалася расейская царская філялягічная школа (напр. Яўхім Карскі, Аляксей Шахматаў), а пазьней і савецкая мовазнаўчая школа (Фядот Філін, Георгі Хабургаеў). Такой канцэпцыі цяпер ізноў прытрымліваюцца ў сучаснай Беларусі. Аднак сто гадоў таму В. Ластоўскі пісаў:

> Найперш, Карскі, як і ўсе расійцы, выходзіць з саўсім фальшывай асновы — бытцам да XIII ст. істнавала нейкая адналітая расійская мова, якая пазьней распалася на тры дыялекты: вялікарускі, беларускі і ўкраінскі. Пры гэтым прытрымліваючыся палітычных ці патрыятычных меркаваньняў, часьць расійскіх вучоных, наперакор гісторыі і навуковай праўдзе, даводзіла, што асноўным

---

¹³ Гл. Ластоўскі В. Мовазнаўчыя працы.

дыялектам, самым чыстым, зьяўляецца вялікарускі, а беларускі і ўкраінскі ёсьць паддыялекты гэтага апошняга, папсаваныя чужымі ўплывамі, а пераважна польскім уплывам. (...) этнографія усходна славянскіх плямён і палеографія гавораць акурат аб тым, што адналітнасьці гэтай ніколі нябыло.

Такім парадкам, В. Ластоўскі ўпісваецца ў шэраг крытыкаў тэорыі агульнарускай мовы і адзінства беларусаў, украінцаў і рускіх. І хоць В. Ластоўскі не распрацаваў складаных і досыць пераканаўчых тэорыяў і тлумачэньняў у гэтым кірунку, як пазьней зрабілі Агатангел Крымскі[14], Ян Станкевіч[15], Юры Шавялёў, ён тым ня менш ужо ў 1923 годзе агучыў свае сумненьні, прапанаваўшы этнаграфічныя, археалягічныя, палеаграфічныя і гістарычныя доказы адсутнасьці еднасьці ці, як ён піша, „адналітнасьці" славянскіх плямёнаў нашага рэгіёну[16]. Пасьля Другой сусьветнай вайны амэрыкана-украінскі мовазнаўца Юры Шавялёў у кнізе „Проблеми формування білоруської мови" (Праблемы фармаваньня беларускай мовы, 1953)[17] давёў, што беларуская мова ўзьнікла ў выніку ўзаемадзеяньня старажытных дыялектных зонаў — полацка-разанскай і кіева-палескай, а ня ў выніку распаду г. зв. „общерусского языка", як сьцьвярджаў Аляксей Шахматаў[18].

1.2. Зноў жа ў межах дэкаляніялісцкай спадчыны і крытыкі В. Ластоўскага неабходна ўзгадаць ягоны артыкул

---

[14] Львова Ірина. Агатангел Кримський: «Немає колиски трьох братніх народів!», 10.03.2018 [Электронны рэсурс]. Рэжым доступу: web.archive.org/web/20180313094503/https://borsh.info/2018/03/10/ahatanhel-krymskyi-nemaie-kolysky-t/. Дата доступу: 24.04.2024; Шахматов О., Кримський А. Нариси з історії української мови та хрестоматія з пам'ятників письменської старо-українщини XI–XVIII вв. Київ, Друкар, 1922.
[15] Станкевіч Ян. Доля мовы беларускай (яе вонкашняя гісторыя) у розныя пэрыяды гісторыі Беларусі. Нью-Ёрк, 1954.
[16] Ластоўскі В. Пагляд расійскіх вучоных на беларускую мову // Мовазнаўчыя працы. С. 25.
[17] Шэрах (Шавялёў) Юры. Праблемы фармаваньня беларускай мовы. ARCHE Пачатак, №6, 2010. С. 7.
[18] Шахматов А. Очерк древнейшего периода истории русского языка. Пг., 1915.

за 1924 год „Пляновая асыміляція"[19]. У ім аўтар закрануў дасюль актуальнае пытаньне ці нават праблему, якой цяпер звычайна займаюцца сацыялінгвісты — моўная асыміляцыя. На прыкладзе беларусізацыі ў БССР мовазнаўца прааналізаваў як у гэты час дзейнічала схаваная русыфікацыя, якая часта паходзіла ад беларусафобных кадраў, што праводзілі беларусізацыю. Аўтар прадэманстраваў афіцыйную асыміляцыю ня толькі на прыкладзе зрусыфікаванай лексыкі, якая ўсё больш засьмечвала мову (*вопыт, снабжэньне, рычаг, вучастак, праўленьне, пасобіе, савецкі* і г.д.), але і на прыкладзе рэальных сацыяльных беларусафобскіх практыкаў, актуальных і цяпер (напрыклад, немажлівасьць паслаць тэлеграму па-беларуску[20]). Такім парадкам, плянавая асыміляцыя, аб якой пісаў В. Ластоўскі ў 1924 годзе, працягваецца і дасюль у годзе 2024-м.

Паралельна ў іншых тэкстах (напрыклад, „Якімі наіўнымі спосабамі польскія прафэсары полёнізуюць Вільню"[21]) дасьледнік аналізаваў падобную зьяву ў тагачаснай Вільні, што была за Польшчай, дзе ў выніку палянізацыі таксама адбывалася моўная асыміляцыя беларусаў.

2. В. Ластоўскі пакінуў сьлед у яшчэ адной важнай тэме на сутычцы гістарычнага мовазнаўства і сацыялінгвістыкі: *прычыны заняпаду старабеларускай мовы*. Ён ня быў першым, хто адказаў на гэтае пытаньне, але ён стаў першым, хто паставіў у адказе прынцыпова іншыя акцэнты. У тэксьце „Прычыны заняпаду крыўскай мовы ў XVII ст.", які, дарэчы, зьявіўся раней за працы францускага славіста Антуана Мартэля „La langue polonaise dans les pays ruthènes: Ukraine et Russie Blanche 1569/1667" (1938)[22], В. Ластоўскі пазьбегнуў аднабаковага, а таксама ідэалягічнага, клясавага падыходу, зьвярнуўшы ўвагу як на нутраныя, так і на вонкавыя чыньнікі, якія

---

[19] Ластоўскі В. Пляновая асыміляція // Мовазнаўчыя працы. С. 126–133.
[20] Тамсама. С. 133.
[21] Ластоўскі В. Якімі наіўнымі спосабамі польскія прафэсары полёнізуюць Вільню // Мовазнаўчыя працы. С. 168–170.
[22] Martel Antoine, La langue polonaise dans les pays ruthènes, Ukraine et Russie Blanche 1569–1667. Lille, 1938.

абумовілі заняпад: „заслуга спольшчаньня вышэйшых кляс нашага грамадзянства можа быць у роўнай меры прыпісана як езуітам, так і праваслаўным манастыром з іх брацкімі грэка-лаціна-рускімі школамі"[23].

3. У артыкуле „Хто у каго запазычае?"[24] В. Ластоўскі ўздымае яшчэ адну сьмелую, часта нязручную і малараспрацаваную ў беларусістыцы *тэму ўплыву ня толькі польскай мовы на беларускую, але беларускай мовы на польскую*. У імпэрыі і пад яе ўплывам вонкі прынята глядзець на беларускую мову як маргінальную і падпарадкаваную, а таму залежную ў тым ліку лексычна ад дамінантных моваў, і ў выніку цалкам ігнаруецца разуменьне моўнага кантакту як двухбаковага руху. На гэта і зьвяртае ўвагу аўтар, аналізуючы ўплыў беларускай мовы на польскую. У артыкуле В. Ластоўскі аналізуе дасьледаваньне польскага вучонага Браніслава Хлябоўскага, а таксама шматлікія тэксты польскай мастацкай літаратуры ў мінулым, у якіх адшукваецца багаты беларускі, а таксама і ўкраінскі лексычны матэрыял.

4. „*Падручны расійска-крыўскі (беларускі) слоўнік*". Лексыкалягічная, слоўнікатворчая праца В. Ластоўскага — гэта мовазнаўчая дзейнасьць, якая вымагае філялягічнай адукацыі, веды і строгага навуковага падыходу. Вядома, В. Ластоўскі ня меў філялягічнай, як і ніякай іншай завершанай вышэйшай адукацыі. Гэта стане асноўнай крытыкай у бок аўтара „Падручнага расійска-крыўскага (беларускага) слоўніка" як з боку ягоных сучасьнікаў (Сьцяпана Некрашэвіча[25], Яна Станкевіча), так і цяперашніх мовазнаўцаў (Юрася Пацюпы, Аляксандра Баршчэўскага, Ніны Баршчэўскай, Сяргея Запрудзкага і г.д.). Дзеля справядлівасьці варта адзначыць, што сучасныя мовазнаўцы хутчэй не крытыкуюць слоўнік, а прапануюць успрымаць яго як альтэрнатыўны ці нават

---

[23] Ластоўскі В. Прычыны заняпаду крыўскай мовы ў XVII ст. // Мовазнаўчыя працы. С. 148.
[24] Ластоўскі В. Хто у каго запазычае? // Мовазнаўчыя працы. С. 151.
[25] Некрашэвіч С. Кнігапіс. В. Ластоўскі. Расійска-крыўскі (беларускі) слоўнік. Выданьне Міністэрства Беларускіх Спраў у Літве. Коўна, 1924 г., стар. 382+XII, Полымя, 1926, № 2. С. 176—179.

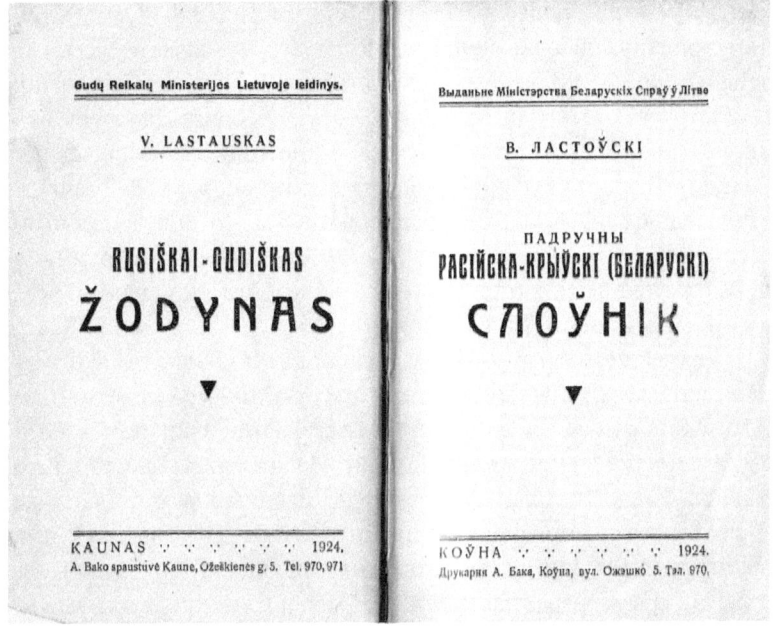

Тытульны разварот „Падручнага расійска-крыўскага слоўніка"
В. Ластоўскага (1924).

літаратурны твор[26]. У межах сацыялінгвістычнага аналізу прапаную спыніцца не на крытыцы пабудовы слоўніка і часам неабгрунтаванага ўжываньня аўтарам новатвораў, а на прадмове да слоўніка, у якой закадаванае цікавае і вельмі крытычнае пасланьне. Ужо сама мэта слоўніка мае вельмі выразную экстралінгвістычную аснову. Аўтар крытыкуе хрысьціянства за выкарыстаньне царкоўнаславянскай мовы: сам Ластоўскі яе называе „баўгарскай"[27]. Паводле В. Ластоўскага, гэткае аддаленьне ад народных масаў абумовіла далейшы выбар царквой чужой беларусам польскай або расейскай мовы, што прывяло да дэнацыяналізацыі. Таксама В. Ластоўскі крытыкуе

---

[26] Пацюпа Ю. Крывіцкі лексыкон. ARCHE, 2007, №3. С. 160.
[27] Ластоўскі В. Падручны расійска-крыўскі (беларускі) слоўнік. Коўна, Друкарня А. Бака, 1924 (факс. выд. Мінск, Навука і тэхніка, 1990). С. I.

суседзяў — палякаў і расейцаў, якія, на ягоную думку, усяляк маргіналізуючы беларускую мову, прыгэтым актыўна запазычалі зь яе лексыку. У пацьверджаньне сваёй думкі, В. Ластоўскі прыводзіць прыклад слоўніка Івана Насовіча, які, як ён піша, быў цалкам унесены ў „Słownik języka polskiego" Самуіла Ліндэ і „Русский академический словарь"[28]. Зрэшты, аўтар завяршае прадмову незалежніцкім, то бок дэкаляніялісцкім тэзісам: „Мы Крывічы, а ня Русь Літоўская, Варажская ці Маскоўская, Белая ці Чорная; мы асобны славянскі народ, не провінціяльная чыясь адмена"[29].

Ужо сьціслы агляд гэтых дасюль актуальных тэмаў і тэкстаў, якія аўтар агучыў сто год таму, робяць яго крытычным і далёкасяжным дасьледнікам, аднаначасова піянэрам і клясыкам мясцовай сацыялінгвістыкі. Не зважаючы на тое, што мовазнаўчая супольнасьць заўсёды скептычна ставілася да Ластоўскага як мовазнаўцы перадусім з-за адсутнасьці ў яго, эрудыта-саматужніка, філялягічнай адукацыі, ён дасюль застаецца крытычным дасьледнікам, неперасягнутым па памеры ажыцьцёўленай працы і выбраных для аналізу складаных і нязручных тэмаў. А маштаб мовазнаўчай працы (у тым ліку лексыкалягічнай і слоўнікатворнай) В. Ластоўскага ўражвае і часта параўнальны з даробкам цэлых інстытуцыяў. Уводзячы панятак „сацыялінгвістычная спадчына В. Ластоўскага", я перадусім меў на мэце мінімізаваць канфлікт паміж клясычнымі філёлягамі і сацыяльнымі мовазнаўцамі, а таксама разьвесьці часам спрэчныя і менш актуальныя філялягічныя погляды і дасюль актуальную і важную сацыялінгвістычную спадчыну рэпрэсаванага навукоўца.

Заканчэньне

Інтарэс да постаці Вацлава Ластоўскага не зьнікае і ў 2024 годзе: афіцыйны беларускі рэжым забараняе творы рэпрэсаванага за саветамі навукоўца і пісьменьніка, а прадэмакратычная

---

[28] Тамсама. С. VI.
[29] Тамсама. С. XI.

супольнасьць, у тым ліку навукоўцы, працягваюць натхняцца ягонымі ідэямі і тэкстамі, многія зь якіх дасюль застаюцца актуальнымі. Рэгулярныя забароны тэкстаў В. Ластоўскага толькі падкрэсьліваюць актуальны і наватарскі характар ягоных ідэяў. Дарэчы, цікавасьць да навуковай і літаратурнай спадчыны слыннага крывіча мае міждысцыплінарны характар: ад літаратуразнаўства да філялёгіі, ад этнаграфіі да гісторыі, ад палітыкі да выдавецкае сфэры, ад перакладазнаўства да сацыялінгвістыкі. Калі многія пералічаныя іпастасі В. Ластоўскага былі досыць актыўна дасьледаваныя, то ягоная роля як сацыялінгвіста дасюль ігнаравалася. Гэта было абумоўлена передусім тым, што ў В. Ластоўскага не было фармальнай адукацыі, а таму яго часта недаацэньвалі, ня бралі пад увагу разнапланавасьць ягоных інтарэсаў і калясальную саматужную працу. Як ніхто іншы, Ластоўскі адчуў павевы часу і зрэагаваў на выклікі, якія паўсталі перад беларускай інтэлігенцыяй на сумежжы XIX–XX стст.: разьвіцьцё новых дысцыплінаў і тэхналёгіяў, у тым ліку паўстаньне новых сацыяльных плыняў унутры тагачаснага мовазнаўства. Таму ягоны першапачатковы недахоп — адсутнасьць філялягічнай адукацыі і пераважна практычны досьвед дасьледніка — часткова абумовілі ягоны выбар сацыяльнага мовазнаўства, якое тлумачыць моўныя зьявы не ўнутрымоўнымі, а передусім вонкавымі чыньнікамі.

У адрозьненьне ад клясычных беларускіх мовазнаўцаў (Яўхім Карскі, Мікола Байкоў, Сьцяпан Некрашэвіч, Язэп Лёсік, Пётра Бузук, Іван Бялькевіч, Мікалай Касьпяровіч і інш.), якія таксама часам уводзілі ў аналіз сацыяльныя і палітычныя тлумачэньні, В. Ластоўскі тлумачыў пераважную большасьць моўных зьяваў передусім экстралінгвістычнымі чыньнікамі, што дае падставы бачыць у ім аднаго зь першых беларускіх сацыяльных мовазнаўцаў ці, кажучы мовай цяперашняй, сацыялінгвістаў.

VACŁAŬ ŁASTOŬSKI: AT THE ORIGINS OF BELARUSIAN SOCIOLINGUISTICS

Uładzisłaŭ Harbacki (Vilnius)

The linguistic legacy of Vacłaŭ Łastoŭski is well known and has been studied by Belarusian and diaspora researchers. At the same time, Łastoŭski's role as a linguist is often sidelined due to the fact that he was not formally trained in linguistics. Nevertheless, in light of the development of Belarusian linguistics and sociolinguistics in particular, and the publication in 2023 of a collection of his complete linguistic works, this article aims to highlight and analyse the sociolinguistic aspects of his linguistic contribution. Special attention is given to his bold findings and arguments of a sociolinguistic nature. Łastoŭski was among the first in the Belarusian intellectual sphere not only to recognise the imperialist, colonialist factors in the marginalisation of the Belarusian language but also to propose the first decolonial measures to stop further marginalisation. Ultimately, the article argues that this scholar, who was repressed under Soviet rule, stood at the origins of Belarusian sociolinguistics.

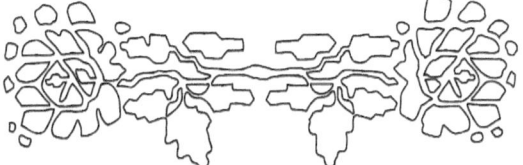

ПЕРШАЯ І ДАГЭТУЛЬ НЕПЕРАЎЗЫДЗЕНАЯ „ГІСТОРЫЯ БЕЛАРУСКАЙ (КРЫЎСКАЙ) КНІГІ" ВАЦЛАВА ЛАСТОЎСКАГА

Алесь Суша (Менск)

Артыкул прысьвечаны першаму фундамэнтальнаму выданьню па гісторыі беларускай кнігі, якое было падрыхтаванае і выдадзенае ў Коўне ў 1926 г. Вацлавам Ластоўскім. У гэтым выданьні прадстаўлены каталёг рукапісных і старадрукаваных кніг, дапоўнены шматлікімі цытатамі з арыгінальных кніжных помнікаў, камэнтарамі ўкладальніка і ілюстрацыямі. У склад кнігі ўвайшлі 874 апісаньні найважнейшых кніжных помнікаў Беларусі.

"Гісторыя беларускай (крыўскай) кнігі", выданьне якой было прыўрочанае да сьвяткаваньня юбілею беларускага кнігадрукаваньня ў 1925 г., стала вынікам шматгадовай працы. Аўтар і ўкладальнік вывучаў арыгіналы беларускіх рукапісаў і старадрукаў зь бібліятэк, музэяў, архіваў, прыватных калекцый розных краін, а таксама зьвяртаўся да многіх знаёмых па ўсім сьвеце, да вядомых бібліёграфаў, вучоных у галіне кніга- і літаратуразнаўства. Фаліянтнае выданьне ўяўляла сабою нешта значна большае за гісторыю кнігі ці бібліяграфію беларускіх выданьняў і рукапісаў. Яно прадставіла цэласную карціну разьвіцця беларускай культуры як самабытнай, яркай і поўнавартаснай часткі сусьветнага культурнага працэсу. В. Ластоўскі імкнуўся праз кніжную спадчыну Беларусі паказаць багацьце і старажытнасьць айчыннай культуры ў цэлым. Ён ствараў ня проста гісторыю беларускай кнігі, але гісторыю культуры Беларусі, у якой кнігадрукаваньне, літаратура, выяўленчае мастацтва, навука, адукацыя, філязофія, мова, рэлігія зьяўляюцца ўзаемазьвязанымі элемэнтамі агульнай сыстэмы. Адпаведны падыход да дасьледаваньня кніжнай культуры ў кантэксьце агульнакультурнага разьвіцьця можна ўважаць найбольш прадуктыўным і сёньня.

Між тым калясальны па сваёй значнасьці навуковы і выдавецкі праект В. Ластоўскага патрабуе працягу. На вялікі жаль, за амаль сто гадоў, якія мінулі пасьля выданьня кнігі, у Беларусі так і не зьявілася новага параўнальнага па маштабе выданьня, дзе былі б апісаныя беларускія рукапісы і старадрукі мінулых стагодзьдзяў.

◇◇◇◇◇

Багатая кніжная спадчына, якую пакінулі нам продкі, стала падмуркам для фармаваньня кніжнай культуры сучаснай Беларусі. Імёны выбітных творцаў кніжнага слова складаюць аснову пантэону нацыянальных героям, і штогод як нацыянальнае сьвята мы адзначаем юбілеі беларускіх пісьменьнікаў.

Жывучы ў сучасным сьвеце, мы ўсё ж павінны ўлічваць традыцыі, выпрацаваныя стагодзьдзямі працы нашых папярэднікаў. Гэта цудоўна разумелі дзеячы беларускага руху пачатку XX ст., якія імкнуліся да адраджэньня айчыннай культуры і аднаўленьня беларускае дзяржаўнасьці. На іх думку, шматвяковыя традыцыі мусілі стаць гарантам культурнай і нацыянальнай самабытнасьці беларусаў, павінны былі засьведчыць даўнасьць і адметнасьць айчыннай культуры, упісаць яе ў эўрапейскую і сусьветную культурную прастору. Таму зусім ня дзіўна, што менавіта ў гэты час была стваранай першая гісторыя беларускай кнігі, якая выйшла ў 1926 г. як самастойнае вялікае і добра ілюстраванае выданьне.

Ініцыятарам стварэньня падобнай працы стаў вядомы дзеяч беларускай культуры, вучоны, пісьменьнік, выдавец, актыўны ўдзельнік грамадзкага і палітычнага руху, неадменны сакратар Інстытуту беларускай культуры, акадэмік Беларускай акадэміі навук Вацлаў Ластоўскі. Ён быў адным з найярчэйшых прадстаўнікоў таго пакаленьня, якому давалося дабівацца права Беларусі заняць „свой пачэсны пасад між народамі". Дзякуючы рупліваи дзейнасьці ў пачатку XX ст. Янкі Купалы, Якуба Коласа, Цёткі, Максіма Багдановіча, Максіма Гарэцкага, Івана і Антона Луцкевічаў, Яўхіма Карскага, Мітрафана Доўнар-Запольскага, Вацлава Ластоўскага і іншых, узьнік той фэномэн, які мы сёньня называем новым беларускім адраджэньнем.

Яшчэ ў юнацтве Ластоўскаму ня раз даводзілася бачыць, якое ўражаньне на яго суайчыньнікаў робіць знаёмства з багацьцем культурнай спадчыны нашага краю, як яны, пабачыўшы той моцны гістарычны грунт, на якім стаіць беларуская культура, пачыналі ганарыцца дасягненьнямі продкаў і з годнасьцю называць сябе беларусамі. У сваіх успамінах Ластоўскі згадваў, што падчас першага візыту Максіма Багдановіча ў Вільню ён сам распавядаў маладому беларускаму паэту зь Яраслаўлю пра мінулае нашага народу і паказваў багатыя калекцыі Івана Луцкевіча:

> Асабліва глыбокае ўражаньне на Багдановіча зрабілі рукапісы старасьвецкіх славянскіх кніг і дакумантаў, а таксама слуцкія паясы, якія ён па некалькі разоў пераглядаў. — Гэта ёсьць фундамент нашага адраджэньня! Гэта і за тысячу гадоў будзе сьведчыць аб нас! — казаў М. Багдановіч аб помніках нашай старасьвецкай культуры[1].

Ластоўскі добра бачыў, як шмат зрабілі для ўзрастаньня нацыянальнай самаідэнтыфікацыі сваіх народаў польскія, расейскія, украінскія і літоўскія дасьледнікі. Пры тым яны нярэдка скажалі гістарычныя рэаліі, адаптоўвалі іх для патрэб уласных нацыятворчых канцэпцый, у выніку чаго Беларусь паўставала перад чытачом іх прац як глухі край без гісторыі, без традыцый, без уласнай культурнай спадчыны, а таму і без права на самастойнасьць. Ластоўскага як дасьведчанага чалавека ўсё гэта абурала настолькі, што ў самым пачатку прадмовы да сваёй „Гісторыі беларускай (крыўскай) кнігі" ён напісаў:

---

[1] Ластоўскі В. Мае ўспаміны аб М. Багдановічы // Крывіч. 1926. №1 (11). С. 64–65.

Супярэчнасьць між сьведчаньнем гістарычных помнікаў і асьвятленьнем іх сучаснай пісьменнасьцю — прост паражаючая. Беручы ў рукі гістарычную кнігу часовых нашых пераможцаў, ня ведама чаму больш дзівіцца, ці іх безкрытычнасьці, ці паражаючай умеласьці тэндэнцыйна выкарыстоўваць об'ектыўныя сьведчанні гісторыі[2].

Сваю працу Ластоўскі скіраваў на тое, каб паказаць усяму сьвету і найперш самім беларусам, што яны маюць багацейшую культуру і апраўдана могуць ганарыцца сваім мінулым.

Як навуковец Ластоўскі займаўся дасьледаваньнем розных форм культурнай спадчыны беларускага народу, аднак менавіта кніжная спадчына ад самага пачатку знаходзілася ў цэнтры ягоных навуковых інтарэсаў. Таму нядзіўна, што галоўнай ягонай навуковай працай стала фундамэнтальная „Гісторыя беларускай (крыўскай) кнігі", выдадзеная ў Коўне ў 1926 г. у фармаце фаліянта на 776 старонках. Безумоўна, такая грунтоўная праца не магла быць нароўнана адным творчым парывам. Ёй папярэднічала працяглая і руплівая праца.

Інтарэс да кнігі і яе гісторыі прасочваецца ў Ластоўскага яшчэ зь юначых гадоў. Нездарма ў хуткім часе пасьля прыезду ў Пецярбург у 1899 г. ён знайшоў сабе месца працы бібліятэкара (характэрна, што бібліятэка стане і апошнім месцам працы ў жыцьці Ластоўскага). Вядома, што яшчэ да пераезду ў Вільню Ластоўскі меў інтарэс да кніжных помнікаў, якія даводзілася сустракаць у розных кутках Беларусі. Пра асобныя выпадкі назіраньня за помнікамі кніжнай культуры Ластоўскі ў пазнейшым часе згадваў і сам[3]. Больш сыстэмна заняцца вывучэньнем нацыянальнай культурнай спадчыны давялося толькі падчас працы ў рэдакцыі „Нашай нівы", куды з усіх краёў прыходзіла нямала артыкулаў пра беларускую культуру. Рэдагуючы атрыманае, Ластоўскі і сам пачаў пісаць артыкулы, у тым ліку прысьвечаныя кніжнай спадчыне Беларусі. Сярод апошніх можна назваць такія, як „350-летняя гадаўшчына

---

[2] Ластоўскі В. Гісторыя беларускай (крыўскай) кнігі : Спроба паясьніцельнай кнігопісі ад канца X да пачатку XIX стагодзьдзя. Коўна : Друк. Сакалоўскай і Лана, 1926. С. V.
[3] Ластоўскі В. Гісторыя беларускай (крыўскай) кнігі. С. 372.

друку ў Маскоўшчыне" (1914), „10-летні юбілей літоўскага друку" (1914), „Васіль Цяпінскі" (1916, 1920, 1925), „1491–1916" (1916), „Францішак Скарына" (1919, 1924, 1925), „Брацкія кнігі" (1924), „Паленьне кніг на Беларусі" (1924), „Рухомыя друкарні на Беларусі і Украіне" (1924), „Беларускія (крыўскія) друкі ў Тыльзіце" (1926)[4].

У нашаніўскі пэрыяд Ластоўскі сыстэматычна заняўся зборам рукапісных і старадрукаваных помнікаў, а таксама пачаў пошук і апрацоўку другаснага матэрыялу пра кніжную спадчыну Беларусі[5]. Больш за тое, ён распрацаваў грунтоўную праграму па выратаваньні беларускай рукапіснай спадчыны, якую выклаў у артыкуле „Памажыце!" (1913)[6]. У гэтым артыкуле ён зьвяртаўся да ўсіх чытачоў-беларусаў з просьбай зьбіраць каштоўныя рукапісы, што працягвалі ляжаць у хатніх сховах, на гарышчах ды ў куфрах.

Працуючы ў рэдакцыі газэты „Гоман", Ластоўскі працягваў вывучаць кніжную культуру Беларусі. Як ён сам пазьней згадваў: „У «Гомане» я ўжо помесціў некалькі монографій па гісторыі Бел. і беларусоведаньню, перадрукаваў адрыўкі цікавых памятнікаў Обуховіча і інш."[7]

Многія напрацоўкі Ластоўскага ўвайшлі ў склад падрыхтаваных і выдадзеных ім „Выпісаў з беларускай літаратуры" („Wypisy z biełaruskaj literatury". Вільня, 1918). І ўсё ж паўнацэнна заняцца дасьледаваньнем гісторыі беларускай кнігі ён змог толькі ў 1923 г., пасьля адыходу ад грамадзкай і палітычнай дзейнасьці. Выпрабоўваць свае гіпотэзы, публікаваць знойдзеныя крыніцы, распавядаць пра цікавыя помнікі ён мог на старонках часопіса „Крывіч", які сам і выдаваў. Многія з тых унікальных публікацый захоўваюць сваю навуковую

---

[4] Доўнар Л. І. „У горадзе маім — такім мацоўным — адзін я быў!" // Беларуская кніга ў кантэксце сусветнай кніжнай культуры: гісторыя і сучаснасць: зборнік навуковых прац. Мінск, 2011. С. 149.
[5] Ластоўскі В. Гісторыя беларускай (крыўскай) кнігі. С. 16, 20.
[6] Власт. Памажыце! // Наша ніва. 1913. 12 верасня. С. 2–3; 19 верасня. С. 2–3;.
[7] Цытуецца паводле Зубко В. „Curriculum vitae Вацлава Ластоўскага і Тамаша Грыба // Беларускі гістарычны часопіс. 2003. №3. С.66.

вартасьць і сёньня. У якасьці прыкладу можна згадаць публікацыю Аль-кітаба XVI ст., знойдзенага ў 1915 г. Іванам Луцкевічам на Віленшчыне.

У „Крывічы" Ластоўскі ўпершыню абазначыў сваё жаданьне падрыхтаваць фундамэнтальную працу па гісторыі айчыннай кніжнай культуры:

> Дзеля ушанаваньня 400-летняй гадаўшчыны крыўскага (беларускага) друку выйдзе коштам „Беларускага цэнтру ў Літве" Гісторыя Крыўскай (беларускай) кнігі, апрацаваная В. Ластоўскім. Кніга абойме 40 аркушоў друку вялікага фармату і будзе багата аздоблена рысункамі (каля 200 зьнімкаў з грамат, кніг і кніжных старасьвецкіх застаўак). Абойме рукапісную і друкаваную крыўскую пісьменнасьць ад X да XIX стагодзьдзя. Кніга ўжо здадзена ў друк[8].

У працытаванай абвестцы варта зьвярнуць увагу на некалькі акалічнасьцей.

Па-першае, выпуск кнігі Ластоўскі прымеркаваў да 400-годзьдзя беларускага кнігадрукаваньня. За кропку адліку ўзятае выданьне ў Вільні ў 1525 г. „Апостала" Францыска Скарыны. Доўгі час уважалася, што гэтая кніга была першым выданьнем Вялікага Княства Літоўскага і першай кнігай, выпушчанай беларускім першадрукаром пасьля ягонага вяртаньня з Прагі на Радзіму. На той час уважалася, што „Малая падарожная кніжка" была выдадзеная пазьней за „Апостал" (паводле Ластоўскага — у 1525 г.[9], паводле Мікалая Шчакаціхіна — пасьля 1530 г.[10]). Толькі праз паўстагодзьдзя, дзякуючы працы а. Аляксандра Надсана, які вызначыў час выданьня паводле пасхаліі, зьмешчанай у Капэнгагенскім асобніку „Малой падарожнай кніжкі", стала вядома, што яна пабачыла сьвет каля 1522 г.[11]

---

[8] Гісторыя крыўскай (беларускай) кнігі // Крывіч. 1924. № 2 (8). С. 120.
[9] Ластоўскі В. Гісторыя беларускай (крыўскай) кнігі. С. 298.
[10] Шчакаціхін М. Да пытаньня аб хронолёгіі Малое Падарожнае Кніжыцы Скарыны (з 24 клішэ) // Запіскі аддзелу гуманітарных навук. Кн. 3: Працы кляса гісторыі. Менск, 1928. Т. 2. С. 435–450.
[11] Надсон А. Кніга Скарыны ў Капенгагене // Божым шляхам. 1971. № 5. С. 9–11.

Для ўшанаваньня пачатку беларускага кнігадрукаваньня В. Ластоўскі падрыхтаваў грунтоўнае, сапраўды вартае юбілею выданьне. Больш за тое, Ластоўскі фактычна стварыў і ўзначаліў „Камітэт 400-летняга юбілею беларускага друку", у склад якога ўвайшлі таксама Клаўдыюш Дуж-Душэўскі і Аляксандар Ружанцоў. Ластоўскі прапанаваў цэлую праграму сьвяткаваньняў 400-годзьдзя з часу выхаду першай беларускай кнігі:

> Гэтаму вялікаму культурнаму сьвяту будзе пасьвячаны цэлы 1925 г. На нашых культурных дзеячах ляжыць абавязак радам лекцій і юбілейных сабраньняў урочыста адсьвяткаваць гэты год разам з усім грамадзянствам па гарадох, мястэчках і вёсках. Акром таго, ў старой Вільні, на памяць гэтай 400-летняй гадаўшчыны, нашае грамадзянства павінна спрамагчыся купіць сабе дом імяні Скарыны ў якім былі-б памешчаны музэй і Навуковае Таварыства[12].

Паводле меркаваньня Ластоўскага, юбілей беларускага кнігадрукаваньня павінен стаць фактарам яднаньня беларусаў, узрастаньня іх самаідэнтыфікацыі, а дзейнасьць Скарыны — прыкладам для кожнага беларуса. Трэба адзначыць, што заклік Ластоўскага не застаўся незаўважаным. 400-годзьдзе беларускага кнігадрукаваньня сапраўды было адзначана беларускімі дзеячамі як у БССР, так і ў Заходняй Беларусі. Яно стала магутным штуршком для разьвіцьця нацыянальнае культуры. Намі гэта было выкарыстана пры падрыхтоўцы і сьвяткаваньні 500-гадовага юбілею выданьня Скарынам першай беларускай кнігі.

Другое, на што трэба зьвярнуць увагу ў працытаванай абвестцы, гэта словы „выйдзе коштам «Беларускага цэнтру ў Літве»". Беларускі цэнтар, узначалены Ластоўскім, існаваў у Коўне да 1927 г. і быў значным культурным і навуковым беларускім асяродкам у замежжы. Ён карыстаўся падтрымкай, у тым ліку і фінансавай, літоўскага ўраду. Гэтая падтрымка распаўсюджвалася таксама і на выдавецкую дзейнасьць цэнтра, таму, магчыма, без спрыяньня літоўскіх улад гэтая цудоўная кніга магла б і не выйсьці. Гэта таксама трэба мець на

---

[12] Юбілейны год / Рэдакція // Крывіч. 1924. № 2 (8). С. 1.

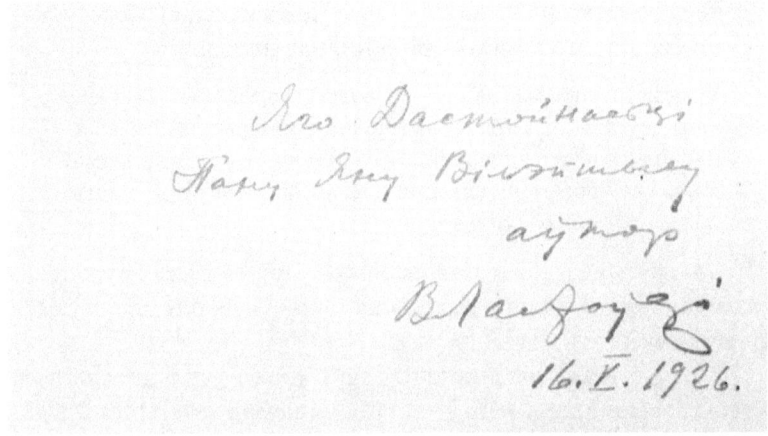

Аўтограф Вацлава Ластоўскага на шмуцтытуле асобніка „Гісторыі беларускай (крыўскай) кнігі" з калекцыі Скарынаўскай бібліятэкі з прысьвячэньнем бурмістру Коўны Ёнасу Вілейшысу: „Яго Дастойнасьці Пану Яну Вілэйшысу, аўтор, В. Ластоўскі, 16.v.1926."

ўвазе, разьвіваючы сёньня культурныя сувязі між Літвою і Беларусьсю: вельмі многае нас яднае ў мінулым, нямала агульнага ў нас і сёньня.

Па-трэцяе, у абвестцы была заяўленая назва кнігі, якая крыху адрозьнівалася ад фактычна выпушчанага выданьня. У назьве кнігі паводле абвесткі 1924 г. асноўным словам было „крыўскай", а слова „беларускай" было дапаможным. У назьве выданьня 1926 г. акцэнты былі расстаўленыя ў адваротным парадку. Ластоўскі ў 1920-я гады сьвядома прапагандаваў найменьне беларусаў крывічамі, каб падкрэсьліць адметнасьць гістарычнага і культурнага разьвіцьця нашага народу. Аднак канчатковае замацаваньне словаў „Беларусь", „беларусы", „беларускі" як ва ўжытку саміх беларусаў, так і ў міжнародным узаемадзеяньні, імаверна, змусіла Ластоўскага таксама стаць іх прыхільнікам. Тым больш, што на час выхаду кнігі Ластоўскі ўжо мог плянаваць пераезд у Савецкую Беларусь.

Апошнія словы абвесткі даюць нам пэўную інфармацыю пра час падрыхтоўкі кнігі да друку. Зразумела, што такую калясальную працу немагчыма было зрабіць за адзін год. У сваім лісьце да дырэктара Міністэрства замежных справ Літвы Ігнаса Ёнінаса Ластоўскі пісаў пра запланаваную кнігу:

> Рукапіс, які абымае да 2000 пісаных страніц, паўстаў дзякуючы даўгалетняй працы па збіранню матэрыялаў і мазольнай працы па парадкаванню яго ў тыя часы, калі я не займеў яшчэ службовага палажэння пры выдавецтве Міністэрства беларускіх справ у Літве[13].

Такім чынам, Ластоўскі зьбіраў матэрыял для грунтоўнага выданьня на працягу некалькіх гадоў, імаверна, яшчэ ў часе Першай сусьветнай вайны.

Магчымасьць выдаць кнігу на годным узроўні зьявілася толькі пасьля 1923 г., калі яе аўтар адышоў ад палітычнай дзейнасьці і заняўся навуковай і выдавецкай працай. Цытаваная абвестка ў апошнім нумары „Крывіча" за 1924 г. сьведчыць пра тое, што на той час „кніга ўжо здадзена ў друк". Зьдзіўляе хуткасьць, зь якой працаваў Ластоўскі, паколькі ў тым жа 1924 г. у лісьце да дырэктара Нацыянальнага музэю ў Львове Іларыёна Сьвянціцкага ён пісаў яшчэ толькі пра праект выданьня:

> Праца, якую я хачу распачаць гэтага лета, будзе мець нагаловам „Гісторыя беларускай кнігі", спроба беларускай бібліяграфіі. Дзеля гэтага я ўжо цяпер прыгатаўю клішэ і буду в[ельмі] ўдзячан, калі Вы, пане Доктару, здолееце прыйсці мне з помаччу ў найхутчэйшым часе[14].

Імаверна, асноўны зьмест кнігі сапраўды быў напісаны ў папярэднія гады.

Далейшы лёс падрыхтоўкі кнігі дазваляе прасачыць чарговы ліст Ластоўскага да Ёнінаса, які датуецца 29 студзеня 1925 г. Паводле гэтага ліста, на час яго напісаньня Ластоўскі ўжо клапаціўся пра закупку паперы для выданьня (была выкарыстаная вельмі якасная і дарагая папера), аплату працы аўтара і запрашэньне карэктараў для вычыткі матэрыялаў[15]. Урэшце ў наступным 1926 г. кніга пабачыла сьвет у ковенскай

---

[13] Цыт. паводле: Ластоўскі В. Выбраныя творы / уклад., прадм. і камент. Я. Янушкевіча. Мінск: Беларускі кнігазбор, 1997. С. 439.

[14] Цыт. паводле Ластоўскі В. Выбраныя творы. С. 438.

[15] Ластоўскі В. Выбраныя творы. С. 438.

друкарні Ф. Сакалоўскай і г. Лана (у Ластоўскага на тытуле памылкова пазначана „Сакалоўскага і Лана").

Яшчэ да апублікаваньня абвесткі пра выхад кнігі, Ластоўскі зьмясьціў на старонках часопіса „Крывіч" кароткую канцэпцыю гэтага выданьня з заклікам да навукоўцаў і энтузіястаў-аматараў узяць удзел у яго падрыхтоўцы. У адпаведнасьці з гэтай канцэпцыяй плянавалася „спроба беларускай бібліяграфіі ў зьвязку з гісторыяй беларускага друкарства, друкароў і друкарань, а таксама разьвіцьцем пісьменнасьці і культуры"[16].

Такім чынам, Ластоўскі плянаваў праз кніжную спадчыну Беларусі паказаць багацьце і старажытнасьць айчыннае культуры ў цэлым. Ён стваралў ня проста гісторыю беларускай кнігі, але гісторыю культуры Беларусі, у якой кнігадрукаваньне, літаратура, выяўленчае мастацтва, навука, адукацыя, філязофія, мова, рэлігія зьяўляюцца ўзаемазьвязанымі элемэнтамі агульнае сыстэмы, разглядаць якія паасобку проста бессэнсоўна. Адпаведны падыход да дасьледаваньня кніжнае культуры ў кантэксьце агульнакультурнага разьвіцьця можна ўважаць найбольш прадуктыўным.

Сучасныя навукоўцы адзначаюць, што і ў часы Ластоўскага падобныя падыходы нярэдка выкарыстоўваліся дасьледнікамі гісторыі кнігі. Паводле Васіля Лявончыкава і Ларысы Доўнар некаторае падабенства поглядаў можна знайсьці ва ўкраінскіх навукоўцаў-бібліёграфаў таго часу М. І. Сагарды, Г. Г. Кавалеўскага, С. Ф. Пастарнака, расейскага кнігазнаўцы Мікалая Лісоўскага, украінскага і польскага кнігазнаўцы Льва Быкоўскага[17].

Як і названыя дасьледнікі, Вацлаў Ластоўскі разглядаў гісторыю кнігі ў цеснай узаемасувязі з палеаграфіяй, мовай, літаратурай, грамадзкім і палітычным разьвіцьцём краіны. Паводле беларускай дасьледніцы Ларысы Доўнар, для Ластоўскага:

> кніга — у шырокім значэнні (у тым ліку і першыя сведчанні беларускага пісьменства на розных носьбітах: камені,

---

[16] Гісторыя беларускай кнігі // Крывіч. 1924. № 1 (7). С. 113.
[17] Доўнар Л. І. „У горадзе маім — такім мацоўным — адзін я быў!" С. 150–151; Леончиков В. Е. Общая ретроспективная библиография книг союзных республик // Вопросы библиотековедения и библиографоведения. Минск, 1972. Вып. 1. С. 3–5.

метале, гліне, пергаменце, паперы; на розных прадметах: медальёнах, крыжах, пячатках, посудзе) — з'яўляецца тым дакументам, які сведчыць не толькі пра існаванне беларускай нацыі, яе даўняй гісторыі, але і пра яе асаблівасці, адрозненні ад іншых народаў (рускіх, палякаў) і галоўнейшай ідэнтыфікацыйнай прыкметай выступае ў дадзеным выпадку мова, якая разглядаецца ў гістарычным, рэлігійным і палітычным кантэксце, ва ўзаемаўплываючай культурнай прасторы розных народаў і адначасова фарміруючай прастору нацыянальнай думкі[18].

Такі падыход аформіўся ў праграму выданьня „Гісторыі беларускай кнігі". Гэта праграма павінна была ўключыць наступныя структурныя элемэнты:

1) Бібліяграфія беларускіх рукапісных кніг, аўторы і перапісчыкі іх, а таксама выцягі з тэкстаў пісаных па беларуску.
2) Бібліяграфія друкаў стараславянскіх друкаваных на Беларусі і беларусамі на чужыне, а таксама новачасная беларуская літаратура. (Гэты аддзел абойме друкі 1491–1925).
3) Біяграфіі пісьменьнікаў старой і новай Беларусі, друкароў і гісторыя друкарань.
4) Эволюція філёзофічнай думкі ад XV да 20 ст. і адбіцьце яе ў беларускай пісьменнасьці.
5) Тэхніка старасьвецкага друкарства.
6) Эволюція беларускай мовы ад XV да XX ст.
7) Беларусы-эмігранты і працаўнікі ў чужых літаратурах, галоўна расійскай, польскай, украінскай, а таксама ў заходна-эўропэйскіх.
8) Беларусы рытаўнікі і рысаўнікі[19].

Як бачна, Ластоўскім была заяўленая грунтоўная праграма падрыхтоўкі выданьня да юбілею беларускага кнігадрукавання. Ажыцьцявіць яе ў тых умовах было па першы погляд проста нерэальна, тым больш у такі кароткі тэрмін. Імаверна, гэта разумеў і сам Ластоўскі, бо ў хуткім часе ўвёў у яе некаторыя карэктывы, напрыклад, абмежаваўшы храналягічны

---

[18] Цыт. паводле: Доўнар Л. І. „У горадзе маім — такім мацоўным — адзін я быў!" С. 151.
[19] Гісторыя беларускай кнігі // Крывіч. 1924. № 1 (7). С. 113.

ахоп кніжных помнікаў пэрыядам да XVIII ст. уключна. Тым ня менш канцэпцыю выданьня Ластоўскі імкнуўся захаваць.

Важнейшай проблемай у падрыхтоўцы выданьня, якое прэтэндавала калі не на поўны, то на вельмі шырокі агляд кніжнай спадчыны Беларусі, была немагчымасьць атрымаць доступ да многіх кніжных помнікаў. Як вядома, большасьць зь іх захоўвалася на той час у зборах СССР (у тым ліку БССР) і Польшчы (у тым ліку зямель Заходняй Беларусі). У той жа час, Ластоўскі займаўся падрыхтоўкай гісторыі беларускай кнігі, жывучы ў эміграцыі ў сталіцы Літвы. Больш за тое, у часе дзейнасьці на пасадзе прэм'ер-міністра Беларускай Народнай Рэспублікі ён выступаў за незалежнасьць і непадзельнасьць Беларусі, чым супрацьпаставіў сябе і Польшчы і СССР. У сувязі з гэтым ён меў вельмі абмежаваныя магчымасьці знаходжаньня і працы на тэрыторыі гэтых краін. Аднак Ластоўскі зрабіў вельмі шмат для адшуканьня беларускіх помнікаў у зборах іншых замежных краін. Тым больш каштоўнай для нас зьяўляецца „Гісторыя беларускай (крыўскай) кнігі", бо пры яе падрыхтоўцы былі апрацаваныя і выкарыстаныя многія крыніцы, мала даступныя сучаснаму беларускаму дасьледніку.

Пры падрыхтоўцы сваёй фундамэнтальнай працы Ластоўскі працаваў, найперш, з арыгіналамі. Пра гэта сьведчаць пададзеныя ім у кнізе цытаты з арыгінальных рукапісаў, пазнакі пісцоў і ўласьнікаў на асобных кніжных помніках. Вядома, што ён меў даволі прадстаўнічы ўласны збор кніжных помнікаў. Паводле ўскосных сьведчаньняў мы ведаем, наколькі багатым ён быў. Напрыклад, падчас праведзенага польскімі ўладамі ў канцы 1919 — пачатку 1920 г. ператрусу ў Ластоўскага зьніклі 24 „пэргаміны" XV–XVII стст., шмат дакумэнтаў, якія паходзілі з архіву Турава-Пінскай епархіі, у тым ліку Турава-Пінскі летапіс XI ст.[20] Асобныя з дакумэнтаў, што некалі належалі Ластоўскаму, захаваліся да сёньняшняга дня і сёньня захоўваюцца ў Нацыянальнай бібліятэцы Беларусі[21],

---

[20] Ластоўскі В. Выбраныя творы. С. 11.
[21] Сільнова Л. Знаходка на бібліятэчнай паліцы // Кніжны калейдоскоп.

прыватных[22] і іншых зборах. Аднак задаволіць усе патрэбы складальніка „Гісторыі беларускай (крыўскай) кнігі" ня мог ніводны, нават самы багаты, кнігазбор.

Нямала Ластоўскі здолеў папрацаваць самастойна ў бібліятэках, архівах і музэях многіх краін Эўропы, у тым ліку ў Рыскім архіве, архіве Ватыкану, Віленскай публічнай бібліятэцы, Беларускім музэі імя Івана Луцкевіча ў Вільні, а таксама ў некаторых прыватных зборах[23]. Ва ўспамінах Яўхіма Кіпеля мы знаходзім згадкі пра пошукі Ластоўскім беларускіх кніжных помнікаў у замежных зборах:

> На эміграцыі Ластоўскі напісаў сваю славутую „Гісторыю крыўскай кнігі". Для гэтага ён езьдзіў у Ватыкан, дзе яго дапусьцілі да архіваў. Ён добра ведаў лаціну і французскую мову, што дапамагло яму ў ягонай працы[24].

Асіліць такую калясальную працу аднаму чалавеку было б немагчыма, таму для пошуку і апісаньня беларускіх кніжных помнікаў Ластоўскі зьвяртаўся да многіх знаёмых у замежных краінах, да вядомых бібліёграфаў, вучоных у галіне кнігазнаўства і літаратуразнаўства. Прычым рабіў гэта як прыватным чынам, шляхам асабістага звароту да канкрэтных дасьледнікаў і спэцыялістаў, так і агульным зваротам да ўсёй беларускай і зацікаўленай грамадзкасьці:

> Каб выпаўніць намечаную праграму юбілейнага выдавецтва заклікаюцца ўсе беларускія культурныя сілы прыняць удзел у разпрацоўцы намечаных аддзелаў. Рэдакцыя

2000. №6. С. 2–3; Сільнова Л. Д. Экслібрыс Вацлава Ластоўскага — беларускага гісторыка, пісьменніка і грамадскага дзеяча // Матэрыялы Першых Кнігазнаўчых чытанняў (Мінск, 15 верасня 1998 г.). Мінск, 2000. С. 129–135.

[22] Юркойць А. «Смык беларускі» з кнігазбору Вацлава Ластоўскага // Матэрыялы навукова-краязнаўчай канферэнцыі „Шляхамі Вацлава Ластоўскага". Да 125-годдзя з дня нараджэння гісторыка, пісьменніка, акадэміка АН Беларусі (4 верасня 20008 г.). Маладзечна, 2008. С. 43–44.

[23] Доўнар Л. І. „У горадзе маім — такім мацоўным — адзін я быў!"... С. 152; Кіпель Я. Эпізоды / пад рэд. І. Урбановіч і З. Саўкі. Нью Ёрк: Выдавецтва газэты Беларус, 1998; Кириллические рукописные книги, хранящиеся в Вильнюсе: каталог / сост. Н. Морозова. Vilnius: Lietuvių Literatūros ir Tautosakos Institutas, 2008. С. XVII.

[24] Цыт. паводле: Кіпель Я. Эпізоды.

Рэпрадукцыя бачынкі Скарынавага выданьня Кнігі Эстэр у „Гісторыі беларускай (крыўскай) кнігі" В. Ластоўскага.

„Крывіч" просіць аўтараў паведаміць яе, хоцьбы адкрыткай, хто бярэ якую тэму для распрацоўкі[25].

Мы ня ведаем наколькі актыўным быў водгук на гэты заклік, але, безумоўна, ён быў.

Вялікай працы ад Ластоўскага вымагаў пошук якаснага ілюстрацыйнага матэрыялу, які б дазволіў больш поўна і пераканаўча паказаць багацьці беларускае кніжнасьці. Пераважную большасьць ілюстрацый аўтар меў сам, паколькі на пачатак 1924 г., яшчэ да звароту да грамадзкасьці па дапамогу, ён ужо меў 100 клішэ гравюр. У падборы ілюстрацый Ластоўскі таксама зьвяртаўся да грамадзкасьці па дапамогу:

> Да аддзелу бібліяграфіі рукапісаў і старадрукаў здадзена ўжо ў цынкаграфію да 100 кліш. Усяго у кнізе памячаецца 200 кліш. Беларускія навуковыя установы просім надсылаць у Рэдакцію фотографічныя зьнімкі з беларускіх

---

[25] Гісторыя беларускай кнігі // Крывіч. 1924. № 1 (7). С. 113.

рукапісаў, старадрукаў, партрэты старасьвецкіх пісьменьнікаў і фотографіі новажытных пісьменьнікаў[26].

Былі і асабістыя звароты. Напрыклад, у лісьце да Іларыёна Сьвянціцкага, вядомага дасьледніка ўкраінскае кніжнасьці, філёляга, этнографа і дырэктара Нацыянальнага музэю ў Львове, у 1924 г. Ластоўскі пісаў:

> Высокапаважаны Пане Д[окта]ру Свянціцкі. Апіраючыся яшчэ на віленскае наша бачанне, пазваляю сабе Вас патурбаваць сваімі клопатамі. Да працы, якую я гатую да друку, мне патрэбны знімкі са старых кніг, друкаваных на Беларусі, а найменна: 1. З кнігі Буднага „Оправдание грешного человека" страніцу, дзе лепшы выгляд і мова. 2. Страніцу з Заблудаўскага Евангелія 1569, дзе маецца мова не славянская, а руская. 3. Знімак з катэхізму 1585 году першая загалоўная страніца... Ваша бібліятэка славіцца багатым сабраннем старадрукаў; думаю, што некаторыя з гэтых кніг у вас знойдуцца ў арыгіналах, а рэшта маю надзею ўпрасіць Вас, Пане Доктару, адшукаць у розных выдавецтвах[27].

Апісаньне беларускіх рукапісаў і старадрукаў, якія Ластоўскі ня меў магчымасьці апрацаваць непасрэдна ці нават убачыць на ўласныя вочы, рабілася паводле другасных крыніц: бібліяграфічных паказальнікаў, аўтарытэтных навуковых публікацый ды інш. Але нават такія другасныя крыніцы далёка не заўжды можна было знайсьці ў Коўне. Сам Ластоўскі ў прадмове да ўжо завершанай працы згадваў, што „кнігу здарылася апрацоўваць на эміграцыі, ня толькі ня маючы доступу да арыгінальных помнікаў, але нават пры вялікай нястачы найбольш неабходнай літэратуры [...]"[28]. Тым ня меньш, працуючы ў многіх бібліятэках сьвету, маючы багаты ўласны кнігазбор, кантактуючы зь вядомымі дасьледнікамі кніжнай культуры з розных краін, Ластоўскі здолеў стварыць вельмі значную крыніцазнаўчую базу для свайго дасьледаваньня. У складзены Ластоўскім „Выказ аўтораў, творы каторых або

---

[26] Гісторыя беларускай кнігі // Крывіч. 1924. № 1 (7). С. 113.
[27] Цыт. паводле: Ластоўскі В. Выбраныя творы. С. 429–430.
[28] Ластоўскі В. Гісторыя беларускай (крыўскай) кнігі. С. VIII.

мысьлі выкарыстаны пры апрацаваньні гэтай кнігі" увайшло каля 200 назваў выданьняў (некаторыя зь іх мнагатомныя) на розных мовах. Сярод аўтараў выкарыстаных прац знаходзяцца вядомыя дасьледнікі Ігнат Сьцябельскі, Юліян Нямцэвіч, Тэадор Нарбут, Юзаф Ярашэвіч, Ігнат Даніловіч, Іван Грыгаровіч, Восіп Турчыновіч, Міхаіл Каяловіч, Аляксей Сапуноў, Рамуальд Зямкевіч, Еўдакім Раманаў, Мікалай Янчук, Рыгор Кіпрыяновіч, Яўхім Карскі, Мітрафан Доўнар-Запольскі, Мацей Любаўскі, Уладзімір Ператц, Уладзімір Пічэта, Станіслаў Пташыцкі, Міхаіл Грушэўскі, Леон Васілеўскі, Міхайла Возьняк, Іван Агіенка, Іларыён Сьвянціцкі, Мікалай Карамзін, Васіль Сопікаў, Вукол Ундольскі, Аляксандар Вастокаў, Ізмаіл Сразьнеўскі, Пампэй Бацюшкаў, Якаў Галавацкі, Васіль Ключэўскі, Філярэт (Гумілеўскі), Флявіян Дабранскі, Аляксей Шахматаў, Аляксей Сабалеўскі, Міхаіл Сьпяранскі, Мацей Стрыйкоўскі, Адам Ёхэр, Ежы Самуэль Бандке, Юзаф Крашэўскі і інш. [29] Былі выкарыстаныя таксама шматлікія археаграфічныя публікацыі даўніх помнікаў беларускага пісьменства, такія як „Акты Западной России", „Акты Южной и Западной России", „Акты, изданные Виленской археографической комиссией", „Полное собрание русских летописей", „Памятники полемической литературы в Западной Руси", „Сборник документов, уясняющих отношение латинско-польской пропаганды", „Собрание древних грамот и актов", „Monumenta Poloniae Historica" і інш. Толькі такая шматаспэктная праца па вывучэньні кніжнай культуры Беларусі і магла даць такі выключны вынік, якім стала новае выданьне.

Галоўная навуковая праца Ластоўскага выйшла ў 1926 г. у Коўне пад назвай „Гісторыя беларускай (крыўскай) кнігі. Спроба паясьніцельнай кнігопісі ад канца X да пачатку XIX стагодзьдзя". Тая ж назва на контртытуле была прадубляваная на літоўскай мове: „Gudų knygos istorija. Aiškinamosios bibliografijos bandymas nuo X šimtmečio galo ligi XIX šimtmečio pradžios".

---

[29] Ластоўскі В. Гісторыя беларускай (крыўскай) кнігі. С. 767–773.

Выданьне было адразу ж вельмі высока ацэненае сучасьнікамі. Ужо ў 1926–1928 гады ў польскім і чэскім друку зьявіліся нататкі пра выхад „капітальнай працы, выклікаўшай захапляльнае прызнанне значнага ўнёску ў гісторыю кнігі Беларусі"[30]. Калегі Ластоўскага ў Савецкай Беларусі называлі яго кнігу славутай[31]. Аляксандар (Альгерд) Шлюбскі падрыхтаваў адразу дзьве хвалебныя рэцэнзіі ў галоўных літаратурных часопісах БССР[32].

Што ўжо й казаць пра сучасных дасьледнікаў, якія цалкам заслужана ўважаюць гэтую працу першым шырокамаштабным дасьледаваньнем па гісторыі кніжнай культуры Беларусі[33], галоўнай фундамэнтальнай працай В. Ластоўскага[34] і г. д. Вядомы дасьледнік гісторыі беларускай кнігі зь Пецярбургу Мікола Нікалаеў сказаў больш:

> На этапе станаўлення нацыянальнай гістарыяграфіі значэнне працы В. Ластоўскага для Беларусі можна параўнаць са значэннем М. Карамзіна, С. Салаўёва ці В. Ключэўскага для Расіі, М. Грушэўскага для Украіны альбо А. Шапокі для Летувы[35].

Можна пагадзіцца з сучаснымі дасьледнікамі, што такую працу „здзейсніць было хіба пад сілу акадэмічнай установе"[36].

Сапраўды, фаліянтнае выданьне, якое стала вынікам шматгадовай працы, уяўляла сабою нешта значна большае, чым

---

[30] Доўнар Л. І. „У горадзе маім — такім мацоўным — адзін я быў!" С. 149; Чмарава М. І. „Гісторыя беларускай (крыўскай) кнігі В.Ластоўскага ў чэшскай крытыцы 1920-х гг. // Куляшоўскія чытанні: матэрыялы Міжнароднай навуковай канферэнцыі, 26–27 красавіка 2006 г. Магілёў, 2006. С. 94–99.

[31] Кіпель Я. Эпізоды.

[32] Шлюбскі А. Рэцэнзія // Маладняк. 1926. №5. С. 104–105; Шлюбскі А. Рэцэнзія // Полымя. 1926. № 5. С. 144–147.

[33] Кавко А. К. Ластовский Вацлав Юстинович // Франциск Скорина и его время: энциклопедический справочник. Минск, 1990. С. 403.

[34] Доўнар Л. І. „У горадзе маім — такім мацоўным — адзін я быў!" С. 148.

[35] Нікалаеў М. В. Гісторыя кніжнай культуры Беларусі: праблемы і перспектывы даследаванняў // Беларуская кніга ў кантэксце сусветнай культуры: зб. навук. арт.: у 2 ч. / Бел. дзярж. ун-т культуры і мастацтваў; склад. Т. А. Дзем'яновіч, Л. І. Доўнар, Т. А. Самайлюк. Мінск, 2006. С. 19–20.

[36] Гваздзёў С. Беларускі след мастака Дабужынскага // Новы час. 2011. 25 сакавіка.

просто гісторыю кнігі ці звычайную бібліяграфію беларускіх выданьняў і рукапісаў. Яно мела задачу стварэньня цэласнай карціны разьвіцьця беларускай культуры як самабытнай, яркай і поўнавартаснай часткі сусьветнага культурнага працэсу. У якасьці асноўнага элемэнту, на прыкладзе якога прасочвалася разьвіцьцё айчыннай культуры, была абраная кніга. Кніга была прадстаўленая ў якасьці паказьніка сталасьці айчыннай культуры, крытэрыю ацэнкі разьвіцьця беларускай літаратуры, доказу адметнасьці Беларусі ў этнічным, канфэсійным, моўным і іншых аспэктах.

Асноўную структуру выданьня склалі бібліяграфічныя апісаньні беларускіх рукапісных і старадрукаваных помнікаў. Аднак гэтыя апісаньні былі дапоўненыя значнай колькасьцю дадатковага навуковага матэрыялу. Прычым гэтага матэрыялу аказалася так шмат, што сёньня паўстае праблема вызначэньня жанру выданьня[37]. Прынамсі звычайным бібліяграфічным дапаможнікам гэтую фундамэнтальную працу назваць немагчыма (сучасныя дасьледнікі ўважаюць яе або нацыянальным рэпэртуарным даведнікам[38], або зборнікам манаграфічных артыкулаў пра помнікі старабеларускага пісьменства[39]).

У склад кнігі ўвайшлі 874 апісаньні найважнейшых кніжных помнікаў Беларусі. Трэба адразу адзначыць, што колькасьць атрымалася вельмі значнай. Гэтым „Гісторыя беларускай (крыўскай) кнігі" адразу ўразіла ўсіх — і дасьведчаных, і тым больш непадрыхтаваных чытачоў. Мала хто здагадваўся, што кніжная спадчына Беларусі настолькі багатая. Для зручнасьці ў працы з такім аб'ёмам усе апісаньні кніжных помнікаў былі разьмеркаваныя ў выданьні ў адпаведнасьці з храналягічным крытэрыем:

> ...прышлося выбраць хронолёгічны парадак як найлягчэйшы да ор'ентаваньнеся ў забытках нашай

---

[37] Сазонава Т. А. Бібліяграфічная дзейнасць В. У. Ластоўскага // Вопросы библиографоведения и библиотековедения: межвед. сб. Мінск, 1992. С. 96.
[38] Доўнар Л. І. „У горадзе маім — такім мацоўным — адзін я быў!" С. 165.
[39] Немировский Е. Л. Иван Федоров и возникновение книгопечатания в Москве и на Украине // КомпьюАрт. 2003. №3. Рэжым доступу: compuart.ru/article.aspx?id=8546&iid=349. Дата доступу: 04.09.2025.

старойпісьменнасьці і агранічыцца пісьменнасьцю толькі аднэй галіны крыўскага племя. Поўная гісторыя павінна ўключаць помнікі Пскова, Ноўгарада і Северскай зямлі[40].

Як бачна, Ластоўскі абмежаваўся ў сваёй працы землямі этнічнай Беларусі (уключна з Віленшчынай, Смаленшчынай, Падляшшам). Больш за тое, ён уключыў у склад кнігі апісаньні ня толькі твораных беларусамі твораў пісьменнасьці і кнігадрукаваньня, але і твораў, створаных іншымі народамі ў Беларусі ці на беларускай мове (як татарскія кітабы), а таксама твораў, якія былі прызначаныя для патрэб насельніцтва Беларусі і паўплывалі на разьвіцьцё беларускай культуры.

Такі шырокі падыход ня быў даспадобы асобным прадстаўнікам замежнай навукі, якія прывыклі бачыць у беларусах забіты і слабы народ безь мінулага і бяз будучыні. Больш за тое, нават асобныя беларускія дасьледнікі, ня звыкшыся яшчэ да права беларусаў „людзьмі звацца", таксама асудзілі ўключэньне ў кантэкст гісторыі беларускай кнігі некаторых помнікаў небеларускага паходжаньня. Характэрным прыкладам стала ўключэньне Ластоўскім у гэты кантэкст кірылічных выданьняў Швайпольта Фіёля, кракаўскага друкара нямецкага паходжаньня, які выпускаў кнігі для патрэб праваслаўнай царквы, пераважна, у Беларусі і Ўкраіне. Гэта, у прыватнасьці, выклікала абурэньне Яўхіма Карскага, а пазьней — вядомага расейскага дасьледніка кніжнай культуры Яўгена Неміроўскага[41].

Трэба адзначыць, што падобная шырыня падыходаў у асьвятленьні нацыянальнай кніжнай культуры з улікам зьнешніх, іншакультурных фактараў была характэрнай для многіх, калі ня большасьці падобных дасьледаваньняў. У першую чаргу гэта тычыцца „вялікіх" народаў-мітраполій, якія падміналі пад сябе спадчыну паднявольных этнасаў. Напрыклад, кніжная спадчына Беларусі бязь лішніх сумневаў уключалася

[40] Ластоўскі В. Гісторыя беларускай (крыўскай) кнігі. С. VIII.
[41] Немировский Е. Л. Иван Федоров и возникновение книгопечатания в Москве и на Украине; Немировский Е. Л. Труды по истории русского первопечатания во второй половине XIX — XX веках // Книга. Исследования и материалы. 1964. Сб. 9. С.414.

дасьледнікамі Расейскай імпэрыі ў склад агульнарасейскай спадчыны, што цудоўна бачыў і Ластоўскі:

> ...паняволеныя народы аказваліся ня толькі, саўсім праўна, абязпраўленымі, але і пазбаўленымі сваёй слаўнай мінуўшчыны. Шчасьлівыя пераможцы, лепшыя балоны (старонкі — *А.С.*) гісторыі паняволенага брата, ўпісывалі ў сваю гісторыю. І, колішні патульны сусед ці нават васал, прыбраўшыся ў здзерты, с плеч заняпаўшага, пурпур, станавіўся пурпурародным. Гэтак, нядаўна яшчэ, мы чыталі ў школьных падручніках, празначаных для адукацыі моладзі 120 мільённай Расіі: „Беларусы самая малодшая галіна рускага народу". „Беларусы загнаныя і панурыя („унылыя"), малаздольныя да культурнага разьвіцьця, але добрыя землякопы". „Беларусы пісьменнасьці сваёй ня вытварылі" і г.д. і г.п.[42]

Такую сытуацыю разумелі і спрабавалі выправіць прадстаўнікі многіх „малых" народаў, падобных да беларусаў. Напрыклад, „Історично-бібліографічний огляд українського друкарства", выпушчаны Іванам Агіенкам у 1925 г., пачынаўся з уступу, дзе таксама, як і ў „Гісторыі беларускай (крыўскай) кнігі" апавядалася пра Швайпольта Фіёля як друкара кніг, але ўжо для патрэб жыхароў Украіны. Першы разьдзел гэтай кнігі называўся „Білорусько-українське друкарство" і складаўся з параграфаў, прысьвечаных выключна беларускаму кнігадрукаваньню: Францыску Скарыну і беларускім друкарням у Вільні, Нясьвіжы, Заблудаве, Еўі, Магілёве, Куцейне, Буйнічах і Супрасьлі. Такая сытуацыя была цалкам зразумелай, бо разглядаць нацыянальную кніжную культуру адарвана ад культурнага разьвіцьця рэгіёну было б няправільным.

Цікава адзначыць, што той жа Яўхім Карскі, які крытычна выказаўся наконт уключэньня Ластоўскім у сваю працу твораў Швайпольта Фіёля, рабіў тое самае ў сваіх раньніх працах, а пазьней, зьвяртаючыся да прынцыпаў адбору і ідэнтыфікацыі беларускіх кніг, разам з прыкметамі мовы і месца выданьня ён уважаў неабходным улічваць прыкмету аўтарскай

---

[42] Ластоўскі В. Гісторыя беларускай (крыўскай) кнігі. С. VI.

прыналежнасьці, а часам нават гістарычны лёс і значэньне некаторых помнікаў" (менавіта гэтыя прыкметы ў тым ліку і спрабаваў улічыць у сваёй працы Ластоўскі)[43].

Як паказаў час, падыходы Вацлава Ластоўскага былі цалкам апраўданымі. Менавіта такія падыходы выкарыстоўваюцца сучаснымі дасьледнікамі, складальнікамі хрэстаматый і анталёгій, рознага кшталту зборнікаў і бібліяграфічных паказальнікаў. Сёньня ўжо нікога ня дзівіць (а ў часы Ластоўскага дзівіла), што „Слова пра паход Ігара" або „Пасланьне Клімэнта Смаляціча да Фамы прасьвітара..." можна знайсьці ў хрэстаматыях і па беларускай, і па расейскай, і па ўкраінскай літаратурах, бо да разьвіцьця кожнай зь іх яны маюць самае непасрэднае дачыненьне.

Важна, што Ластоўскі здолеў прасачыць ня толькі вонкавы ўплыў на разьвіцьцё кніжнай культуры ў Беларусі, але і адваротны працэс узьдзеяньня беларускай кніжнасьці на моўныя, літаратурныя, адукацыйныя, кнігавыдавецкія ды іншыя працэсы ў Расіі, Польшчы, Літве і іншых краінах. І ў гэтым Ластоўскі быў адным зь першых, а ягоныя канцэпцыі разьвівалі і даказвалі ўжо наступныя дасьледнікі.

Праз аналіз міжкультурных кантактаў і творчага ўзаемаабмену Беларусі зь іншымі краінамі Ластоўскі здолеў паказаць тое важнае месца, якое займае айчынная культура ў агульнакультурным працэсе, і які ўнёсак яна зрабіла ў разьвіцьцё кнігі ў сусьветным маштабе.

На думку Ларысы Доўнар, Вацлаў Ластоўскі адным зь першых у беларускім кнігазнаўстве паспрабаваў свае сілы і ў тыпалёгіі нацыянальнай кнігі[44]. І сапраўды, ва „Уступе" да першага хранялягічнага разьдзелу ён падае наступную тыпалёгію:

Св. пісаньне. Багаслужэбная пісьменнасьць. Багаслоўска-павучаючая пісьменнасьць. Палемічная пісьменнасьць. Пропаведзь. Помнікі канонічныя. Жыцьцёпісы. Паломніцкая пісьменнасьць. Кронікі і летапісы. Сьвецкія повесьці.

---

[43] Доўнар Л. І. „У горадзе маім — такім мацоўным — адзін я быў!" С. 154.
[44] Тамсама. С. 156.

Юрыдычныя помнікі. Кнігі для мусульманаў. Кнігі для жыдоў[45].

Тым самым Ластоўскі засьведчыў імкненьне ня проста да бібліяграфічнай фіксацыі тых ці іншых помнікаў, але да тэарэтычнага асэнсаваньня фэномэну беларускай кнігі, аналізу яго структуры і зместу.

Безумоўна, уся кніжная спадчына Беларусі не магла быць ахопленая адным, нават такім грунтоўным выданьнем, як „Гісторыя беларускай (крыўскай) кнігі". Некаторыя яе фрагмэнты засталіся па-за зьместам выданьня для распрацоўкі пазьнейшых дасьледнікаў. Найбольш значным з такіх фрагмэнтаў зьяўляецца пласт кніг, пісаных і друкаваных у Беларусі ці беларускімі аўтарамі за мяжой лацінскім шрыфтам, гэта значыць пераважна на польскай і лацінскай мовах. Мы можам толькі выказваць меркаваньні, чаму ўкладальнік выданьня, які вельмі добра ведаў і польскую, і лацінскую, і многія іншыя эўрапейскія мовы, абмінуў сваёй увагай гэты магутны пласт айчыннай кніжнай культуры, але пры гэтым закрануў ня толькі кірылічныя выданьні (на царкоўнаславянскай і старабеларускай мовах), але і „кнігі для жыдоў", і „кнігі для мусульман". Тут маглі спрацаваць і ідэйныя перакананьні Ластоўскага, які змагаўся супраць польскага ўплыву на культурнае жыцьцё Беларусі (беларускія выданьні лацінскага шрыфту ў сваёй большасьці былі праваднікамі заходняй, а найперш — польскай культуры), так і агульная недасьледаванасьць гэтай часткі кніжнай спадчыны Беларусі (ня тое што ў часы Ластоўскага, але і дасюль беларусы ня маюць нават адносна поўнай рэтраспэктыўнай бібліяграфіі кніг лацінскага шрыфту).

У той жа час „Гісторыя беларускай (крыўскай) кнігі" уключыла многае з таго, што нярэдка дасьледнікамі абмінаецца, напрыклад, багатую рукапісную спадчыну Беларусі. Характэрна, што рукапісныя помнікі складаюць больш за палову ад агульнай колькасьці помнікаў, апісаных Ластоўскім: 470 з 874. Толькі пададзеныя ў сукупнасьці рукапісныя і друкаваныя

---

[45] Ластоўскі В. Гісторыя беларускай (крыўскай) кнігі. С. 11–14.

кнігі змаглі даць поўнае ўяўленьне пра кніжную спадчыну Беларусі. Ластоўскі нават не разводзіў іх у асобныя разьдзелы кнігі, а падаў у агульным хранялягічным сьпісе.

Яшчэ больш каштоўным было тое, што Ластоўскі ня проста зьмяшчаў у "Гісторыі беларускай (крыўскай) кнігі" апісаньні кніжных помнікаў, але вельмі часта суправаджаў іх падрабязнымі камэнтарыямі ўласнага аўтарства і ўрыўкамі з тэкстаў гэтых помнікаў. Нездарма вядомы расейскі кнігазнаўца вызначыў жанр кнігі як "зборнік манаграфічных артыкулаў пра помнікі старабеларускага пісьменства"[46].

Агульная колькасьць артыкулаў, якія маюць адпаведнае суправаджэньне ў тэксьце кнігі — 364, гэта значыць амаль палова. Безумоўна, такі сродак дазваляе чытачу атрымаць шмат больш інфармацыі пра кніжную культуру Беларусі. Некаторыя артыкулы — даволі аб'ёмныя і займаюць па некалькі старонак (напрыклад, "Грамота рыжскіх купцоў Вітабскому князю Міхайле Константынавічу" або "«Прадмова» Васіля Цяпінскага").

Асаблівую каштоўнасьць мае зьмешчаны Ластоўскім у "Гісторыі беларускай (крыўскай) кнігі" ілюстрацыйны матэрыял, для пошукаў і атрыманьня якога ён прыклаў такія вялікія намаганьні на этапе падрыхтоўкі выданьня. Гэты ілюстрацыйны матэрыял прадстаўлены вялікай колькасьцю выяў. Асноўная частка тых ілюстрацый была апублікаваная ўпершыню і атрымала высокую ацэнку сучасных дасьледнікаў мастацтва беларускай кніжнай графікі[47]. Па падліках дасьледнікаў, у "Гісторыі беларускай (крыўскай) кнігі" было выкарыстана каля 150 разнастайных ілюстрацый: найбольшую колькасьць складаюць тэксты рукапісных і друкаваных кніг (58), застаўкі (16), мініятуры (11), гравюры (9), партрэты (9), канцоўкі (8), ініцыялы і тытульныя аркушы (па 7 кожных)[48]. Некаторыя ілюстрацыі пададзеныя ў вялікім фармаце і займаюць увесь вялікі аркуш кнігі: "Адрывак

---

[46] Немировский Е. Л. Иван Федоров и возникновение книгопечатания в Москве и на Украине.

[47] Шматаў В. Ф. Мастацтва беларускіх старадрукаў (XVI–XVIII стст.). Мінск: Тэхналогія, 2000. С. 7.

[48] Доўнар Л. І. "У горадзе маім — такім мацоўным — адзін я быў!" С. 158.

Вокладка „Гісторыі беларускай (крыўскай) кнігі" (1926) В. Ластоўскага.

Четьі–Мінэі з Супрасльскага рукапісу" (с. 17), „Балонка Тураўскага Евангельля XI ст." (с. 19), „Сьв. Еўфрасіня, кн. Полацкая" (с. 31), „Залаты крыж сьв. Еўфрасіні князёўны Полацкай" (с. 34), „Дзьвінскія камяні кн. Барыса Полацкага" (с. 37), „Грамата Гердзеня" (с. 77) і інш.

Кажучы пра мастацкае афармленьне „Гісторыі беларускай (крыўскай) кнігі", нельга не зьвярнуць увагу на цудоўную вокладку, якая канчаткова запэўнівае чытача, што ён трымае ў руках не абы-якое выданьне, а сапраўдны шэдэўр. Гэтым яно абавязанае працы сусьветна вядомага мастака, аднаго з сябраў знакамітага аб'яднаньня „Мир искусства" Мсьціслава Дабужынскага. Вядома, што Дабужынскі з 1924 г. жыў у Літве, дзе працаваў як тэатральны мастак і выкладчык мастацкай школы. Дакладна вядома, што ён вельмі шчыльна супрацоўнічаў з Ластоўскім, падтрымліваў дзейнасьць Беларускага цэнтру ў Літве і займаўся мастацкім афармленьнем часопіса „Крывіч".

Адгукнуўся Дабужынскі і на прапанову аформіць фундамэнтальную „Гісторыю беларускай (крыўскай) кнігі". Сваю працу ён выканаў бліскуча: на пэргамэнтным фоне вокладкі ў падвойнай графічнай рамцы былі зьмешчаныя асноўныя выходныя зьвесткі, якія мастак перадаў стылізаваным пад кірыліцу шрыфтам, падобным да таго, што выкарыстоўваў Скарына. Дэкаратыўныя элемэнты-застаўкі былі дапоўненыя аўтарскай манаграмай мастака „МД", зьмешчанай над пазначэньнем году выданьня. Гэта можа сьведчыць пра тое, што Дабужынскаму было ня сорамна за зробленую працу, і ён мог адкрыта прадставіць яе публіцы як свой мастацкі твор. Не забыўся згадаць пра ўклад вядомага мастака і сам Ластоўскі, пазначыўшы на адвароце тытулу: „Акладку выканаў М. Добужынскі".

Магчыма, што Мсьціслаў Дабужынскі браў удзел у афармленьні іншых частак выданьня. Такую здагадку выказваюць некаторыя дасьледнікі. Аднак нам такая думка падаецца сумнеўнай. Па-першае, Ластоўскі абавязкова абазначыў бы гэта ў выданьні (як ён гэта зрабіў, назваўшы імя карэктара), але ў кнізе сказана толькі аб працы мастака над вокладкай. Па-другое, у перапісцы Ластоўскага згадак пра гэта не захавалася. Імаверна, мастацкім афармленьнем „Гісторыі беларускай (крыўскай) кнігі" займаўся сам Вацлаў Ластоўскі. Вядома, што ён сам меў неблагі мастацкі густ і нават займаўся афармленьнем выданьняў у мінулым.

Асобнай ацэнкі заслугоўвае навукова-дапаможны апарат галоўнай навуковай працы Ластоўскага. Прэтэндуючы на стварэньне сапраўднага навуковага выданьня, аўтар вельмі сур'ёзна паставіўся да зьместу, структуры і якасьці падрыхтоўкі паказальнікаў, якія б дазволілі зрабіць выданьне яшчэ больш зручным у выкарыстаньні.

Першым і самым аб'ёмным зьяўляецца „Слоўнік помнікаў стара-крыўскай (беларускай) пісьменнасьці паводле прыведзеных у тэксьце выпісак", які ўяўляе сабою слоўнік старабеларускай мовы. Пераацаніць яго значэньне для ўсіх, хто цікавіцца гістарычным разьвіцьцём беларускай мовы, вельмі складана. Па-сутнасьці, гэты слоўнік стаў прататыпам „Гістарычнага слоўніка беларускай мовы", які апошнія гады рыхтуе да друку і выпускае асобнымі тамамі Нацыянальная акадэмія навук Беларусі.

Бачынка з рэпрадукцыяй
застаўкі з рукапісу XI ст.

Вялікую каштоўнасьць мае складзены Ластоўскім альфабэтны паказальнік („Выказ імен і рэчаў"), які ўключае пералік пісьменьнікаў, перапісчыкаў, выдаўцоў, друкароў, уладальнікаў кніжных помнікаў, персаналій, прадметаў, падзей, геаграфічных і тапаграфічных адзінак і інш. Альфабэтны пералік з спасылкамі на старонкі дапоўнены кароткімі энцыкляпэдычнымі зьвесткамі пра асоб і прадметы, што асабліва важна для хуткай арыентацыі ў тэксьце выданьня.

Ці не найбольш каштоўным з усіх паказальнікаў зьяўляецца „Выказ старакрыўскай (беларускай) пісьменнасьці паводле зьместу", які па-сутнасьці ўяўляе сабой сыстэматычны паказальнік. У ім рукапісныя і друкаваныя помнікі, што разглядаюцца ў працы, падзеленыя ў адпаведнасьці зь іх зьместам і мэтавым прызначэньнем на дваццаць разьдзелаў. Падобны падзел у гісторыі беларускай бібліяграфіі быў ажыцьцёўлены ўпершыню, паколькі на той час уважалася, што рукапісы і старадрукі маюць унівэрсальны характар, а таму іх сыстэматызацыя не праводзілася[49]. Трэба адзначыць, што і сёньня не існуе аналягаў створанага Ластоўскім сыстэматычнага паказальніка. Нават цудоўны зводны каталёг „Кніга Беларусі" (Менск, 1986) здолеў абысьціся без такога паказальніка. Таму для тэматычнага пошуку па кніжных помніках Беларусі дасьледнікі дасюль карыстаюцца паказальнікам Ластоўскага.

У сукупнасьці ўсіх элемэнтаў — бібліяграфічных апісаньняў кніжных помнікаў, фрагмэнтаў іх тэкстаў, аўтарскіх навуковых камэнтарыяў і тлумачэньняў, ілюстрацыйнага матэрыялу і навукова-даведкавага апарату — „Гісторыя беларускай (крыўскай) кнігі" Вацлава Ластоўскага зьяўляецца ўнікальным фэномэнам кніжнай культуры Беларусі, які ня проста засьведчыў веліч дакумэнтальнай спадчыны нашага народу і прадвызначыў шлях разьвіцьця беларускага кнігазнаўства і бібліяграфіі, але і канчаткова замацаваў за беларусамі статус „народу кнігі", цывілізаванага эўрапейскага народу з багацейшымі культурнымі традыцыямі. Гэтая праца пераканаўча даказала, што кніга зьяўляецца сымбалем беларускай культуры, важнейшым фактарам нацыянальнага і культурнага разьвіцьця нашага народа.

На той час ні расейцы, ні ўкраінцы, ні літоўцы, як і многія іншыя народы сьвету, ня мелі аналягічнай ці хаця б падобнай грунтоўнай працы, якая б спалучала дастатковую паўнату апісаньня нацыянальнай кніжнай спадчыны (рукапіснай і старадрукаванай), высокі навуковы ўзровень апрацоўкі матэрыялаў, якаснае ілюстрацыйнае суправаджэньне і годнае паліграфічнае выкананьне. Як прыклад падобнага праекту можна прывесьці хіба спробу стварэньня прыблізна ў той жа час Іванам Агіенкам сямітомнай „Історії українського друкарства". У 1925 г. у Львове выйшаў першы том пад загалоўкам „Історично-бібліографічний огляд українського друкарства". Наступныя тамы павінны былі разгледзець пытаньні гісторыі ўкраінскай кнігі ў XV–XVIII стст., уключыць апісаньні ўкраінскіх старадрукаў, архіўныя дакумэнты і рэпрадукцыі фрагмэнтаў

---

[49] Сазонава Т. А. Бібліяграфічная дзейнасць В. У. Ластоўскага. С. 99.

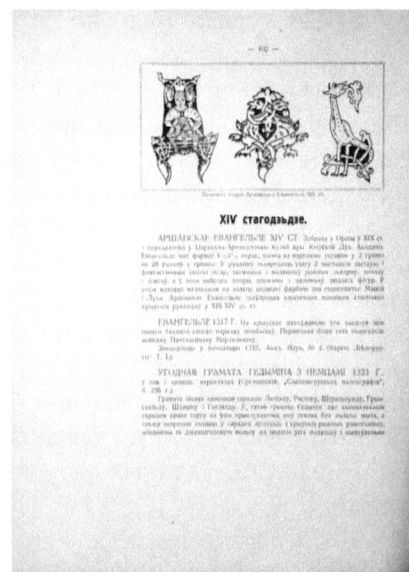

Старонка з рэпрадукцыяй ініцыялаў Аршанскага Эвангельля XIV ст.

старадрукаў. Аднак падрыхтаваць працяг і выпусьціць гэтыя тамы Агіенка так і ня здолеў[50]. А Ластоўскі сваю фундамэнтальную працу выканаў, прычым нават у большым аб'ёме, паколькі значна пашырыў храналёгію і дапоўніў аб'ект дасьледаваньня рукапіснай кнігай.

Такім чынам, „Гісторыя беларускай (крыўскай) кнігі" стала першым выданьнем, якое даволі поўна і шматбакова разгледзела гісторыю кніжнае культуры Беларусі, прапанавала беларускаму і замежнаму чытачу багацейшы рэпэртуар нацыянальнае кнігі, у суправаджэньні камэнтарыяў, тэкставых фрагмэнтаў з арыгіналаў і якасных ілюстрацый. Гэтая кніга, прысьвечаная кніжным помнікам Беларусі мінулых часоў, і сама стала кніжным помнікам, які склаў бы гонар для любой краіны.

Кароткі пэрыяд услаўленьня навуковых і патрыятычных вартасьцей „Гісторыі беларускай (крыўскай) кнігі" неўзабаве быў перарваны пасьля арышту і высылкі яе аўтара зь Беларусі.

---

[50] Немировский Е. Л. Иван Федоров и возникновение книгопечатания в Москве и на Украине.

Фундамэнтальная праца па гісторыі айчыннае кніжнае культуры была вымушаная разьдзяліць лёс свайго стваральніка і на доўгі час адысьці ў нябыт. Тады была зробленая спроба ня толькі ліквідаваць памяць пра самога Ластоўскага, але і зьнішчыць усе наступствы ягонае дзейнасьці на ніве вывучэньня і прапаганды беларускай культуры. Верагодна, у той час было зьнішчана нямала асобнікаў ягонай „капітальнай працы": у дзяржаўных зборах яны нішчыліся як неадпаведныя ідэалёгіі савецкай дзяржавы, у прыватных калекцыях — з-за боязі саміх уласьнікаў за свой лёс. Асобнікі „Гісторыі беларускай (крыўскай) кнігі" да самага канца існаваньня СССР ляжалі ў спэцсховах дзяржаўных бібліятэк і амаль не выдаваліся. Часам дасьледнікам даводзілася ехаць у далёкі край, дзе былі больш лібэральныя парадкі, каб там папрацаваць з гэтай кнігай.

Цікавы факт прыгадала колішняя загадчыца аддзелу рукапісаў, рэдкіх і старадрукаваных выданьняў Дзяржаўнае бібліятэкі БССР (сёньня — Нацыянальная бібліятэка Беларусі) Тацьцяна Рошчына. У бібліятэцы мелася некалькі заінвэнтарызаваных асобнікаў „Гісторыі беларускай (крыўскай) кнігі", якія захоўваліся ў спэцсхове. Але ў яе меўся адзін неінвэнтарызаваны асобнік, які яна захоўвала ў скрыні поруч з сваім працоўным месцам. Гэты асобнік выдаваўся толькі „сваім" альбо „правераным" людзям.

Галоўная праца Вацлава Ластоўскага — „Гісторыя беларускай (крыўскай) кнігі", якая дасюль застаецца надзвычай запатрабаванай (гэта аўтар добра ведае з уласнага досьведу працы ў Нацыянальнай бібліятэцы Беларусі) і нікольлі ня страціла сваёй актуальнасьці і каштоўнасьці як навуковае і прэзэнтацыйнае выданьне. Прытым мала якія сучасныя дзяржаўныя (а тым больш прыватныя) бібліятэкі Беларусі могуць пахваліцца наяўнасьцю ў сваіх зборах гэтага фундамэнтальнага выданьня. А між тым яно павінна стаяць на паліцы кожнага, хто цікавіцца гісторыяй айчыннай культуры, разьвіцьцём беларускай мовы і літаратуры, станаўленьнем нацыянальнага кнігавыданьня і мастацтва кніжнае графікі, для каго неабыякавы лёс нашай мінуўшчыны. Менавіта таму выдавецтва

„Мастацкая літаратура" сумесна з Нацыянальнай бібліятэкай Беларусі ў 2012 г. падрыхтавалі і выпусьцілі якаснае рэпрынтнае ўзнаўленьне першай фундамэнтальнай гісторыі беларускай кнігі[51].

Між тым калясальны па сваёй значнасьці навуковы і выдавецкі праект Ластоўскага патрабуе ня толькі перавыданьня, але і працягу. На вялікі жаль, за амаль сто гадоў, якія мінулі пасьля выданьня кнігі, у Беларусі так і не зьявілася хаця б падобнага да яе выданьня, дзе былі б апісаныя беларускія рукапісы і старадрукі мінулых стагодзьдзяў. Айчынныя рукапісныя кнігі ў прынцыпе застаюцца амаль што *terra incognita* нават для дасьледнікаў, бо ніхто не наважыўся нават паспрабаваць сабраць зьвесткі пра беларускія рукапісныя помнікі ў фармаце каталёгу, прааналізаваўшы іх, апісаўшы на ўзроўні асобніка, праілюстраваўшы добрымі выявамі — хаця б гэтак, як тое зрабіў у 1926 г. Вацлаў Ластоўскі. Каталёгі ж беларускіх старадрукаў хаця і зьяўляліся за апошнія дзесяцігодзьдзі, аднак не пакрываюць нават таго абсягу, які здолеў ахапіць у сваіх працах слаўны навуковец-аматар. Беларускія рукапісы і старадрукі, створаныя на замежных мовах ці з выкарыстаньнем лацінскага і габрэйскага альфабэтаў, наагул не апісаныя і не каталягізаваныя дагэтуль. Таму ініцыятывы Ластоўскага ўсё яшчэ застаюцца арыенцірам і падказкай нам, беларусам XXI ст., у пляне пэрспэктыўных напрамкаў далейшай дасьледчай працы.

---

[51] Ластоўскі В. Гісторыя беларускай (крыўскай) кнігі = Gudu knygos istorija: спроба паясніц. кнігапісу ад канца X да пач. XIX ст. / апрац. В. Ластоўскі; прадмова А. Сушы. Факсімільнае выд. Мінск: Мастацкая літаратура, 2012. 29, VIII, 776 с.

THE FIRST, AND STILL UNSURPASSED, HISTORY OF THE BELARUSIAN (KRYVIAN) BOOK BY VACŁAŬ ŁASTOŬSKI

Aleś Suša (Miensk)

The article is dedicated to the first comprehensive work on the history of the Belarusian book, prepared and published in Kaunas in 1926 by Vacłaŭ Łastoŭski. This publication presents a catalogue of manuscripts and early printed books, supplemented with extensive quotations from originals, high-quality illustrations, and Łastoŭski's detailed commentary. The book includes 874 descriptions of the most historically significant Belarusian manuscripts and early printed books. Łastoŭski initiated this large-scale project to mark the 400th anniversary of Belarusian book printing in 1925. Over several years, he meticulously studied original Belarusian manuscripts and early printed books, preserved in libraries, museums, archives, and private collections in various countries. He also corresponded with numerous international contacts, including leading bibliographers and literary scholars. Upon its release, *The History of the Belarusian (Kryvian) Book* was recognized by contemporaries as a landmark scholarly achievement.

This folio volume was more than a mere history of the book or a conventional bibliography of Belarusian publications and manuscripts. It presented a comprehensive picture of the development of Belarusian culture as a distinct, dynamic, and integral part of the global cultural process. Łastoŭski sought to demonstrate both the depth and the antiquity of the national culture through its book heritage. In doing so, he produced not simply a history of Belarusian book-printing, but a history of Belarusian culture, where printing, literature, visual art, science, education, philosophy, language, and religion were shown as interconnected elements of a unified whole. Even today, such an integrated approach to the study of book culture in the broader context of cultural development remains both relevant and productive.

Yet, nearly a century after its publication, Łastoŭski's monumental scholarly and publishing project still awaits continuation.

„Гісторыя беларускай (крыўскай) кнігі" В. Ластоўскага

To this day, no comparable edition has appeared in Belarus—one that would document and present the nation's handwritten and early printed treasures in a similarly extensive and meaningful way.

„ГІСТОРЫЯ БЕЛАРУСКАЕ ЛІТЭРАТУРЫ" (1920) МАКСІМА ГАРЭЦКАГА Ў ПАРАЎНАНЬНІ З СУЧАСНАЙ ПРАГРАМАЙ „БЕЛАРУСКАЯ ЛІТАРАТУРА" (2023) ДЛЯ ШКОЛ БЕЛАРУСІ: КАНЦЭПТУАЛЬНЫЯ МАДЭЛІ, КОРПУСЫ ТЭКСТАЎ, ПАДЫХОДЫ

Віктар Халіпаў (Кляйпэда)

Працэс самаапісаньня нацыі ў пэўнай ступені зьяўляецца і працэсам яе тварэньня. У гэтым сэнсе літаратура ёсьць ня толькі корпусам тэкстаў, але і працэдурай іх асэнсаваньня, інтэрпрэтацыі і клясыфікацыі ня толькі шырокай чытацкай аўдыторыяй, але і ўмоўна „прафэсіяналамі" — літаратуразнаўцамі, вынікі дзейнасьці якіх так ці інакш становяцца здабыткам нацыянальнай сыстэмы адукацыі.

Параўнаньне кнігі Максіма Гарэцкага „Гісторыя беларускае літэратуры" (1920) з сучаснай школьнай праграмай паказвае значныя адрозьненьні на ўзроўні корпусу літаратурных твораў, прынцыпаў іх клясыфікацыі, а таксама на ўзроўні інтэрпрэтацыі аналізаваных твораў. У невялікай па аб'ёме кнізе Гарэцкага гаворка ідзе аб 80 пэрсаналіях; у сучасных школьных праграмах Беларусі — пра 18; некаторыя аўтары, якім прысьвечаныя асобныя разьдзелы ў Гарэцкага, цалкам адсутнічаюць у школьнай праграме (як, напрыклад, Паўлюк Багрым, Аляксандар Рыпінскі, Ян Чачот, Кастусь Каліноўскі, Вінцэсь Каратынскі, Францішак Аляхновіч).

Як і сучасная школьная праграма, Гарэцкі кажа пра барока, рамантызм і рэалізм, аднак гэтыя катэгорыі не складаюць аснову прапанаванай ім тыпалёгіі. Замест гэтага ён акцэнтуе ўвагу на мове твораў і часта зьвязвае эвалюцыю творчасьці асобных аўтараў з шырэйшымі культурнымі працэсамі, такімі як адасабленьне беларускай культуры ад польскіх і расейскіх уплываў і фармаваньне сучаснай нацыянальнай ідэнтычнасьці. Разам з тым, мадэль беларускае літаратуры Гарэцкага зьяўляецца інклюзіўнай: яна ўключае і беларускамоўныя тэксты аўтараў-беларусаў, а таксама тых аўтараў, якія пісалі на польскай мове, і расейскамоўныя творы маскоўскіх беларусаў, і кітабы беларуска-літоўскіх татараў, і шматлікія тэксты на старабеларускай мове (у тым ліку створаныя за межамі беларускіх земляў), згадвае вершы на іўрыце. Таксама ён прадугледжвае магчымасьць суіснаваньня кірыліцы і лацінкі як раўнапраўных форм нацыянальнага пісьменства, а гаворачы аб узаемаадносінах паміж каталіцызмам, уніяцтвам, пратэстантызмам і праваслаўем у Беларусі, ён не займае бок ніводнай з гэтых канфэсій і разумее іх у першую чаргу як фактары разьвіцьця беларускае літаратуры.

Асаблівасьцю кнігі Гарэцкага зьяўляецца кантэкстуальны падыход: літаратурныя тэксты аналізуюцца ва ўзаемасувязі з гістарычнымі, геапалітычнымі, канфэсійнымі, сацыяльнымі, моўнымі і тэхналягічнымі фактарамі. Максім Гарэцкі стварыў наратыў гісторыі беларускай літаратуры, які „сюжэтна" разгортваецца ў часе і інтэрпрэтуе літаратурныя, культурныя, моўныя, палітычныя, рэлігійныя падзеі з пункту гледжаньня ідэалёгіі нацыянальнага адраджэньня, спрабуючы акрэсьліць пераемнасьць і межы беларускай традыцыі мастацкага пісьменства. Разам зь іншымі выдатнымі дзеячамі культуры гэтага пэрыяду, Максім Гарэцкі зьявіўся адным з „суаўтараў" новай беларускай ідэнтычнасьці сучаснага тыпу, заснаванай на асэнсаваньні сябе як асобнай паўнавартаснай эўрапейскай нацыі.

✧✧✧✧✧

Працэс самаапісаньня нацыі ў пэўнай ступені зьяўляецца адначасова і працэсам яе тварэньня. У значнай меры гэта мае дачыненьне і да літаратуры, якая ёсьць ня проста сукупнасьцю некаторых твораў, корпусам тэкстаў, але і працэдурай іх асэнсаваньня, інтэрпрэтацыі і клясыфікацыі ня толькі звычайнай чытацкай аўдыторыяй, але і ўмоўна „прафэсіяналамі" — літаратуразнаўцамі. У межах філялягічнае навукі дасьледнікі ствараюць разнастайныя літаратуразнаўчыя наратывы, якія па-рознаму расказваюць адну і тую ж гісторыю — гісторыю беларускай літаратуры.

У значнай ступені літаратурацэнтрычны характар станаўленьня беларусаў як сучаснай эўрапейскай нацыі на мяжы XIX–XX стагодзьдзяў абумовіў павышанае значэньне для беларускай культуры і нацыянальнай ідэнтычнасьці ня толькі самíх мастацкіх тэкстаў, але і філялягічных работ, якія прапанавалі новыя — нацыянальна арыентаваныя — парадыгмы іх асэнсаваньня, інтэрпрэтацыі і клясыфікацыі. Вельмі важнай была і задача вызначэньня самíх межаў беларускае літаратуры, удакладненьне таго, *што* мы разумеем пад самой гэтай зьявай. Іншымі словамі, ствараді беларускую літаратуру (а разам зь ёй — і сам наратыў беларускае нацыі ў яе сучасным разуменьні) ня толькі паэты, празаікі, драматургі, але і яе, назавем гэта так, актыўныя чытачы і прыхільнікі — публіцысты, літаратурныя крытыкі і літаратуразнаўцы, мовазнаўцы, гісторыкі, культуролягі, філёзафы, палітыкі. Менавіта таму некаторыя філялягічныя працы пачатку XX стагодзьдзя маюць для нас амаль такую ж каштоўнасьць, як і самі мастацкія творы гэтага часу.

У сваёй клясычнай працы „Уяўныя супольнасьці"[1] аб станаўленьні амэрыканскіх і эўрапейскіх „мадэрных" нацый у XIX–XX стагодзьдзях Бэнэдыкт Андэрсан у якасьці трох найважнейшых працэдур фармалізацыі народам сваёй новай ідэнтычнасьці як палітычнай супольнасьці вылучае *мапу, перапіс* і *музэй*. Мапа візуалізуе ўяўленьні людзей аб іх сумеснай тэрыторыі, якая атаясамліваецца з паняцьцем „радзіма" або набліжаецца да яго. Перапіс разумееецца ня толькі як працэдура статыстычнага падліку меркаваных „удзельнікаў" нацыі як супольнасьці, але і як важны акт самаідэнтыфікацыі чалавека, атаясамленьня (або не-атаясамленьня) сябе зь ёй. І, нарэшце, музэй у шырокім сэнсе — гэта ня проста збор некаторых

---

[1] Anderson B. Imagined Communities. Reflections on the Origin and Spread of Nationalism. London, New York, 2006. 240 p.

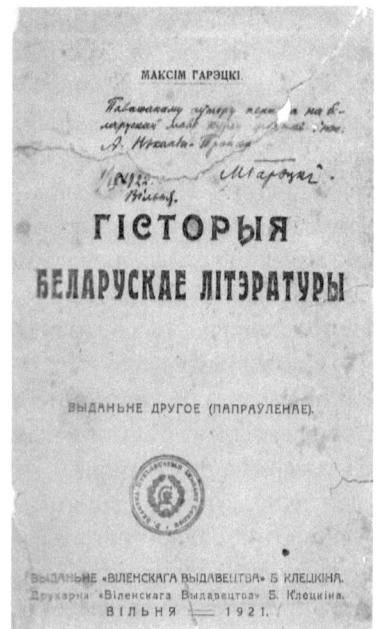 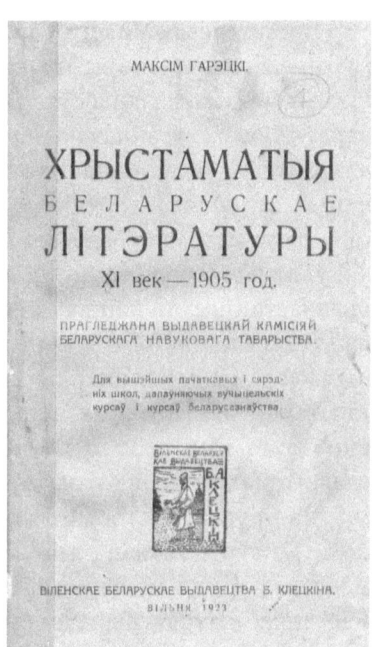

Зьлева: 2-е выданьне „Гісторыі беларускае літэратуры" (1921) Максіма Гарэцкага з аўтографам: „Паважанаму аўтору першага на беларускай мове курсу фізыкі інж. А. Нэканда-Трэпка. М. Гарэцкі. 1/18(?).1922. Вільня".
Справа: „Хрыстаматыя беларускае літэратуры. XI век — 1905 год." (1923) Максіма Гарэцкага.

артэфактаў, якія маюць гістарычную, культурную і эстэтычную каштоўнасьць, але і праекцыя нацыяй сябе назад у часе, укараненьне ў мінулым, як бы „прыквэл", апісаньне некаторых падзей, якія папярэднічалі актуальнаму бягучаму нацыянальнаму наратыву.

Гэтыя мэтафары шмат у чым падыходзяць для апісаньня сутнасьці таго, што ўдалося ажыцьцявіць Максіму Гарэцкаму ў сваёй „Гісторыі беларускае літэратуры"[2] і зьвязанай зь ёй „Хрыстаматыі беларускае літэратуры. XI век — 1905 год"[3].

---

[2] Гарэцкі М. Гісторыя беларускае літэратуры. Вільня, 1920. 208 с.
[3] Гарэцкі М. Хрыстаматыя беларускае літэратуры. XI век — 1905 год. Вільня, 1922. 264 с.

Па сутнасьці Максім Гарэцкі стварае тое, што ў тэрмінах імагалёгіі можа быць вызначана як „уяўны дыскурс" беларускай літаратуры. Расказаны аўтарам у катэгорыях гэтага дыскурсу наратыў яе гісторыі цесна пераплятаецца з наратывам нацыянальнага адраджэньня і станаўленьня сучаснае беларускае нацыі, іх цяжка аддзяліць адзін ад другога. Кніга Гарэцкага — гэта, вядома ж, своеасаблівы перапіс беларускіх аўтараў, які ўключае больш за 80 імёнаў, што дэманструе шырокасьць і разнастайнасьць нацыянальнай літаратурнай традыцыі ўжо на гэтым этапе. Пры гэтым дасьледнік адзначае ў якасьці годных увагі пісьменьнікаў ня толькі ўжо вядомых славутых літаратараў, але й шэраг аўтараў, якія на момант напісаньня кнігі (гэта 1919–1920 гады) яшчэ не стварылі сваіх галоўных твораў, знаходзіліся ў пачатку сваёй літаратурнай кар'еры.

Па-другое, „Гісторыя беларускае літэратуры" Гарэцкага — гэта і ўмоўны „музэй", які ўкараняе вытокі беларускага пісьменства ў мінулым, сярод артэфактаў якога — ня толькі творы мастацкае літаратуры, але і самыя розныя тэксты і на сучаснай беларускай мове, і на старабеларускай, царкоўна-славянскай, польскай, расейскай і іншых. Яны заўсёды кантэкстуалізуюцца невялікімі аўтарскімі экскурсамі гістарычнага, лінгвістычнага, рэлігіязнаўчага і культуралягічнага характару.

Па-трэцяе, кніга Гарэцкага — гэта і „мапа" беларускай літаратуры, якая апісвае яе межы і крытэры іх вызначэньня, а таксама прапануе мадэлі яе ўнутранае структуры ў акрэсьленых межах на розных этапах разьвіцьця.

Зьвернемся для параўнаньня да іншага важнага тэксту — актуальнай праграмы па беларускай літаратуры, якая цяпер дзейнічае ў школах Рэспублікі Беларусь. Чым важны для нас гэты нарматыўны дакумэнт, які, уласна кажучы, і не прэтэндуе на нешта іншае па сваёй жанравай спэцыфіцы? Канешне, у першую чаргу тым, што ён вызначае тое, *што* будуць вывучаць (і вывучаюць) дзеці ў якасьці беларускай літаратуры. Мы ня можам ігнараваць той факт, што многія нашыя сучасьнікі большую частку твораў нацыянальнае клясыкі прачытваюць у школе — а пасьля, часьцей за ўсё, ужо да яе не вяртаюцца. Ды і агульнае ўяўленьне аб тым, *што такое* беларуская літаратура, першапачаткова фармуецца ў дзяцінстве і юнацтве. Так, добра, калі ў нейкіх сем'ях бацькі могуць прапанаваць у пляне чытаньня і нешта дадатковае да прапанаванага ў школе — але думаю, усё ж, што ў цэлым гэта мяняе сытуацыю ня вельмі істотна.

Праграмы для V–IX клясаў у большай ступені рэпрэзэнтуюць беларускую літаратуру не як суцэльную гісторыю, а як сукупнасьць выбраных твораў, пераважна па жанрава-тэматычнай прыкмеце, у якасьці матэрыялу для тлумачэньня тых ці іншых агульнатэарэтычных літаратуразнаўчых паняцьцяў і катэгорый; праграма для XI клясы прысьвечаная гісторыі беларускай літаратуры другой паловы XX — пачатку XXI стагодзьдзя, гэта значыць ляжыць ужо за межамі пэрыядаў, якія разглядае Гарэцкі. Таму ў цэнтры маёй увагі апынулася „Вучэбная праграма па навучальным прадмеце «Беларуская літаратура» для X класа ўстаноў адукацыі, якія рэалізуюць адукацыйныя праграмы агульнай сярэдняй адукацыі з беларускай і рускай мовамі навучання і выхавання (павышаны ўзровень)"[4]. У параўнаньні зь іншымі варыянтамі праграмы для V–IX клясаў тут нацыянальная літаратура прадстаўленая найбольш поўна і пасьлядоўна.

Менавіта яна прадстаўляе вучням станаўленьне і разгортваньне ў часе беларускай літаратуры як нейкі суцэльны наратыў, пэўную гісторыю, мэта якой — зьвязаць разам усіх беларускіх аўтараў і іхныя творы. Але што гэта за гісторыя, якая яе канцэпцыя, так бы мовіць, агульная фабула? Па сутнасьці, гэта гісторыя ўзьнікненьня, разьвіцьця і згасаньня літаратурных напрамкаў Эўропы — барока, рамантызму, рэалізму і г. д. — якая распавядаецца ў дачыненьні да айчыннае культуры. У значнай ступені разьвіцьцё беларускай літаратуры

---

[4] Вучэбная праграма па вучэбным прадмеце «Беларуская літаратура» для X класа ўстаноў адукацыі, якія рэалізуюць адукацыйныя праграмы агульнай сярэдняй адукацыі з беларускай і рускай мовамі навучання і выхавання (павышаны ўзровень). Зацверджана Пастановай Міністэрства адукацыі Рэспублікі Беларусь 29.06.2023 №181. Рэжым доступу: adu.by/ru/homeru/obrazovatelnyj-protsess-2023-2024-uchebnyj-god/obshchee-srednee-obrazovanie/uchebnye-predmety-v-xi-klassy/belaruskaya-litaratura.html. Дата доступу: 20.01.2024.

мадэлюецца як працэс пасьлядоўнае зьмены пануючых літаратурных напрамкаў, цалкам аналягічна таму, як гэта адбывалася ў іншых нацыянальных эўрапейскіх літаратурах — французскай, ангельскай і г. д. У прынцыпе гэта нядрэнная працоўная мадэль, аднак яна аптымальна падыходзіць для літаратур, якія разьвіваліся ў межах незалежных эўрапейскіх краін на літаратурных мовах, якія мелі статус дзяржаўных. Безумоўна, зьмена напрамкаў літаратуры і мастацтва мела месца і ў беларускай культуры, але ці была яна вызначальным фактарам яе разьвіцься? Словам, гэты падыход ня тое што нівэлюе, але, так бы мовіць, ніяк не акцэнтуе нацыянальную спэцыфіку станаўленьня і разьвіцьця беларускае літаратуры.

Канцэптуальную структуру праграмы можна адлюстраваць наступным чынам:

ДАЎНЯЯ ЛІТАРАТУРА (XI–XVIII стст.)[5]	Літаратура эпохі Сярэдневякоўя	Кірыл Тураўскі
	Літаратура эпохі Адраджэння (XVI ст.)	Мікола Гусоўскі, Францыск Скарына, Сымон Будны, Васіль Цяпінскі
	Літаратура эпохі Барока (XVII–XVIII стст.)	„Прамова Мялешкі", „Ліст да Абуховіча", Сімяон Полацкі
	Літаратура эпохі Асветніцтва (другая палова XVIII — пачатак XIX ст.)	—
РАЗВІЦЦЁ НОВАЙ БЕЛАРУСКАЙ ЛІТАРАТУРЫ XIX СТ.	Рамантызм Рэалізм	„Энеіда навыварат", „Тарас на Парнасе", Ян Чачот, Францішак Багушэвіч, Янка Лучына[6]

---

[5] Назвы пэрыядаў разьвіцьця літаратуры і ўласныя імёны падаюцца паводле „Вучэбнай праграмы".

[6] Ян Баршчэўскі ёсьць у праграмах для VI і IX клясаў, Канстанцін Вераніцын і Вінцэнт Дунін-Марцінкевіч — у праграме для IX клясы. У праграму для IX клясы ўключаныя „Жыціе Ефрасінні Полацкай", „Летапісец вялікіх князёў літоўскіх", „Беларуска-літоўскі летапіс".

ШЛЯХІ РАЗВІЦЦЯ БЕЛАРУСКАЙ ЛІТАРАТУРЫ ПЕРШАЙ ПАЛОВЫ ХХ СТ.	[да 1920-х гадоў]: „Наша доля", „Наша ніва". Праявы мадэрнізму. Станаўленне прафесійнага тэатра.	Янка Купала, Якуб Колас, Цётка, Максім Багдановіч, Алесь Гарун, Максім Гарэцкі, Вацлаў Ластоўскі, Карусь Каганец, Ядвігін Ш.

Мы бачым, што гісторыя беларускай літаратуры храналягічна падзяляецца на тры буйныя этапы. Першы зь іх — „Даўняя літаратура" (XI–XVIII стст.) — у сваю чаргу падзеляецца на пэрыяды „Літаратура эпохі Сярэдневякоўя", „Літаратура эпохі Адраджэння" (XVI ст.), „Літаратура эпохі Барока" (XVII–XVIII стст.), „Літаратура эпохі Асветніцтва" (другая палова XVIII — пачатак XIX ст.). У межах другога зь іх — „Развіццё новай беларускай літаратуры XIX ст." — вылучаюцца рамантызм і рэалізм. У трэцім — „Шляхі развіцця беларускай літаратуры першай паловы ХХ ст." — да 1920-х гадоў пазначаныя „Наша доля", „Наша ніва", праявы мадэрнізму і станаўленьне прафэсійнага тэатру.

Іншым важным канцэптуальным момантам гэтай праграмы (роўна як і іншых аналягічных) зьяўляецца параўнальна шырокае ўключэньне ў тэкст матэрыялу, які наўпрост ня мае ніякага дачыненьня да беларускай літаратуры адпаведнага пэрыяду:

1) матэрыялу, які адносіцца да рэцэпцыі спадчыны разгляданых беларускіх аўтараў у найноўшай айчыннай культуры апошніх дзесяцігодзьдзяў (*сучасныя* помнікі пісьменьнікам і асьветнікам, прысьвечаныя ім творы *сучасных* аўтараў, кампазытараў, рэжысэраў і г. д.).

2) матэрыялу аб творчасьці абраных замежных аўтараў (дэ Кастэр, Шаўчэнка, Рыльке, Фолкнэр, Гэмінгўэй і інш.)

3) спарадычна — інфармацыі аб разьвіцьці іншых відаў мастацтва — архітэктуры, жывапісу, музыкі і г.д. на тэрыторыі Беларусі.

З аднаго боку, усё гэта нібыта і нядрэнна, аднак у сукупнасьці займае амаль чвэрць аб'ёму галоўнай часткі праграмы — „Зьмест вучэбнага прадмета" (23%). Акрамя таго, апэляваньне да найноўшае культуры заўсёды нясе ў сабе пэўную рызыку таго, што аўтэнтычныя кантэксты творчасьці пісьменьніка мінулага будуць скажацца сучаснымі ўяўленьнямі. У той жа час многія гістарычныя кантэксты, важныя для разуменьня твораў беларускіх аўтараў — канфэсійныя, саслоўныя, палітычныя, моўныя — застаюцца амаль не акрэсьленымі. Агулам да 20-х гадоў XX стагодзьдзя праграма называе імёны 18 беларускіх літаратараў.

Пры параўнаньні зь дзейнай цяпер школьнай праграмай „Гісторыя беларускае літэратуры" Максіма Гарэцкага выяўляе істотныя адрозьненьні, якія праяўляюцца: 1) на ўзроўні корпусу мастацкіх тэкстаў, прапанаваных для вывучэньня; 2) на ўзроўні прынцыпаў клясыфікацыі такіх тэкстаў, агульнай канцэптуальнай мадэлі літаратурнага працэсу; 3) на ўзроўні інтэрпрэтацыі аналізаваных твораў літаратуры. Яе канцэптуальную структуру можна адлюстраваць наступным чынам (у табліцы імёны аўтараў, якія згадваюцца і тут, і ў сучасных школьных праграмах, выдзеленыя курсівам — гэта, так бы мовіць, пласт пэрсаналій, які супадае; загалоўнымі літарамі выдзеленыя найбольш важныя ў разуменьні Гарэцкага постаці гісторыі беларускай літаратуры, у кнізе ім прысьвечаныя асобныя разьдзелы[7]):

---

[7] У сучасных праграмах школ Беларусі адсутнічаюць згадкі пра 11 такіх аўтараў — гэта Андрэй Рымша, Паўлюк Багрым, Аляксандар Рыпінскі, Ян Чачот, Павел Шпілеўскі, Кастусь Каліноўскі, Вінцэсь Каратынскі, Арцём Дарэўскі-Вярыга, Аляксандар Пшчолка, Альбэрт Паўловіч, Францішак Аляхновіч.

Старадаўнае пісьменства (X–XVIII ст.)[8]	Царкоўна-славяншчына (X-XII ст.)	„Летапіс Несьцера", Клімэнт Смаляціч, Аўрам Смаленскі, Даніла Паломнік, *Кірыла Тураўскі*, „Слова а полку Ігараве"
	Падгатаваўчая пара (XIII–XV ст.)	„Смаленская тарговая праўда", „Статут караля Казіміра", „Летапіс Аўрамкі"
	Залатая пара (XVI ст.)	ФРАНЦЫСК СКАРЫНА, ВАСІЛЬ ЦЯПІНСКІ, *Сымон Будны*, Філон Кміта, Тодар Еўлашэўскі, „Прамова" Мялешкі, АНДРЭЙ РЫМША, Ян-Казімір Пашкевіч, „Баркулабаўская хроніка", „Ай Кітаб", „ЛІТОЎСКІ СТАТУТ"
	Сход (XVII ст.)	Мялеці Сматрыцкі, Стэфан Зізані, Лявон Карповіч, Кірыла Транквіліон-Стаўравецкі, Іоанікі Галятоўскі, Антон Радзівілоўскі, Лазар Барановіч, *Сымон Полацкі*
	Заняпад (XVIII ст.)	Лявон-Лукаш Кішка (≈ 1800–1880)
Новая літаратура (≈ 1800–1880)	Несьвядомае адраджэньне (≈ 1810–1830-я)	Вікенці Ровінскі, „ЭНЕІДА", ПАЎЛЮК БАХРЫМ, „ТАРАС НА ПАРНАСЕ"
	Стара-шляхоцкія романтыкі (≈ 1800–1850)	ЯН БАРШЧЭЎСКІ, АЛЯКСАНДАР РЫПІНСКІ, ЯН ЧАЧОТ
	Беларуска-маскоўскія пісьменьнікі (ад 1850-х)	ПАВЕЛ ШПІЛЕЎСКІ, Павел Кушын
	Рэволюцыйная і проціўрэвалюцыйная літаратура (1860-я)	КАСТУСЬ КАЛІНОЎСКІ, Ф. Пчыцкі, *Сыракомля*, Каратынскі, АПАНАС КІСЕЛЬ (Франц Блус)
	Нова-шляхоцкія пісьменьнікі (≈ 1850–1870-я)	ВІНЦУК ДУНІН-МАРЦІНКЕВІЧ, ВІНЦЭСЬ КАРАТЫНСКІ, АРЦЁМ ДАРЭЎСКІ-ВЯРЫГА

---

[8] Назвы пэрыядаў разьвіцьця літаратуры і ўласныя імёны падаюцца ў артаграфіі 1920 году, паводле выданьня.

НАВЕЙШАЯ БЕЛАРУСКАЯ ЛІТАРАТУРА (1880–1920)	Народніцкая пара (1880-я гады — 1905 г.)	*ФРАНЦІШАК БАГУШЭВІЧ*, Якуб Брайцаў, ЯН НЯСЛУХОЎСКІ / *Янка Лучына*, Марыя Косіч, АЛЯКСАНДАР ПШЧОЛКА, Альгерд Абуховіч, Восіп Арлоўскі
	Нашаніўская пара (1905–1914)	Старэйшыя пісьменьнікі: *КАРУСЬ КАГАНЕЦ, ЦЁТКА, ЯДВІГІН Ш.*, АЛЬБЭРТ ПАЎЛОВІЧ Маладзейшыя пісьменьнікі: ЯКУБ КОЛАС / ТАРАС ГУШЧА, ЯНКА КУПАЛА, МАКСІМ БАГДАНОВІЧ, ЗЬМІТРОК БЯДУЛЯ / ЯСАКАР, АЛЕСЬ ГАРУН, ФРАНЦІШАК АЛЯХНОВІЧ.
	Сучасная пара (1914–1920)	Арол Л. / Янук Д., Бруевіч, Канстанцыя Буйло, Быліна Я., Антось Галіна, Галубок, Цішка Гартны, Лявон Грымак, Антон Грыневіч, Гурло А., Журба Я., Андрэй Зязюля, Зямкевіч Р., Макар Краўцоў, Власт / Ластоўскі В., Кандрат Лейка, Гальяш Леўчык, Язэп Лёсік, Лявон Лобік, Антон Навіна, Сяргей Палуян, Петрашкевіч А., Піліпаў, Леанард Радзевіч, Стары Улас (Уладзіслаў Сівы), Тарашкевіч Б., Вацюк Тройца, Аляксандар Уласаў, Фарботка Я., Чарнышэвіч Ф., Фабіян Шантыр

У дастаткова невялікай па аб'ёме кнізе Гарэцкага (у ёй 208 старонак) гаворка ідзе аб 80 аўтарах. У ліку пэрсаналій, як і варта было чакаць, Гарэцкі не называе самога сябе, таксама адсутнічаюць якія-небудзь згадкі пра Міколу Гусоўскага і Канстанціна Вераніцына.

„Гісторыя беларускае літэратуры" неаднаразова перавыдавалася ў 1921, 1924, 1926 гадох у Вільні і ў Маскве з рознымі зьменамі і дапаўненьнямі. Пра гісторыю савецкага цэнзураваньня кнігі падрабязна піша, напрыклад, Іван Ясюк у сваім артыкуле „«Гісторыя беларускай літаратуры» Максіма Гарэцкага: аўтарскі погляд і ідэалагічны цэнз"[9]. У 1992 годзе кніга была перавыдадзеная ў Менску з суправаджальнымі камэнтарыямі Тэрэзы Голуб, Міхася Мушынскага, Івана Саверчанкі і Язэпа Янушкевіча. Аднак мне падалося цікавым

---

[9] Ясюк І. „Гісторыя беларускай літаратуры" Максіма Гарэцкага: аўтарскі погляд і ідэалагічны цэнз // Максім і Гаўрыла Гарэцкія. Жыцьцё і творчасьць (да 125-годдзя з дня нараджэння Максіма Гарэцкага) : матэрыялы XXV Гарэцкіх чытанняў, Мінск, 22 чэрвеня 2017 г. Мінск, 2017. С. 182–187.

дасьледаваць менавіта першапачатковую вэрсію, напісаную Максімам Гарэцкім у 1919–1920 гадох, а таксама, наколькі гэта магчыма, паспрабаваць абстрагавацца ад досьведу позьняга літаратуразнаўства, якое непазьбежна прысвойвае тэксту пэўныя дадатковыя сэнсы з пазыцый дня сёньняшняга.

Як і сучасныя праграмы, Гарэцкі таксама разьбівае гісторыю беларускай літаратуры на тры буйныя блёкі, аднак іх унутраная структура аказваецца ўжо крыху іншай. Першы зь іх — „Старадаўнае пісьменства" (X–XVIII ст.) — ён падзяляе на 5 пэрыядаў: „Царкоўна-славяншчына" (X–XII ст.), „Падгатаваўчая пара" (XIII–XV ст.), „Залатая пара" (XVI ст.), „Сход" (XVII ст.), „Заняпад" (XVIII ст.). Гэта ня проста фармальная храналёгія, ужо на ўзроўні найменьняў этапаў адбываецца іх канцэптуальная ацэнка, задаецца нейкая агульная мадэль разьвіцьця, мэтафарычна беларуская літаратура паўстае як жывы арганізм.

Другі блёк — „Новая літаратура" (≈ 1800–1880) — у сваёй структуры наагул дэманструе адыход ад строга храналягічнага прынцыпу на карысьць канцэптуальнага. Пласты беларускае літаратуры XIX-га стагодзьдзя, якія вылучае Гарэцкі, часткова суісную ць у часе, разьвіваюцца адначасова, раўналежна. У выніку ўзьнікае аб'ёмная панарама літаратурнага працэсу як складанага шматкампанэнтнага фэномэну, якім, уласна, ён і зьяўляўся насамрэч.

Трэці блёк — „Навейшая беларуская літаратура" (1880-я гады — 1920 г.) — у большай меры ўпарадкаваны па часавых этапах: „Народніцкая пара" (1880-я гады — 1905 г.), „Нашаніўская пара" (1905–1914) і „Сучасная пара" (1914–1920). Аднак Гарэцкі па сутнасьці адмаўляецца ад выразнае прывязкі да іх аўтараў (прынамсі, гэта датычыцца двух апошніх этапаў), у першую чаргу таму, што творчасьць шэрагу беларускіх пісьменьнікаў не зьмяшчаецца ў адзін з этапаў, ён толькі ўмоўна падзяляе аўтараў на „старэйшых" і „маладзейшых".

Вядома, Гарэцкі кажа і пра барока, і пра рамантызм і рэалізм, аднак гэтыя катэгорыі не становяцца ў яго *асновай* прапанаванай тыпалёгіі твораў беларускіх пісьменьнікаў. Замест гэтага ён шмат увагі надае мове твораў (і лёсу беларускай мовы), а таксама часта ўвязвае індывідуальную эвалюцыю творчасьці асобных пісьменьнікаў з агульнымі працэсамі разьмежаваньня беларускай культуры з польскай і з расейскай, станаўленьня ўсьвядомленай нацыянальнай ідэнтычнасьці сучаснага эўрапейскага тыпу.

Разам з тым, прапанаваная мадэль беларускай літаратуры Гарэцкага зьяўляецца *інклюзіўнай*, гэта значыць уключае апроч беларускамоўных тэкстаў аўтараў-беларусаў і беларускамоўныя тэксты аўтараў, якія пісалі на польскай мове і чыя культурная ідэнтычнасьць можа быць прадметам дыскусій, і расейскамоўныя творы маскоўскіх беларусаў, і кітабы ліпак, беларуска-літоўскіх татараў, і шматлікія тэксты на розных варыянтах старабеларускай мовы (у тым ліку і тыя, якія былі створаныя за межамі беларускіх земляў), згадвае вершы на іўрыце.

І гэта вельмі сур'ёзны і істотны момант. Што мы разумеем пад самім азначэньнем „беларуская літаратура"? Дзе яе межы і якія крытэры іх вызначэньня? І сёньня гэтыя пытаньні ня страцілі сваёй актуальнасьці; як ні дзіўна, сучасная даведачная і навучальная літаратура часьцей за ўсё не дае дакладнага адказу на іх. Савецкая прымардыялісцкая этналягічная парадыгма спрыяла разьвіццю стэрэатыпных і спрошчаных уяўленьняў пра беларускую літаратуру, зводзячы яе выключна да *сукупнасьці* твораў, напісаных „беларусамі ў Беларусі на беларускай мове"; дзесяцігодзьдзямі школьныя праграмы па сутнасьці былі заснаваныя менавіта на такім яе тлумачэньні. Ні ў якім разе не зьмяншаючы каштоўнасьці і важнасьці гэтага асноўнага корпусу тэкстаў нацыянальнай літаратурнай традыцыі, сучаснае літаратуразнаўства ўсё больш актыўна зьвяртаецца і да іншых пластоў культурнае спадчыны, якія знаходзяцца за яго межамі. Сёньня мы гаворым і пра літаратуру эміграцыі, і пра шматмоўнае мастацкае пісьменства Вялікага княства Літоўскага, і пра аўтараў, якія пісалі на іўрыце і ідышы. Асобным аб'ектам вывучэньня ў менскіх унівэрсытэтах стала сучасная рускамоўная беларуская літаратура; чакаюць свайго літаратуразнаўчага асэнсаваньня фэномэны беларускай англамоўнай рок-паэзіі, спадчына эспэрантысцкага руху Беларусі 1920–1930-х гадоў і г. д. Безумоўна, аднясеньне цэлага шэрагу спрэчных аўтараў і створаных імі твораў да беларускай культуры можа (і павінна) быць прадметам дыскусій, у рамках якіх якраз і бачыцца прадуктыўным зварот, у тым ліку, і да падыходаў, прапанаваных Максімам Гарэцкім.

Аналягічна Гарэцкі падыходзіць і да іншых інварыянтаў быцьця беларускай культуры. Так, напрыклад, ён піша „і «лацінка», і «грамадзянка» маюць у беларускай літаратуры даўнае і поўнае права"[10] і, такім чынам, прадугледжвае магчымасьць суіснаваньня кірыліцы і лацінкі як роўнапраўных форм нацыянальнага пісьменства, якія не ўзаемавыключаюць адна адну. А гаворачы аб узаемаадносінах у Беларусі паміж каталіцызмам, уніяцтвам, пратэстантызмам і праваслаўем, ён як бы не займае бок ніводнай з гэтых канфэсій і разумее іх у першую чаргу проста як фактары разьвіцьця беларускай літаратуры, якія надавалі ёй магутныя, хоць часам і рознанакіраваныя імпульсы.

Іншай важнай асаблівасьцю кнігі Гарэцкага зьяўляецца *кантэкстуальны* падыход, які прадугледжвае разгляд прапанаваных увазе чытача тэкстаў ва ўзаемасувязі з рознымі няўласна-літаратурнымі фактарамі разьвіцьця беларускай культуры — гістарычнымі, геапалітычнымі, канфэсійнымі, сацыяльнымі, моўнымі, тэхналягічнымі. Пад апошнімі я маю на ўвазе ў першую чаргу разьвіцьцё беларускага кнігадрукаваньня, якому аўтар прысьвячае асобны дастаткова падрабязны экскурс, а завяршае кнігу разьдзел „Сьпіс болей вядомых беларускіх газэт і журналаў", дзе Гарэцкі прыводзіць назвы 47 пэрыядычных выданьняў, 44 зь якіх прыпадаюць на першыя дзесяцігодзьдзі XX ст., што наглядна дэманструе інтэнсіўнасьць беларускага культурнага жыцьця гэтага пэрыяду і шырыню яго геаграфіі (Менск, Вільня, Пецярбург, Масква, Кіеў, Горадня, Коўна, Слуцак, Рыга, Смаленск)[11].

---

[10] Гарэцкі М. Гісторыя беларускае літэратуры. С. 46.
[11] Тамсама. С. 206–207.

І гэта вельмі важны момант. Бэнэдыкт Андэрсан наўпрост зьвязвае станаўленьне сучасных эўрапейскіх нацый са зьяўленьнем кнігадрукаваньня, распаўсюджваньнем пэрыядычных газэт і часопісаў, што стала магутным фактарам ня толькі ўніфікацыі нацыянальных літаратурных моваў, але і фармаваньня супольнасьцей людзей, якія „became capable of comprehending one another via print and paper"[12] і менавіта гэтым шляхам ператварыліся ў сучасныя нацыі. У той ці іншай меры салідарныя зь ім у гэтым пляне і Эрык Гобсбаўм, Эрнэст Андрэ Гелнэр, Орвар Лёфгрэн і іншыя найбуйнейшыя тэарэтыкі нацыяналізму ў яго канструктывісцкім разуменьні.

Як і ў іншых краінах, беларускі пэрыядычны друк стаў адным з галоўных спосабаў фармаваньня і распаўсюджваньня агульнанацыянальных наратываў, якія ў значнай меры спараджаюцца мастацкай літаратурай — аднак, ня толькі ёю, але і публіцыстыкай, літаратурнай і тэатральнай крытыкай, філязофскай эсэістыкай, пэдагогікай і г.д. У тым ліку — і літаратуразнаўствам. Сукупнасьць гэтых узаемазьвязаных паміж сабою наратываў і мела на мэце дапамагчы нацыі распавесьці самой сабе, чым яна зьяўляецца.

Па сутнасьці Максім Гарэцкі стаў адным з асноўных стваральнікаў *наратыву гісторыі беларускай літаратуры*, які „сюжэтна" разгортваецца ў часе і інтэрпрэтуе ня толькі ўласна літаратурныя, але і палітычныя, агульнакультурныя, рэлігійныя, моўныя і інш. падзеі з пункту гледжаньня пэўнай *ідэалёгіі* — ідэалёгіі нацыянальнага адраджэньня. Адсюль — і пастаяннае імкненьне дасьледніка ўкараніць беларускасьць у мінулым, выбудаваць некаторыя парадыгмы пераемнасьці, апеляваньне да нацыянальных традыцый мастацкага пісьменства і спроба акрэсьліць іх межы. Можна сказаць, што, разам зь іншымі выдатнымі дзеячамі культуры гэтага пэрыяду, Максім Гарэцкі стаў адным з „суаўтараў" новай беларускай ідэнтычнасьці сучаснага тыпу, заснаванай на асэнсаваньні сябе як асобнай поўнавартаснай эўрапейскай нацыі.

---

[12] „сталі здольнымі спасьцігаць адзін аднаго з дапамогай друку і паперы" (*пер. В. Х.*). Anderson B. Op. cit. C. 44.

Унёсак аўтара ў разьвіцьцё беларускага літаратуразнаўства цяжка пераацаніць. З гэтай нагоды Зоя Мельнікава адзначае:

> М. Гарэцкі стаў заснавальнікам гісторыка-літаратурнай канцэпцыі і прынцыпаў навуковага даследавання літаратуры мінулага, заснавальнікам школьнага і акадэмічнага літаратуразнаўства. Неабходна падкрэсліць, што большасць навуковых ідэй М. Гарэцкага, яго метадалогія распрацоўкі гісторыка-літаратурных праблем былі рэалізаваны пазнейшымі пакаленнямі літаратуразнаўцаў, метадыстаў, хаця часта і без спасылак на рэпрэсаванага пачынальніка[13].

Апроч усяго гэтага, праца Гарэцкага — гэта вельмі таленавітая кніга ў пляне формы, гісторыя, пададзеная проста, зразумела і займальна, якая добра і прыемна чытаецца. Адчуваецца, што стварыў яе ня толькі дасьледнік літаратуры, але і выдатны пісьменьнік, аўтарскі стыль і мова якога надаюць тэксту і эстэтычны складнік, ня толькі навуковую, але і мастацкую каштоўнасьць.

COMPARING MAKSIM HARECKI'S *HISTORY OF BELARUSIAN LITERATURE* (1920) WITH THE 2023 BELARUSIAN LITERATURE SCHOOL CURRICULUM: CONCEPTUAL MODELS, TEXTS, AND METHODOLOGIES

Viktar Chalipaй (Klaipeda)

The process of a nation describing itself is, to some extent, also a process of its creation. This is particularly relevant to literature, which functions not only as a body of texts but also as a system of

---

[13] Мельнікава З. «Гісторыя беларускае літэратуры» М. Гарэцкага і станаўленне метадалогіі айчыннага літаратуразнаўства // Максім і Гаўрыла Гарэцкія. Жыццё і творчасць (да 125-годдзя з дня нараджэння Максіма Гарэцкага) : матэрыялы XXV Гарэцкіх чытанняў, Мінск, 22 чэрвеня 2017 г. Мінск, 2017. С. 124.

interpretation and classification—shaped both by general readers and literary scholars, whose work becomes part of national education.

In comparison with today's school curriculum in Belarusian literature, Maksim Harecki's History of Belarusian Literature reveals significant differences. These appear in the selection of literary texts, in the principles used to classify them, and in the interpretation of key works. In just 208 pages, Harecki discusses 80 figures, whereas current Belarusian school programs focus on only 18. Eleven authors who receive dedicated chapters in Harecki's book (e.g., Andrej Rymša, Kastuś Kalinoŭski, Francišak Alachnovič) are completely absent from the curriculum.

While Harecki references literary movements such as Baroque, Romanticism, and Realism, they do not form the basis of his typology. Instead, he emphasizes language—particularly the role and fate of Belarusian—and links authors' creative evolution to broader cultural processes, like the separation of Belarusian culture from Polish and Russian influences and the formation of a modern national identity.

Harecki's model of literature is notably inclusive. He incorporates not only Belarusian-language texts by Belarusian authors but also works by authors whose cultural identity may be subject to debate, Russian-language texts by Moscow Belarusians, kitabs by Belarusian-Lithuanian Tatars, and even Old Belarusian texts written outside modern Belarusian lands; he also mentions poetry in Yiddish. He applies the same inclusive logic to other cultural forms, acknowledging the importance of both Cyrillic and Latin scripts and treating religious diversity (Catholicism, Orthodoxy, Uniate Church, Protestantism) as factors driving the development of the literary tradition.

Harecki's book is characterised by a contextual approach: he considers literary texts in connection with historical, geopolitical, religious, social, linguistic, and technological factors that shaped Belarusian culture. In doing so, Maksim Harecki creates a narrative of the history of Belarusian literature that interprets literary, cultural, political, and linguistic shifts through the lens of national revival, seeking to define the continuity and boundaries of the Belarusian literary tradition. His contribution helped shape modern Belarusian identity as a distinct European nation.

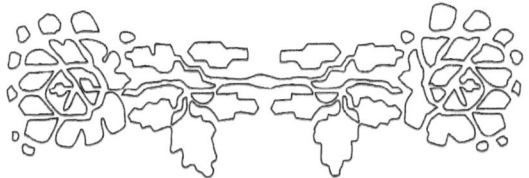

ВАЦЛАЎ ЛАСТОЎСКІ І СПРАВА ВЫВУЧЭНЬНЯ ПОМНІКАЎ ДАЎНІНЫ Ў БЕЛАРУСІ Ў 1920-я гады

Сяргей Харэўскі (Вільня)

Артыкул прысьвечаны навуковай і арганізатарскай працы Вацлава Ластоўскага (1883–1938) па фіксацыі, вывучэньні і ахове помнікаў старасьвеччыны. Яшчэ напярэдадні Першае сусьветнае вайны ён зьвярнуў увагу чытачоў газэт „Наша ніва" і „Гоман" на патрэбу вывучэньня і аховы здабыткаў даўніны, упершыню ўвёўшы ў беларускі нацыянальны дыскурс гэтыя паняткі, абгрунтаваўшы іх важнасьць для будучыні нацыі. Менавіта Вацлаў Ластоўскі, займаючы пасаду дырэктара Беларускага дзяржаўнага музэю, стаяў ля вытокаў арганізацыі музэйнай справы ў нашай краіне. Ластоўскі ўпершыню ў Беларусі і па-беларуску распрацаваў навучальны курс па музэязнаўстве для вышэйшай школы і для пэдагагічных тэхнікумаў. За той кароткі пэрыяд, пакуль ён ня быў адхілены ад пасадаў і, урэшце, арыштаваны савецкімі карнымі ворганамі, было зьдзейсьнена некалькі навуковых экспэдыцый па розных рэгіёнах Цэнтральнае Беларусі, у выніку якіх было выяўлена і ўведзена ў навуковы ўжытак мноства гістарычных і этнаграфічных артэфактаў. Асаблівая роля належа Вацлаву Ластоўскаму ў фіксацыі і вывучэньні помнікаў старадаўняга дойлідства. Такім чынам, ён стаў першым папулярызатарам справы аховы спадчыны і, урэшце, стваральнікам сучаснай сыстэмы музэяў у Беларусі і айчыннай тэорыі музэязнаўства.

Вацлаў Ластоўскі (1883–1938), сярод іншага, стаяў ля вытокаў справы вывучэньня і аховы помнікаў старасьвеччыны Беларусі. Ня маючы ўнівэрсытэцкае адукацыі, ён, аднак, валодаў энцykляпэдычнымі ведамі ў розных навуках і меў самабытны талент культуроляга і літаратара. Ён адным зь першых увёў у нацыянальны беларускі дыскурс сам панятак помнікаў даўніны і абгрунтаваў важнасьць іх шанаваньня і вывучэньня. Ластоўскаму ж належа вялікі ўнёсак у распрацоўку беларускае тэрміналёгіі ў розных галінах ведаў, сярод іншага і ў гісторыі, і ў архітэктуры.

Яшчэ ў пэрыяд ад 1906 г., калі Ластоўскі жыў у Вільні і быў сакратаром газэты „Наша ніва", ён стаў адным зь першых грамадзкіх дзеячаў і публіцыстаў, якія грунтоўна вывучалі беларускую даўніну, а ў 1910 г. выдаў „Кароткую гісторыю Беларусі", дзе, сярод іншага, знаходзім багата згадак і пра славутыя помнікі айчыннае матэрыяльнае і нематэрыяльнае спадчыны[1]. Перадусім там згадваюцца архітэктурныя помнікі Беларусі і Літвы: храмы Полацку, Горадні, Вільні і Трокаў найважнейшага, на думку аўтара, пэрыяду айчыннае гісторыі да сьмерці вялікага князя Вітаўта (1430 г.).

Паводле Вацлава Ластоўскага, помнікі гісторыі і дойлідзтва тае эпохі ёсьць найістотнейшай часткаю грунту нацыянальнае сьвядомасьці. У якасьці ілюстрацый да асноўнага тэксту ў кнізе зьмешчаныя тагачасныя фотаздымкі замкаў у Какенгаўзэне, Наваградку, Троках, Міры, Люцыне, якія ў кантэксьце кнігі разглядаюцца як частка беларускае нацыянальнае спадчыны. Таксама там зьмешчаныя два панарамныя здымкі гістарычных цэнтраў Давыд-Гарадку, са старасьвецкай царквою Ўваскрашэньня Хрыстовага (XVIII ст.) на гарадзішчы, і Полацку, з галоўнымі храмамі гораду. Напрыканцы кніжкі даюцца камэнтары да гэтых ілюстрацый. Такім чынам, дзякуючы Ластоўскаму, яшчэ напярэдадні Першае сусьветнае вайны, у беларускі публічны дыскурс быў уведзены панятак

---

[1] Власт. Кароткая гісторыя Беларусі. Вільня : Друкарня Марціна Кухты, 1910.

Панарамныя выявы Давыд-Гарадку (*вышэй*) і Полацку (*на суседняй старонцы*) у „Кароткай гісторыі Беларусі".

помнікаў даўніны як нацыянальных здабыткаў. Пры тым ён апэляваў да нацыі, што толькі паўставала, пераважна сялянскай і, на той час, малапісьменнай.

Сам Вацлаў Ластоўскі пра патрэбу гістарычнае асьветы пісаў: „Гісторыя — гэта фундамэнт, на каторым будуецца жыцьцё народу. І нам, каб адбудаваць сваё жыцьцё, трэба пачаць с фундамэнту, каб будынак быў моцны"[2]. Важнейшым складнікам такога фундамэнту Ластоўскі ўважаў, сярод іншага, менавіта здабыткі даўніны. Менавіта дзякуючы ягоным публікацыям, на зьмену традыцыйнай, сялянскай парадыгме стаўленьня да „чужых" і „панскіх" здабыткаў прыходзіла разуменьне гэтых здабыткаў як сваіх, як плёну таленту і працы ўласных продкаў.

У гэткім кантэксьце Ластоўскі першым з айчынных аўтараў зьвяртае ўвагу на выключную значнасьць некаторых, найстаражытнейшых, помнікаў беларускае даўніны. Сярод іншых — Сафійскі сабор у Полацку, пра які ён піша шматкроць у сваіх публіцыстычных і мастацкіх творах. Ластоўскі быў

---

[2] Власт. Кароткая гісторыя Беларусі. С. III.

пераконаны у яго надзвычайнай гістарычнай і духоўнай значнасьці ды імкнуўся настойліва давесьці гэта да сваіх чытачоў:

> Побач на тэй-жэ гарэ стаіць сьвятыня-храм, адсунуўся ён ад гораду і жыцьця; стануў серод развалін, замкнуты ў сабе. — Гэто сьвятая Софія на Вышнім замку. Адзінокі звон, у высокай вежы, калышыцца ад порываў восенняго ветра, скрыпіць, але відаць мала сілы ў ветру, бо звон маўчыць, ня звоніць... (...) У аўрэолі легенд і казак, у кароне царскай мінуўшчыны, стаіць адзінокай пусткай св. Софія[3].

Яшчэ адным такім выключным, на думку Ластоўскага, помнікам ёсьць царква Барыса і Глеба на Каложы ў Горадні. Гэткія аб'екты ў творах Ластоўскага набываюць надзвычайны сакральны сэнс, наўпрост зьнітаваныя з патэнцыялам нацыянальнага адраджэньня. Як, напрыклад, у рамантычным, напоўненым містыкай вершы „На Каложы ў Горадні"[4]. Ластоўскі яшчэ шматкроць пісаў і пра іншыя помнікі архітэктуры і мастацтва Беларусі як у папулярных эсэ, так і ў мастацкай форме, на старонках рэдагаванага ім часопіса „Крывіч",

---

[3] Власт. Беларускі вечер у Полацку // Наша ніва. 30.09.1910. №40. С. 614.
[4] Ластоўскі В. На Каложы ў Горадні // Крывіч. 1923. №1. С. 3–4.

што ён выдаваў пры дапамозе Кляўдыя Дуж-Душэўскага ў тагачаснай сталіцы Літвы Коўне з 1923 па 1927 год. Напрыклад, ён першым зьвярнуў увагу на адметнасьць рэфармацкіх храмаў — кальвінскіх збораў, як на цэласную і апрычоную зьяву ў гісторыі нашае культуры[5]. Выданьне часопіса спынілася з ад'ездам Ластоўскага зь Літвы. Ён зрабіўшы быў свой выбар, урэшце фатальны для сябе, на карысьць Беларусі.

Пасьля паездкі ў Менск на навуковую канфэрэнцыю ў 1926 г., Вацлаў Ластоўскі наважыўся налета пераехаць у БССР, у Менск. І адразу ўключыўся ў працу па вывучэньні, зьбіраньні і захаваньні помнікаў беларускае даўніны. Сярод іншага, дзякуючы намаганьням Ластоўскага была перавезеная ў Менск нацыянальная сьвятыня беларусаў — крыж сьв. Эўфрасіньні Полацкай.

Яшчэ ў 1921 г. бальшавіцкія ўлады прысабечылі гэтую рэліквію, і як шмат іншых царкоўных і касьцёльных скарбаў, здалі ў мясцовы фінаддзел. Высьветліўшы гэтыя акалічнасьці, Вацлаў Ластоўскі хадайнічаў аб перадачы сьвятыні ў Беларускі дзяржаўны музэй. У пратаколе пасяджэньня калегіі Народнага камісарыяту асьветы ад 17 студзеня 1927 г. абмяркоўвалася пытаньне „Аб перадачы Беларускаму дзяржаўнаму музэю з Аршанскага музэя былога Куцеінскага кляштара, з Полацкага Сафійскага сабора — карціны „Забойства Сцяпана" і з Полацкага акрвыканкама — крыжа Ефрасінні Полацкай". На пасяджэньні прысутнічалі наркам асьветы Баліцкі ды яшчэ тузін высокіх чыноўнікаў, чые прозьвішчы фігуруюць пад дакумэнтам. Вацлава Ластоўскага, бадай, на пасяджэньне не запрасілі. Адразу ж была прынятая пастанова: „Калегія НКА лічыць неабходным узняць пытанне перад СНК Беларусі аб перадачы памянёных рэчаў Беларускаму дзяржаўнаму музэю"[6].

Перадачу ажыцьцяўляў сам Вацлаў Ластоўскі як дырэктар музэю, які дзеля гэтага адмыслова наведваўся ў Полацак.

---

[5] Ластоўскі В. Кальвінскія зборы на Беларусі // Крывіч. 1924. №1 (7). С. 94.
[6] Цыт. паводле: Бяспалая М. Духоўная спадчына Ефрасінні Полацкай (да 900-гадовага юбілею асьветніцы) // VIII Міжнародныя Кірыла-Мяфодзіеўскія чытанні, прысвечаныя Дням славянскага пісьменства і культуры: Матэрыялы чытанняў (Мінск, 23—26 мая 2002 г.). Мінск, 2003. С. 9–10

Месца знаходжаньня крыжа сьв. Эўфрасіньні было вядомае, і праблема перадачы яго абмяркоўвалася на самым высокім узроўні, але, як вынікае з дакумэнтаў, менавіта Ластоўскі перавёз крыж у Менск у 1927 г. Такім чынам, дзякуючы менавіта яму сьвятыня Беларусі была ўведзеная наноў у навуковы ўжытак і часова ўратаваная[7].

Ад сакавіка 1927 г., пасьля пераезду з Коўна ў Менск, і да свайго арышту ў ліпені 1930 г. Ластоўскі займаў пасаду дырэктара Беларускага дзяржаўнага музэю. Пад ягоным кіраўніцтвам была створаная, упершыню ў гісторыі сталіцы, унікальная экспазыцыя „Стары Менск".

У кастрычніку 1927 г. Вацлаў Ластоўскі ў часопісе „Наш край" даў невялікае апісаньне тагачаснае экспазыцыі Беларускага дзяржаўнага музэю з нагоды яго пяцігадовага юбілею, дзе паведаміў і пра экспазыцыю, прысьвечаную сталіцы:

> ...На сьцяне, у раме, вісяць граматы ў беларускай мове, пісаныя на пэргаміне ў канцы XVI ст. і ў пачатку XVII ст. На 5-ці таблічах разьмешчаны выкапкі з ракі Нямігі, між якімі маюцца нажы, відэльцы, ці як даўней у нас звалі іх — грабцы, падковы, замкі і інш. Далей ідуць рысаваныя і маляваныя відокі Старога Менску...[8].

Менавіта пад кіраўніцтвам В. Ластоўскага ішло плённае зьбіраньне і дасьледаваньне даўніны. Гэтая праца вялася ў рэчышчы афіцыйнае палітыкі фіксацыі і вывучэньня помнікаў, узятых пад ахову згодна Пастановы Саўнаркаму БССР ад 5 ліпеня 1926 г. „Аб абвяшчэньні дзяржаўнай уласнасьцю помнікаў старажытнасьці, мастацтва, быту і прыроды". То бок, гэтая маштабная праца мела, на той час, грунтоўную дзяржаўную падтрымку[9].

Ластоўскі непасрэдна стаяў ля самых вытокаў справы аховы помнікаў гісторыі і культуры Беларусі. На пачатку 1928 г.

---

[7] Ластоўскі В. Выбраныя творы. Мінск : Беларусі кнізагбор, 1997. С. 18.
[8] Наш край. 1927. №10. С.50–51.
[9] Налівайка Л. Рыцары аховы помнікаў // Каштоўнасці мінуўшчыны. Праблемы зберажэння гісторыка-культурнай спадчыны Мінска. Матэрыялы канферэнцыі. Мінск : Лекцыя, 1998. С. 9–12.

для гэтага была створаная адмысловая дзяржаўная калегія. У часопісе „Полымя" паведамлялася:

> Колегія Нар. Кам. Асьветы зацьвердзіла камісію па ахове помнікаў старасьвеччыны ў БССР. У склад гэтай камісіі ўваходзяць: тт. — Некрашэвіч, Ластоўскі, проф. Фядзюшын, Ляўданскі і проф. Сэрбаў[10].

15 красавіка 1928 г. дырэктар музэю В. Ластоўскі і намесьнік старшыні Цэнтральнага бюро краязнаўства А. Казак урачыста адкрылі I Усебеларускую выставу краязнаўчых фотаздымкаў і мастацкіх замалёвак узораў народнага і старасьвецкага царкоўнага дойлідства, артэфактаў матэрыяльнае культуры. Яе наведнікі ўбачылі ў музэйных залях побытавыя малюнкі, выявы этнаграфічных тыпаў, узоры нацыянальнай вопраткі і арнамэнту, адметныя краявіды і архітэктурныя помнікі[11].

У красавіку 1928 г. Вацлавам Ластоўскім быў распрацаваны новы статут Беларускага дзяржаўнага музэю[12]. Паводле ягонага праекту Віцебскі, Магілёўскі і Гомельскі музэі трацілі самастойныя статусы і ператвараліся ў аддзяленьні галоўнага музэю ў Менску. Падобная цэнтралізацыя, на думку аўтара статуту Вацлава Ластоўскага, павінна была спрыяць больш рацыянальнаму выкарыстаньню сьціплых фондавых калекцый беларускіх дзяржаўных музэяў. На ягоную думку,

> першае і найбольш характэрнае заданьне музэйнага будаўніцтва есьць зьбіраньне, сыстэматызаваньне, пераховываньне, вывучэньне, экспонаваньне і публікаваньне паводле навуковых прынцыпаў помнікаў матар'яльнае культуры і прыроды[13].

Вацлаў Ластоўскі прапанаваў цэльную праграму рэарганізацыі музэйнай сеткі БССР, выкананьне якой у значнай

---

[10] Хроніка беларускае культуры // Полымя. 1928. №2. С. 233.
[11] Наш край. 1928. №4. С. 51.
[12] Гужалоўскі А. Станаўленне музейнай справы Беларусі (1918–1941 гг.). Мінск : НАРБ, 2002. С. 38.
[13] Гужалоўскі А. Станаўленне музейнай справы Беларусі (1918–1941 гг.). Мінск : НАРБ, 2002. С. 38.

ступені падвысіла б узровень музэйнай работы ў тагачаснай рэспубліцы наогул[14]. Дарэчы, і дасёньня сыстэма дзяржаўных музэяў Беларусі грунтуецца менавіта на тых падставах, што былі прапанаваныя Ластоўскім: цэнтральныя (сёньня нацыянальныя), акруговыя (сёньня абласныя) і раённыя музэі. Да таго ж Ластоўскі распрацаваў і выкладаў курс лекцый „Музэязнаўства і музэйнае будаўніцтва" у Беларускім дзяржаўным унівэрсытэце, адпаведныя краязнаўчыя курсы былі ім створаныя і для пэдтэхнікумаў, якія давалі навыкі арганізацыі краязнаўчых музэяў.

У тым самым 1928 годзе часопіс „Полымя" у сваёй сталай рубрыцы „Хроніка беларускай культуры" паведамляў:

Гэтымі днямі вярнулася ў Менск этнаграфічная экспэдыцыя Інбелкульту і Беларускага Дзяржаўнага Музэю на чале з неадменным сакратаром ІБК т. Ластоўскім. Экспэдыцыя наведала шмат паселішчаў Случчыны і Мазыршчыны і сабрала шмат рэчаў матэрыяльнай культуры і народнага мастацтва. БДМ закупіў да 1000 розных мастацкіх тканін, рознай вопраткі, разьбы па дрэву і шмат інш. [...] Паміж рэчамі вопраткі экспэдыцыя здабыла вельмі цікавую мужчынскую кашулю асобага крою, накшталт грэцкага «Сакоса», праславянскага тыпу, якую даўней апраналі мужчыны ў вялікія ўрачыстасьці або захоўвалі на сьмерць[15].

У тым жа нумары „Полымя" (№5, 1928) было напісана:

Дырэктар БДМ т. Ластоўскі набыў у Слуцку вельмі каштоўную гістарычную рэч — парцэляную парфумэрніцу, зробленую ў Сэўры (Францыя) па заказу жонкі Напалеона Жозэфіны. Трэба меркаваць, што парфумэрніца завезена ў Слуцак у часе паходу Напалеона ў 1812 г.[16]

То бок энтузіязм Ластоўскага па зьбіраньні, а фактычна, на той час, ратаваньні шматлікіх артэфактаў і помнікаў даўніны

---

[14] Гужалоўскі А. Праект рэарганізацыі музэйнай сеткі БССР В. Ю. Ластоўскага // Працы гістарычнага факультэта : навук. зб. Вып. 1. Мінск : БДУ, 2006. С. 221.
[15] Хроніка беларускае культуры // Полымя. 1928. №5. С. 172–173.
[16] Тамсама. С. 174.

меў вялікую падтрымку і выклікаў шчырую цікаўнасьць. Гэта важная акалічнасьць да разуменьня маштабу ягонае дзейнасьці ў тыя гады. У той час, ад 1928 году, Вацлаў Ластоўскі быў ужо акадэмікам і сакратаром Беларускай акадэміі навук.

Часопіс „Полымя" (№10, 1928 г.) паведамляў:

> Этнаграфічная экспэдыцыя ад катэдры этнаграфіі Інбелкульту і Белдзяржмузэю вяла сёлета досьледы ў кірунку Слуцак—Мазыр праз Паўстынь, Галь, Любань, Азарычы, Даманавічы, Асташковічы, Славяны. На чале экспэдыцыі стаяў кіраўнік катэдры этнаграфіі Інбелкульту тав. Ластоўскі. Экспэдыцыя сабрала вельмі каштоўныя экспонаты беларускай народнай разьбы па дрэве ў ліку 70 штук, беларуска-мастацкага ткацтва да 500 штук экзэмпляраў... Апроч таго, экспэдыцыя сабрала 100 штук тканых паясоў, прычым кожны пояс ёсьць асобная адмена ўзору. Усе здабытыя экспонаты перададзены ў Белдзяржмузэй[17].

Вялікая экспэдыцыя пад кіраўніцтвам Вацлава Ластоўскага на поўдзень Меншчыны распачалася з старажытнага Слуцку. Гэты горад на той час яшчэ меў багатую архітэктурную спадчыну, багата каштоўных памятак гісторыі і культуры, перадусім узораў старасьвецкага драўлянага дойлідства[18].

Экспэдыцыя пад кіраўніцтвам В. Ластоўскага дасьледавала барочны касьцёл сьв. Антонія Падуанскага былога кляштару бэрнардынаў, дзе на той час зьберагаліся ўнікальныя артэфакты, напрыклад, пэўныя літургічныя рэчы з колішняга старадаўняга фарнага касьцёлу сьв. Міхала. Вераемна, цікавасьць Ластоўскага, як дасьледніка слуцкіх паясоў, да гэтага аб'екту палягала і на тым, што на касьцёльным цьвінтары пры кляштары былі пахаваныя заснавальнікі вытворчасьці славутай слуцкай „пэрсіярні" Ян Маджарскі і ягоны сын Лявон[19].

---

[17] Хроніка беларускае культуры // Полымя. 1928. №10. С. 248–249.
[18] Тамсама. С. 249.
[19] Ян і Лявон Маджарскія ў той час былі арандатарамі мануфактуры, уласьнікам якой быў Міхал Казімер Радзівіл. Гл. Юркевіч З. Таямніцы Манюшкаў. Частка XVI : Маджарскія // Культура. №31 (1470) 01.08.2020 [Электронны рэсурс]. Рэжым доступу: kimpress.by/index.phtml?page=2&id=17355&mode=print. Дата доступу: 14.11.2023.

Царква Нараджэньня Хрыстовага ў Слуцку. Здымак з альбому экспэдыцыі 1928 г. пад кір. В. Ластоўскага з калекцыі Скарынаўскай бібліятэкі.

Некалькі фотаздымкаў з экспэдыцыі Ластоўскага 1928 г. зафіксавалі, данесьлі да нас тагачасны стан і старасьвецкіх драўляных цэркваў Слуцку — цэркваў сьв. Міхаіла, сьв. Барбары, Уваскрасеньня Хрыстовага.

Царква Ўваскрасеньня Хрыстовага, ведамая яшчэ з XVI ст., набыла свой цяперашні выгляд у 1785–1787 гады. Напярэдадні прыезду экспэдыцыі Ластоўскага, у 1927 г., гэты храм быў зачынены і парабаваны, пасьля таго, як быў арыштаваны і высланы незваротна ў Сібір апошні яго настаяцель а. Аляксандар Хвалебнаў.

Была наноў дасьледаваная і зафіксаваная царква Нараджэньня Хрыстовага, што згадваецца ў дакумэнтах яшчэ з XVI ст. Яна набыла свой апошні выгляд, ведамы нам у тым ліку і дзякуючы экспэдыцыі Ластоўскага, у 1762 г. Гэтая царква, зачыненая ў 1927 г., незадоўга да экспэдыцыі, была, аднак, узятая пад дзяржаўную ахову і нават прыстасаваная пад першы ў Беларусі Музэй народнае творчасьці[20].

---

[20] Лабачэўская В. Архіў забытай экспэдыцыі // Экспэдыцыя Вацлава

Зьлева: царква сьв. Міхаіла на Востраве ў Слуцку. *Справа:* царква сьв. Барбары ў Слуцку. Здымкі з альбому экспэдыцыі 1928 г. пад кір. В. Ластоўскага з калекцыі Скарынаўскай бібліятэкі.

У пачатку 1930-х гадоў будынак царквы Ўваскрасеньня Хрыстовага быў пераробены ў двухпавярховы інтэрнат, а ўрэшце неўзабаве згарэў. Прыстасаваны пад музэй храм Нараджэньня Хрыстовага згарэў у першыя дні вайны ў 1941 г. А слуцкі касьцёл сьв. Антонія, дасьледаваны і папярэднімі навуковымі экспэдыцыямі, знаны нам па малюнках Гірша Ляйбовіча, Якава Кругера, Міхася Філіповіча ды па шматлікіх фотаздымках, быў зачынены ў 1933 г. і разрабаваны, а па вайне — узарваны. Слуцкая царква сьв. Барбары на могілках была дзейная яшчэ па вайне. У ёй зьберагаліся ўнікальныя артэфакты, рэліквіі і абразы, уратаваныя зь зьнішчаных раней храмаў. Але і гэты храм быў зьнішчаны ў пажары ў 1953 г.

Ластоўскага 1928 году: захаваная спадчына / уклад. і ўступ. арт. В. Лабачэўскай. Czabor Publishing; Skaryna Press, 2024. С. 27.

Зьлева: царква ў в. Шыпілавічы. *Справа:* царква сьв. Міхаіла ў Ляскавічах. Здымкі з альбому экспэдыцыі 1928 г. пад кір. В. Ластоўскага з калекцыі Скарынаўскай бібліятэкі.

На фотаздымках з экспэдыцыі Ластоўскага мы бачым, сярод іншага, і славутую царкву сьв. Арханёла Міхаіла XVIII ст. на прадмесьці званым Востраў, якая яшчэ ў 1793 г. адзначалася як старая. Гэта адзіны храм у Слуцку з тых, што маглі бачыць дасьледнікі ў 1928 г., які ацалеў да нашых дзён.

Экспэдыцыямі катэдры этнаграфіі Інстытуту беларускае культуры, што зьдзяйсьняліся пад непасрэдным кіраўніцтвам В. Ластоўскага з удзелам навукоўцаў, мастакоў і фатографаў, былі зафіксаваныя дзясяткі помнікаў архітэктуры і сабраны вялікі збор прадметаў матэрыяльнае культуры. Сярод іншых былі зафіксаваныя такія страчаныя пазьней помнікі, як барочны касьцёл сьв. Антонія пры колішнім кляштары бэрнардынаў у Слуцку, драўляная старасьвецкая Стрэчанская царква ў Шыпілавічах, у якой колісь служыў а. Міхал Шпілеўскі, бацька славутага публіцыста і краязнаўцы Паўла Шпілеўскага, вельмі адметныя сваёй архітэктураю царква ў Даманавічах, узьведзеная наноў пасьля вайны 1812 г., трохверхавая ў духу народнага барока царква сьв. Міхаіла ў Ляскавічах, ды іншыя адметныя помнікі даўніны.

Менавіта дзякуючы спрычыненасьці Ластоўскага як нязьменнага сакратара Інстытуту беларускае культуры і зь ягонае ініцыятывы выйшла кніга Міколы Шчакаціхіна „Нарысы з гісторыі беларускага мастацтва", першы том якой прысьвечаны перадусім старажытнаму пэрыяду мастацтва і архітэктуры Беларусі, у якім ужо дакладна акрэсьліваліся найбольш адметныя і важныя рысы нашай матэрыяльнай культурнай спадчыны[21]. Бадай, невыпадкова на пачэсным месцы ў кнізе стаіць імя Вацлава Ластоўскага. Імаверна, ён спрычыніўся да рэдактуры гэтае кнігі, бо Мікола Шчакаціхін толькі нядаўна на той час быў прыехаўшы ў Беларусь і меў патрэбу ў кансультацыях знаўцаў беларускае мовы. А менавіта Ластоўскі першым, яшчэ падчас свайго ковенскага пэрыяду, пачаў супольна з Дуж-Душэўскім распрацоўваць беларускую архітэктурную тэрміналёгію[22], шырака ўведзеную ў лексіку „Нарысаў..." Шчакаціхіна. Такім чынам, Ластоўскі наўпрост спрычыніўся і да фармаваньня сучаснай навуковай тэрміналёгіі па гісторыі архітэктуры. Гэткія словы, як „ашацоўка", „выгба", „працоўня", „гаўбец", „раўнаважнік", „сьвятліца", „дворышча", „вярэі", ды многія іншыя, утвораныя ім самім, або захаваныя з дыялектаў, сталі часткаю мастацкіх і навуковых тэкстаў. Хоць і адразу, у свой час, і цяпер гэтая словатворчасьць улягала і ўлягае крытыцы, унёсак Ластоўскага ў разьвіцьцё беларускае мовы, перадусім у галіне тэміналёгіі, відавочны і неаспрэчны[23].

---

[21] Шчакаціхін М. Нарысы з гісторыі беларускага мастацтва. Том I / Досьледы і матар'ялы для вывучэньня мастацтва. Кн. 1. Дасьледчы інстытут для вывучэньня мастацтва. Камісія гісторыі мастацтва. Менск : Інстытут беларускае культуры. Т. 1. 1928.
[22] Дуж-Душэўскі К., Ластоўскі В. Слоўнік Геамэтрычных і Трыганамэтрычных тэрмінаў і сказаў. (Расійска-беларускі і беларуска-расійскі). Выданьне Міністэрства беларускіх спраў у Літве. Коўна : Друкарня бр. М. і Л. Гурвіч, 1923; Ластоўскі В. Падручны расійска-крыўскі (беларускі) слоўнік. Коўна : друк-ня А. Бака, 1924.
[23] Запрудскі С. Пурыстычная мовазнаўчая спадчына 1920-х гг. Вацлава Ластоўскага і Янкі Станкевіча // Роднае слова. 2018. №7. С. 40–42.

Супраца Ластоўскага з Шчакаціхіным працягвалася і надалей, хоць ужо нядоўга, перад іх арыштамі. У 1929 г. яны разам падрыхтавалі кнігу „Сучаснае беларускае мастацтва. Праваднік па аддзеле сучаснага беларускага малярства і разьбярства", якая застаецца адной з важнейшых дакумэнтальных крыніц па гісторыі мастацтва Беларусі[24].

Ластоўскі адным зь першых у нацыянальнай беларускай навуцы зьвярнуў асаблівую ўвагу на старасьвецкія помнікі драўлянага дойлідства. Ён пісаў у сваіх нататках да будучае энцыкляпэдыі старадаўняе Беларусі:

> У драўляным будаўніцтве нашы прадзеды дайшлі вялікай дасканальнасьці, вытварылі свой асобны, вельмі прыгожы стыль. Мастакоў будаўнічых у нас называлі дойлідамі. Аб старой беларускай дрэўлянай архітэктуры даюць паняцьця датрываўшыя да нашых часоў будынкі, напрыклад, у Слуцку, а таксама ў Віцебску, Магілеві і па іншых мейсцах краю[25].

1929-ы — апошні год на свабодзе, стаў для Ластоўскага таксама вельмі плённым. У гэты час ён працягваў рэдактарскую работу над „Працамі катэдры этнаграфіі" і браў самы чынны ўдзел у камісіі „Жывой беларускай мовы". Ластоўскі тады яшчэ ўваходзіў у Камісію па ахове помнікаў старасьвеччыны ў БССР, будучы яе нястомным працаўніком, ды ладзіў апошнія свае этнаграфічныя экспэдыцыі па розных кутках Цэнтральнае Беларусі. Некаторыя згадкі пра іх яшчэ зьмяшчаліся і ў тагачаснай беларускай пэрыёдыцы, і паводле іх мы можам уявіць сабе абсяг ягоных паездак у першай палове 1929 г. Напрыклад, разам зь Сьцяпанам Некрашэвічам яны яшчэ пабывалі ў Койданаве, Капылі, Семежаве і Пясочным і, хоць мэтаю іхнае апошняе экспэдыцыі былі лінгвістычныя дасьледаваньні, яны таксама аглядалі і фіксавалі помнікі гісторыі, напрыклад, Гаштольдаву гару ў Койданаве, дзе стаяў кальвінскі збор, аточаны

---

[24] Сучаснае беларускае мастацтва. Праваднік па аддзеле сучаснага беларускага малярства і разьбярства / апрац. М. Шчакаціхін і В. Ластоўскі. Менск : Друкарня Інбелкульту, 1929.
[25] Ластоўскі В. Нарысы з беларускай гісторыі / Рукамеслы ў старой Беларусі // Спадчына. 1996. №5. С. 23.

рэштамі фартыфікацыйных збудаваньняў. Аглядалі яны і драўляны старасьвецкі будынак кальвінскага збору ў Капылі.

Гэты час вызначаўся непасьлядоўнасьцю, супярэчлівасьцю афіцыёзнае палітыкі ў дачыненьні да здабыткаў культуры. З аднаго боку, дэкляравалася патрэба ў іх захаваньні і ў рупліўным стаўленьні, а зь іншага боку, ужо поўным ходам ішла барацьба з духоўнай спадчынай мінулага, на карысьць бальшавіцкае ўлады канфіскоўваліся рэлігійныя каштоўнасьці, гвалтоўна зачыняліся храмы розных канфэсій, пускалася на глум безьліч унікальных твораў мастацтва, унікальных артэфактаў, шматвекавога даробку народа.

Фотаздымкі і малюнкі дзясяткаў помнікаў архітэктуры і народнага дойлідства з экспэдыцый Ластоўскага сёньня засталіся адзінымі дакумэнтамі, адзінымі сьведчаньнямі іх колішняга існаваньня, паводле якіх мы можам іх вывучаць. Апроч вонкавага натурнага вывучэньня, фотафіксацый зьнешніх выглядаў аб'ектаў, экспэдыцыі вывучалі і інтэр'еры храмаў і іншых адметных узораў архітэктуры. Былі выяўленыя і зафіксаваныя сотні артэфактаў розных эпох. Сярод іншага — абразы, літургічныя рэчы, унікальныя старасьвецкія хатнія ківоты — бажніцы, што былі знойдзеныя падчас экспэдыцыі Ластоўскага. Многія гэтыя артэфакты захоўваліся ў Беларускім дзяржаўным музэі, але зьніклі незваротна падчас апошняе вайны. Як і вялікая частка іншых экспанатаў, помнікаў нашае даўніны, што імкнуўся зьберагчы для нашчадкаў Вацлаў Ластоўскі і ягоныя паплечнікі.

Штопраўда, шмат што савецкія ўлады пачалі зьнішчаць, як толькі В. Ластоўскі быў рэпрэсаваны. Напрыклад, аддзел „Стары Менск" у Беларускім дзяржаўным музэі праіснаваў толькі да 1929 г., калі Вацлаў Ластоўскі з калегамі былі пазбаўленыя пасадаў. Тады адмысловая камісія Народнага камісарыяту асьветы абсьледавала музэй і рэзка скрытыкавала яго экспазыцыю, у тым ліку і аддзел „Стары Менск", пасьля чаго ён быў ліквідаваны[26]. Яшчэ пры жыцьці Ластоўскага ўлады імкнуліся зьнішчыць ягоны творчы

[26] Тамсама.

і навуковы даробак, сьцерці памяць пра выбітнага рупліўца беларушчыны. Але багата чаго ўсё ж ацалела і сёньня гэта неацэнны духоўны скарб Беларусі.

VACŁAŬ ŁASTOŬSKI AND THE STUDY
OF CULTURAL HERITAGE IN BELARUS IN THE 1920s

Siarhiej Chareŭski (Vilnius)

The article examines the academic and administrative work of Vacłaŭ Łastoŭski (1883–1938) on documenting, studying, and preserving cultural heritage. Even before World War I, he drew the attention of readers of the newspapers Naša Niva and Homan to the need to study and protect cultural heritage. He was the first to introduce this concept into the Belarusian national discourse, emphasising the importance of heritage for the nation's future. As director of the Belarusian State Museum, he played a pivotal role in establishing professional museum practice in the country. Łastoŭski also developed the first museology curriculum in Belarusian for higher education and teacher-training institutions. During the short period before he was removed from his positions and eventually arrested by Soviet security forces, he conducted several research expeditions across different regions of central Belarus. These expeditions led to the discovery of numerous historical and ethnographic artifacts, which were subsequently introduced into academic discourse.

Łastoŭski's work in documenting and studying traditional and historical architecture was particularly significant. He emerged as the first advocate of cultural heritage preservation and ultimately as the founder of the modern museum system in Belarus and the national theory of museology.

ВАЦЛАЎ ЛАСТОЎСКІ — МАСТАК, КАЛЕКЦЫЯНЭР, МАСТАЦТВАЗНАЎЦА: СТАРОНКІ ДА БІЯГРАФІІ

Вольга Лабачэўская (Менск)

Як рознабакова адораная асоба, Вацлаў Ластоўскі рэалізаваў сябе ў розных сфэрах дзейнасьці, аднак менш вядомая ягоная творчасьць як мастака, захапленьне калекцыянэрствам, не ацэнены ўклад як дасьледніка ў мастацтвазнаўчую навуку. У артыкуле абагуленыя факты, якія дазваляюць дадаць да біяграфіі В. Ластоўскага новыя старонкі і больш аб'ёмна прадставіць ягоны ўнёсак у разьвіцьцё беларускае культуры і навукі. Мастацкія спробы ў кніжнай графіцы, захапленьне зьбіраньнем узораў беларускага пісьменства і старасьвеччыны спалучаліся ў ягоным жыцьці зь дзейснымі намаганьнямі вярнуць беларускаму народу прыналежную яму спадчыну і пачэснае месца ў культуры. Аналіз публікацый В. Ластоўскага аб народным мастацтве і рамёствах, слуцкіх паясах, карцах, беларускіх мастаках, а таксама ягоных рэцэнзій дазваляе сьцьвярджаць, што ягонае імя павінна быць пастаўлена ў пачатку станаўленьня беларускага мастацтвазнаўства.

⋄⋄⋄⋄⋄

Вацлаў Юльянавіч Ластоўскі (1883–1938) шматгранна рэалізаваў сябе ў розных галінах дзейнасьці і мастацкай творчасьці: палітыцы, кнігавыданьні, арганізацыі навукі, публіцыстыцы, літаратуры, літаратуразнаўстве, гісторыі, фальклярыстыцы, этнаграфіі, музэйнай справе. Менш вядомая ягоная творчасьць як мастака, захапленьне калекцыянэрствам. Не акрэсьленым застаецца ягоны ўнёсак у станаўленьне беларускага мастацтвазнаўства. У „Гісторыі беларускага мастацтва" імя дасьледніка ўвогуле ня згадваецца. Некаторыя аспэкты гэтай дзейнасьці Вацлава Ластоўскага закраналіся мною ў папярэдніх публікацыях[1]. Прыцягненьне новых фактаў з архіўных крыніц, аналіз апублікаваных В. Ластоўскім тэкстаў дазваляе аднавіць малавядомыя старонкі біяграфіі дзеяча культуры й навукі, акрэсьліць ягоны ўнёсак у зьбіраньне і вывучэньне беларускага мастацтва.

Мастак

Вядомыя некалькі ўласнаручных мастацкіх твораў В. Ластоўскага. Важным сьведчаньнем ягоных спроб у галіне выяўленчае творчасьці зьяўляецца ўспамін Вацлава Іваноўскага, паводле якога з-пад рукі В. Ластоўскага выйшлі ня толькі манаграфіі, апавяданьні, вершы, але й адметныя малюнкі, а таксама „собскія спробы ў скульптуры". Адна зь іх — драўляная фігура Хрыста, „які пакутліва ўглядаецца, што зь ягонай верай сталася". Аб гэтым В. Іваноўскі ўзгадаваў з нагоды юбілею Ластоўскага, які адзначаўся ў 1943 г.[2]

В. Ластоўскі супрацоўнічаў з В. Іваноўскім у Санкт-Пецярбургу, калі той узначальваў першае беларускае выдавецтва — суполку „Загляне сонца і ў наша ваконца", у якім у 1912 г. быў выдадзены літаратурна-публіцыстычны зборнік „Маладая Беларусь". Для гэтага выданьня В. Ластоўскі выканаў графічнае афармленьне, у якім першым сярод мастакоў выкарыстаў матывы арнамэнту слуцкіх паясоў для афармленьня друкаванага выданьня. Тым самым ён запачаткаваў у кніжнай графіцы

---

[1] Лабачэўская В. А. Роля Вацлава Ластоўскага ў канструяваньні нацыянальнага сімвала — «слуцкі пояс» // Культура. Наука. Творчество: IX Междунар. науч.-практ. конф., Минск, 5 мая 2015 г.: сб. науч. ст. / Мин-во культуры Респ. Беларусь, Беларус. гос. ун-т культуры и искусств; редкол. В. М. Черник (пред.). Минск, 2016. С.109–117; Слуцкі пояс: гісторыя і сучаснасьць : вучэб. дапаможнік / В. А. Лабачэўская [і інш.]. Мінск, 2016. С. 140–144.
[2] Іваноўскі В. Акадэмія на чэсьць В. Ластоўскага // Беларуская газэта (Менск). 27 кастрычніка 1943 г. №82. С. 4.

Вокладка першага сшытка альманаха „Маладая Беларусь" (1912). *На суседняй староцы:* Застаўкі аўтарства В. Ластоўскага ў альманаху „Маладая Беларусь" (1912).

напрамак звароту да нацыянальных матываў, які стаўся цэнтральнай тэмай графічнага афармленьня беларускіх кніжных выданьняў і часопісаў у першай палове XX ст. Аўтарства В. Ластоўскага засьведчанае допісам выдавецтва на вокладцы часопіса, а таксама ў газэце „Наша ніва", дзе ў аглядзе згаданай публікацыі адзначана: „Застаўка рысунку Власта"[3]. Гэты факт ня згадваюць ні біёграфы дзеяча беларускага адраджэньня, ні энцыкляпэдычныя выданьні аб беларускім друку. Разам з тым, ён яскрава сьведчыць, што В. Ластоўскі выкарыстоўваў свае мастацкія здольнасьці на карысьць беларускай справе.

У выданьні „Маладая Беларусь" зьмешчаныя застаўкі і канцоўкі з матывамі шлячкоў слуцкіх паясоў, якія ўласнаручна намаляваў В. Ластоўскі. У графічных чорна-белых застаўках бязь цяжкасьці распазнаюцца характэрныя расьлінна-кветкавыя арнамэнты паясоў Слуцкай пэрсіярні — шоўкаткацкай мануфактуры: зубчастыя лісты, выявы кветак, адмыслова злучаныя паміж сабой. Вылучаныя з бардзюраў, узятыя паасобна,

---

[3] Агляд кніг // Наша ніва. 1912. №23. С. 4.

пададзеныя ў чорна-белым выкананьні, яны ўспрымаюцца як выразныя знакі беларускага арнамэнту. Іх аўтар натхняўся сапраўднымі слуцкімі паясамі, якія меў ва ўласнай калекцыі. Узорамі маглі служыць таксама паясы, якія належалі Івану Луцкевічу і знаходзіліся ў памяшканьні рэдакцыі газэты „Наша ніва", дзе В. Ластоўскі працаваў сакратаром. Застаўкі і канцоўкі, намаляваныя мастаком, паўтораныя ва ўсіх трох сшытках зборніку „Маладой Беларусі", якія ўбачылі сьвет у 1912–1913 гады.

Захапленьне В. Ластоўскага слуцкімі паясамі, імкненьне зацьвердзіць іх як беларускі нацыянальны сымбаль паспрыяла нараджэньню знакамітага верша Максіма Багдановіча „Слуцкія ткачыхі", які быў напісаны паэтам пасьля іхнае сустрэчы ў Вільні ў рэдакцыі „Нашай нівы" у чэрвені 1912 г. Мела гэта адбітак і ў мастацкай творчасьці самога В. Ластоўскага. У тым жа годзе ён намаляваў эксьлібрыс для свайго кнігазбору з матывамі ўзораў слуцкіх паясоў.

Аб эксьлібрысе В. Ластоўскага 1912 г. з выявай арнамэнту слуцкіх паясоў як аб адным зь першых беларускіх

Вокладка кнігі „Exlibris'ы А. Тычыны" (1928) з прадмовай А. Шлюбскага.

кніжных знакаў згадвае Аляксандар Шлюбскі ў прадмове да кнігі „Exlibris'ы А. Тычыны" (1928)[4]. Эксьлібрыс дайшоў да нас у двух экзэмплярах: на кнізе „Белорусские народные расcказы" І. Д. Арлоўскага (Полацак, 1908; знаходзіцца ў Нацыянальнай бібліятэцы Рэспублікі Беларусь) з кнігазбору самога В. Ластоўскага і „Смык беларускі" Ф. Багушэвіча (Познань, 1894; у прыватным зборы Алеся Юркойця). Дасьледніца беларускіх кнігазбораў Людміла Сільнова выказвала меркаваньне, што эксьлібрыс для В. Ластоўскага мог стварыць беларускі мастак Язэп Драздовіч, які супрацоўнічаў у той пэрыяд з газэтай „Наша ніва"[5]. Наш аналіз дазваляе зрабіць пераканаўчую выснову аб тым, што аўтарства эксьлібрысу належыць самому В. Ластоўскаму.

---

[4] Шлюбскі А. Exlibris'ы А. Тычыны. Менск, 1928. С. 5.
[5] Сільнова Л. Д. Экслібрыс Вацлава Ластоўскага — беларускага гісторыка, пісьменніка і грамадскага дзеяча // Матэрыялы Першых кнігазнаўчых чытанняў (Мінск, 15 верасня 1998 г.) / [складальнік: Т. І. Рошчына]. Мінск, 2000. С. 133–134.

Эксьлібрыс выкананы ў спрошчанай графічнай манеры. Кампазыцыйна ён падзелены на тры часткі па гарызанталі. Выява фіранкі з двума аваламі, у якія ўпісаныя дрэўцы з трыма кветкамі, абрысы якіх нагадваюць беларускія валошкі, паўтарае кампазыцыю заканчэньня — „галавы" слуцкага пояса. Яна зьмешчаная ўверсе над паліцай з тамамі кніг. Пад ёй на фоне павуціньня намаляваныя вялікія літары „В. Л.", абапал якіх два простакутнікі: у адным пазначаны „№", другое поле пустое і прызначана для ўпісваньня ад рукі нумара кнігі. Вобраз узьнёсласьці чалавечага духу, які ўздымаецца зь цемры і павуціньня падзямельля праз асьвету — кнігі — да вяршыні нацыянальнай культуры, якую сымбалізуюць слуцкія паясы, наўпрост пераклікаецца з радком верша Максіма Багдановіча „У зачараваным царстве" (1913): „Мы ўжо выйшлі зь цесных, душных падзямельных норак". Гэтая тэма была ўвасобленая В. Ластоўскім у ягоным знакамітым літаратурным творы „Лябірынты" (1923). Мініятурны твор кніжнай графікі магчыма трактаваць як імкненьне аўтара сымбалічна, сродкамі мастацкай і кампазыцыйнай выразнасьці выявіць нацыянальную канцэпцыю быцьця беларусаў, вобразна ўвасобіць ідэю нацыянальнага культурнага адраджэньня.

Ужытак сваім мастацкім здольнасьцям В. Ластоўскі знаходзіў у выдавецкай справе. Ім была спраектаваная вокладка першага зборніка вершаў М. Багдановіча „Вянок", для якой, як ён піша ва ўспамінах пра паэта, ён выкарыстаў малюнак вянка, які меў у сваім зборы. Малюнак гэты зрабіў у 1905 г. адзін з вучняў вучэльні Шцігліца ў Санкт-Пецярбургу, прозьвішча якога В. Ластоўскі ня памятаў[6]. Ня выключана, што ў 1903–1905 гады ў Пецярбургу як вольны слухач ён ня толькі наведваў заняткі ва ўнівэрсытэце, а таксама займаўся маляваньнем у майстэрнях вучэльні Шцігліца, дзе меў кантакты з маладымі мастакамі беларускага паходжаньня. Напрыклад, у той час тут вучыўся Мікалай Міхалап, які імаверна мог быць аўтарам малюнка[7]. Мастацкае вырашэньне вокладкі належыць само-

---

[6] Ластоўскі В. Мае ўспаміны аб М. Багдановічы // Крывіч. 1926. №1. С. 66.
[7] Усава Н. М. Першы дырэктар. Мікалай Міхалап і фарміраваньне збораў

му В. Ластоўскаму, які, зыходзячы з кампазыцыі малюнка зь вянком, паставіў сваю назву зборніка „Вянок", пра што ён паведаміў ва ўспамінах[8].

Творчыя кантакты з мастакамі ён падтрымліваў і надалей. У Коўне супрацоўнічаў з мастаком Мсьціславам Дабужынскім, які стварыў выразную мастацкую вокладку да ягонае „Гісторыі беларускай (крыўскай) кнігі" (1926). Як уважае дасьледнік Алесь Суша, над мастацкім афармленьнем кнігі працаваў і сам В. Ластоўскі[9].

Аб мастацкіх спробах В. Ластоўскага ў скульптуры згадваў В. Іваноўскі. Аднак ягоныя скульптурныя творы не захаваліся, або пакуль ня выяўленыя. Малюнкі В. Ластоўскага могуць захоўвацца сярод архіўных матэрыялаў. Дасьледнікам варта зьвярнуць увагу ў архіўных фондах на рукапісы, ліставаньне В. Ластоўскага з паплечнікамі і сябрамі, у якіх, ня выключана, зьмешчаныя малюнкі, накіды ягонага аўтарства.

Калекцыянэр

Падчас працы сакратаром газэты „Наша ніва" В. Ластоўскі непасрэдна кантактаваў з апантаным калекцыянэрам, зьбіральнікам першага Беларускага музэю Іванам Луцкевічам, калекцыя якога ў той час месьцілася ў памяшканьні рэдакцыі. У атачэньні твораў старабеларускага мастацтва адточваўся ягоны мастацкі густ і калекцыянэрскі досьвед. Вядома, што В. Ластоўскі меў свой уласны збор беларускай старасьвеччыны. На гэтае ягонае захапленьне паўплываў І. Луцкевіч, аб чым піша ва ўспамінах Юліяна Вітан-Дубейкаўская:

> Ён пачаў пры сваёй беларускай кнігарні на Завальнай вуліцы зьбіраць гэтаксама беларускую старасьвеччыну, чаму

Дзяржаўнай карціннай галерэі (1939–1941) // Першы дырэктар. Мікалай Міхалап. 1886—1979: Матэрыялы навуковай канфэрэнцыі, Мінск, 25 сакавіка 2003 года. Мінск, 2003. С. 2.

[8] Ластоўскі В. Мае ўспаміны аб М. Багдановічы. С. 66.

[9] Ластоўскі В. Гісторыя беларускай (крыўскай) кнігі / Прадм. А. Сушы. Мінск, 2012. С. 28.

навучыўся ў Івана Луцкевіча, які ахвоча ўдзяляў яму рады й наагул спачатку вельмі прыязна да яго адносіўся[10].

Беларускі дзеяч Янка Станкевіч пакінуў апісаньне жытла В. Ластоўскага на вул. Завальнай, 7 у Вільні, дзе адначасова месьцілася рэдакцыя „Нашай нівы" і беларуская кнігарня:

> ...Калі вы ўваходзілі ў гаспо́ду Ластоўскага, вы не пазнавалі, што гэта гаспода прыватная. Вам здавалася, што ўваходзіце ў мастацкае прадаўжэньне рэдакцыі або кнігарні: на сьценах былі паразьвешаныя абразы і іншыя памяткі старое беларускае культуры[11].

Пры фармаваньні сваёй калекцыі В. Ластоўскі, як і І. Луцкевіч, карыстаўся паслугамі скупшчыкаў і антыквараў. Не выпадкова ў газэце „Гоман" у 1916 г. ён друкуе некалькі артыкулаў пра мастацкія рэчы з падзагалоўкам „З антыкварскіх запісак". Ён падтрымліваў сувязі з калекцыянэрам Рамуальдам Зямкевічам, які таксама зьбіраў старадрукі. Варта адзначыць, што і іншыя беларускія дзеячы, напрыклад В. Іваноўскі, зьбіралі ў той час свае прыватныя калекцыі беларускага старажытнага мастацтва, рукапісныя помнікі і інкунабулы. Калекцыянэрства было важнай часткай агульнага руху па адраджэньні беларускай культуры.

Аб складзе калекцыі В. Ластоўскага маем урывачныя зьвесткі. Так, у 1923 г. у Коўне на выстаўцы беларускага друку, арганізаванай В. Ластоўскім, экспанаваліся пераважна старадрукі зь ягонага збору: пісаныя па-беларуску граматы на пэргамэнце (тры зь іх за подпісам Жыгімонта Аўгуста); аўтографы канстантынопальскага патрыярха Іераміі 1582 г., фота якога з пазначэньнем „са збору В. Ластоўскага" зьбіральнік надрукаваў у часопісе „Крывіч"[12]; кнігі Ульляны Віцебскай з Альгердавічаў[13]. У тым жа годзе, калі В. Ластоўскі быў арыштаваны польскімі ўладамі і пасаджаны ў вязьніцу, пры

---

[10] Вітан-Дубейкаўская Ю. Мае ўспаміны. Мінск, 1995. С. 54.
[11] Касяк К. Па слядах Ластоўскага // Маладосць. 2013. № 11. С. 11.
[12] Крывіч. 1924. № 2. С. 3.
[13] Крывіч. 1923. № 1. С. 59.

вобшуку зь ягонае кнігарні зьніклі 24 „пэргаміны" і старадрукі XV–XVII стст., у тым ліку шмат дакумэнтаў з архіву Турава-Пінскага біскупства і Турава-Пінскі летапіс IX ст.[14]. У часопісе „Крывіч" ён неаднаразова друкаваў прадметы з свайго збору з апісаньнямі і фота. У зацемцы „Пражка паганскіх часоў" зьмешчанае фота артэфакта (памер 13 x 21)[15], знойдзенага ў 1890-я гады селянінам Лакоткам на полі каля Пагосту — роднай вёскі зьбіральніка[16].

Пры вяртаньні ў Менск у 1927 г. В. Ластоўскі аддаў частку свайго збору ў дзяржаўныя ўстановы. У тэатральны музэй Інстытуту беларускае культуры ён перадаў архіў тэатру Ігната Буйніцкага 1910–1911 гадоў з 13 афіш, 17 праграм і інш., які перахоўваўся ў яго[17]. Некалькі кавалкаў слуцкіх паясоў былі перададзеныя ў фонд Беларускага дзяржаўнага музэю. У інвэнтарнай кнізе № 4 музэю ягоны дар упісаны з азначэньнем „З кал. В. Ластоўскага" (№ 7993–7767)[18]. Гэта былі кавалкі паясоў памерамі: 34 x 22,5, 71 x 6,7, 46 x 6,5, 11,5 x 14,8, 10 x 12 см. Таксама ў музэй ён перадаў драўляныя карцы зь Віцебшчыны, адзначаныя лацінскім крыптонімам калекцыянэра „W. Ł." з нумарамі: 8, 22 (№ 6816/28 (кп 1988), 6816/26 (кп 2005)[19].

Лёс калекцыі В. Ластоўскага ня быў шчасьлівы. Першы раз ягоны збор у Вільні быў разрабаваны ў сьнежні 1919 — студзені 1920 г., калі ўладальнік знаходзіўся ў Коўне[20], другі раз, як ужо згадвалася, пры арышце ў 1923 г. Пры вобшуку ягонае кватэры ў Менску 18 ліпеня 1930 г. супрацоўнікі Дзяржаўнага палітычнага ўпраўленьня БССР разам з рукапісамі дасьледніка імаверна канфіскавалі і калекцыйныя прадметы[21].

---

[14] Янушкевіч Я. Неадменны сакратар Адраджэння : Вацлаў Ластоўскі. Мінск, 1995. С. 33.

[15] Крывіч. 1925. № 1. С. 103.

[16] Пагашчанін [Ластоўскі В. Ю.]. Пагост (Успаміны з нядаўняй мінуўшчыны) // Крывіч. 1925. № 2. С. 88.

[17] Хроніка беларускае культуры // Полымя. 1927. № 4. С. 243.

[18] Інвэнтар Беларускага Музэю № 4 (копія). У зборы Н. М. Высоцкай.

[19] Тамсама.

[20] Янушкевіч Я. Неадменны сакратар Адраджэння. С. 34.

[21] Саверчанка І. Акадэмік. Штрыхі да творчага партрэта Вацлава Ластоўскага // Дзеяслоў. 2016. № 4. С. 270.

Мастацтвазнаўца

Мастацкі густ, дадзены В. Ластоўскаму ад нараджэньня і выхаваны прыгажосьцю прыроды роднай Дзісеншчыны, дасканаласьцю форм старадаўняй архітэктуры Дзісны, Вільні, Пецярбургу, Рыгі, дзе яму давалося жыць, быў адшліфаваны ў асяродзьдзі выдатных асоб, якія групаваліся вакол газеты „Наша ніва". Прыход В. Ластоўскага ў рэдакцыю супаў з часам значных мастацкіх ініцыятыў у Вільні, удзельнікамі якіх былі выдаўца газеты Аляксандар Уласаў, Вітольд Чыж (друкаваўся ў газеце пад псэўданімам Альгерд Бульба), Іван Луцкевіч.

У пэрыяд сваёй працы ў газеце ў 1909–1914 гады В. Ластоўскі надрукаваў ня менш за 10 артыкулаў, якія можна аднесьці да мастацтвазнаўчай публіцыстыкі і мастацкай крытыкі. У гэты час зацікаўленасьць В. Ластоўскага была скіраваная на народнае мастацтва. Ён наведвае выстаўкі Літоўскага навукова-мастацкага таварыства ў Вільні і робіць на старонках „Нашай нівы" іх агляды[22]. На V Літоўскай выстаўцы зьвяртае асноўную ўвагу на аддзел народнага мастацтва і выказвае думку, што „народнае аздобніцтва" ёсьць вобразам культуры кожнага народа, вобразам яго агульнай духоўнай працы[23]. Першым сярод прадстаўнікоў нацыянальнае інтэлігенцыі ў сваіх артыкулах ён сьцьвярджаў каштоўнасьць народнае творчасьці, адзначыў яе выразныя нацыянальныя адметнасьці. У 1911 г. В. Ластоўскі акрэсьліваў на будучыню праграму па зьбіраньні, вывучэньні і інтэрпрэтацыі народнае творчасьці ў сучасных мастацкіх творах:

> Кожны народ, каторы хочэ адрадзіцца культурна, павінен будаваць гэто адраджэньне на аснове, якой ёсьць — між другім — народная творчасьць; дзеля гэтаго пробкі народных вырабоў з аздобамі кожная маладая нацыя зьбірае, прыгледаецца ім а посьле вучоные артысты перэтвараюць і багацяць

---

[22] Власт. IV Літоўская выстаўка ў Вільні // Наша ніва: факс. выд. 1910. Вып. 3. 18 сак. (№12). С. 189–190.
[23] Власт. Пятая выстаўка літоўскаго краснаго штукарства ў Вільні // Наша ніва: факс. выд. 1911. Вып. 4. 7 крас. (№14). С. 201–203.

гэтые ўзоры, разьвіваючы тое, што стварыла жывая душа народу, дык гэтак багацяць культурныя здабыткі народу[24].

Да твораў народнага мастацтва ён адносіць сялянскія рэчы: паяскі з узорамі, вышыўкі, фартушкі, кашулі, каптуры і іншае, разьбу па дрэве — прасьніцы, валькі, пральнікі, гліняныя вырабы і іншыя аздобныя творы.

Зьбіраньне і вывучэньне народнага мастацтва зьвязвалася ім зь неабходнасьцю стварэньня Беларускага музэю, дзе былі б сабраныя яго лепшыя ўзоры. Рэальнасьць гэтай ідэі ўвасаблялася на вачох В. Ластоўскага ў зьбіральніцкай дзейнасьці І. Луцкевіча. У 1912 г. у газэце быў надрукаваны зварот да чытачоў, які прапанаваў зьбіраць прадметы этнаграфіі, сялянскае адзеньне, вырабы зь цікавымі тканымі ці выразанымі малюнкамі і інш.[25]

У 1911 г. В. Ластоўскі публікуе праграмны артыкул „Аб патрэбе стылю ў жыцьці народу"[26]. Паняцьце „беларускі стыль" зьявілася на старонках газэты ў 1908 г., пад словазлучэньнем „народны беларускі стыль" разумеліся непаўторныя рысы, што вызначалі мастацкую адметнасьць народнага мастацтва беларусаў, стыль, які характарызаваўся як „вельмі арыгінальны і багаты"[27]. В. Ластоўскі вызначыў зьмест гэтага паняцьця праз рамантычнае ўспрыманьне народнае культуры, але разам з тым вельмі трапна і дакладна: „Стыль — гэта наша душа, душа народу, стыльнасьць — адбіцьце нашай душы на нашых творах"[28]. Пастаноўка пытаньня аб вызначэньні стылеўтваральных рысаў народнага мастацтва беларусаў і распрацоўцы на гэтай падставе нацыянальнага мастацкага стылю была вельмі актуальнай на той час. Яна паўстала ў рэчышчы агульнага напрамку разьвіцьця культуры суседніх народаў — расейцаў, літоўцаў, палякаў, якія імкнуліся ў сучаснай архітэктуры,

---

[24] Власт. IV Літоўская выстаўка ў Вільні. С. 189.
[25] Зьбіраймо рэчы ў Беларускі музэй // Наша ніва. 1912. №37. С. 3.
[26] В. Л. Аб патрэбе стылю ў жыцьці народу // Наша ніва: факс. выд. 1911. Вып. 4. 13 кастр. (№41). С. 516–518.
[27] Віленскі. Выстаўка сельскай гаспадаркі ў Слуцку // Наша ніва. 1908. №19. С. 7.
[28] В. Л. Аб патрэбе стылю ў жыцьці народу. С. 516.

музыцы, літаратуры, выяўленчым і дэкаратыўна-прыкладным мастацтве ўвасобіць уласныя нацыянальныя рысы.

Аналіз зьместу нашаніўскіх публікацый дае падставу называць В. Ластоўскага першым дасьледнікам народнага мастацтва і тэарэтыкам сучаснага нацыянальнага мастацтва беларусаў. Ягоныя ідэі і думкі ў той час укладаліся ў форму актуальнай публіцыстыкі, у якой, справядліва будзе адзначыць, практык і апантаны будаўнік новае беларускае культуры браў верх над аналітыкам. У гэты пэрыяд В. Ластоўскі назапашваў веды аб беларускім народным мастацтве. Яго не абміналі ўсе значныя падзеі грамадзкага жыцьця Вільні, якія ў тыя гады былі выразна скіраваныя на ўключэньне народнае мастацкае культуры ў сучасны кантэкст. Адной з важных падзей было стварэньне ў Вільні Таварыства дапамогі хатняму рамяству і народнаму мастацтву. Аб гэтым абвясьціла „Наша ніва" 20 лютага 1913 г., напісаўшы, што Таварыства арганізаванае, каб „ні даць замерці тым народным паняцьцям аб красе каторае адбіваецца і ў мейсцовай апратцы і ў пасудзе і ў выробах ганчарных і ў будынках і інш."[29]. Фактычна на чале Таварыства стаяў мастак Ф. Рушчыц, сакратаром быў А. Уласаў, у праўленьне ўваходзіў І. Луцкевіч[30]. В. Ластоўскі пісаў, што Таварыству патрэбныя людзі, зьвязаныя з народам, каторыя зь любоўю і веданьнем будуць прыкладаць свае намаганьні на разьвіцьцё народнага мастацтва[31], але дакладна невядома, ці быў ён яго чальцом. Таварыства здолела падняць самы вялікі праект таго часу па рэпрэзэнтацыі народнага мастацтва беларусаў і літоўцаў — арганізаваць Першую краёвую выстаўку дробнага промыслу і народнага мастацтва ў Вільні ў 1913 г. На выстаўцы былі паказаныя калекцыі І. Луцкевіча з „Нашай нівы", збор В. Іваноўскага ад выдавецкае суполкі „Загляне сонца і ў наша аконца" у Санкт-Пецярбургу, віленская

---

[29] Віленскае таварыство падмогі хатняму рэмяслу і народнаму штукарству // Наша ніва. 1913. 20 лютага (№8). С. 4.
[30] Лабачэўская В. А. Зберагаючы самабытнасць: з гісторыі народнага мастацтва і промыслаў Беларусі. Мінск, 1998. С. 153–154.
[31] В. Л. Выстаўка народнага штукарства // Наша ніва. 1913. №11. С. 1.

калекцыя А. Брадоўскага і экспанаты зь месцаў[32]. Безумоўна, В. Ластоўскі быў уключаны ў ажыцьцяўленьне гэтага маштабнага праекту.

Найбольш грунтоўныя артыкулы аб народным мастацтве нашаніўскага пэрыяду былі напісаныя В. Ластоўскім менавіта ў 1913 г. У артыкуле „Аб ганчарстве нашым даўней і цяпер" ён падрабязна разгледзеў шляхі разьвіцьця аднаго з найбольш пашыраных промыслаў у Беларусі — ганчарства[33]. Пасьля наведваньня II Усерасейскай саматужнай выставы ў Санкт-Пецярбургу, ён піша палемічны артыкул „Аб беларускім хатнім рэмясьле", у якім, грунтуючыся на ведах аб арганізацыі саматужных промыслаў у суседзяў — расейцаў, украінцаў, палякаў, — рупіцца аб тым, каб і беларуская інтэлігенцыя актыўна ўключылася ў справу ўдасканаленьня народных вырабаў і падтрымкі промыслаў. Беларусам ён раіў „развіваць мейсцовы узор, мейсцовую тэхніку, да кожнай мейсцовай асобнасьці адносіцца як да скарбу каторы трэба захаваць, развіць"[34].

Віленскі пэрыяд В. Ластоўскага, калі ён знаходзіўся ў эпіцэнтры культурнага жыцьця і ўваходзіў у асяродзьдзе беларускай нацыянальнай інтэлігенцыі, сфармаваў яго як сьвядомага культурнага працаўніка на беларускай ніве і заклаў грунт ягоных навуковых ведаў у галіне беларускага старажытнага і народнага мастацтва. Менавіта гэтая сфэра на некалькі гадоў паглынула ягоную творчую натуру і здольнасьці дасьледніка, вызначыла напрамак ягонай мастацтвазнаўчай дзейнасьці, калі ў 1923 г. В. Ластоўскі пасьля завяршэньня палітычнай кар'еры пачаў выдаваць „Крывіч" — першы беларускі часопіс, прысьвечаны беларускаму мастацтву і культуры.

Сярод галоўных тэмаў, якія займалі навуковую цікавасьць В. Ластоўскага, былі слуцкія паясы і, па сутнасьці, яму належыць вызначальная роля ў працэсе канструяваньня беларускага нацыянальнага сымбалю „слуцкі пояс". Першы

---

[32] Лабачэўская В. А. Зберагаючы самабытнасьць. С. 156–169.

[33] В. Л. Аб ганчарстве нашым даўней і цяпер // Наша ніва. 1913. 8 марца (№10). С. 1.

[34] В. Ласт. Аб беларускім хатнім рэмясьле // Наша ніва. 1913. 16 мая (№20). С. 1.

Вокладка першага нумару часопіса „Крывіч" (1923).

артыкул аб слуцкіх паясах В. Ластоўскі надрукаваў у газэце „Гоман" (1916)[35], у якім сьцьвердзіў, што для беларусаў слуцкія паясы маюць асаблівую цану як помнік беларускай культуры. У часопісе „Крывіч" В. Ластоўскі зноў зьвяртаецца да гэтай тэмы. У зацемцы „Ткальня „слуцкіх паясоў" у Рожанне" ён піша пра шоўкаткацкую вытворчасьць на фабрыцы Сапегаў у Ружанах, якая была заснаваная ў 1786 г. і вырабляла паясы да 1815 г. У гэтым тэксьце ён апісвае пояс, які бачыў у кс. Юрыя Мачульскага ў Сьвянцянах (памерам 380×33 см з букетамі з выявамі васількоў і сыгнатурай *Rózanna*), і адзначае, што паясы Ружанскай фабрыкі ў сваёй кампазыцыі імітавалі слуцкія паясы, але мелі іншыя, даволі добра стылізаваныя малюнкі[36].

У Коўне В. Ластоўскі вывучае калекцыю слуцкіх паясоў Ковенскага гарадзкога музэю, падараваную Магдаленай Радзівіл. У артыкуле „Слуцкія паясы" (1924) дасьледнік падкрэсьліў, што слуцкія паясы маюць для беларусаў асаблівую каштоўнасьць

---

[35] W. [Ластоўскі В. Ю.] Słuckije pajasy // Homan. 1916. 24 сакавіка (№12). S. 3–4.
[36] А. С. [Ластоўскі В. Ю.]. Ткальня „слуцкіх паясоў" у Рожанне // Крывіч. 1923. №5. С. 54.

Ілюстрацыі да артыкула В. Ластоўскага „Слуцкія паясы" ў часопісе „Крывіч" (1924, № 1).

як аснова для распрацоўкі характэрнага нацыянальнага стылю[37]. Публікацыя па-навуковаму грунтоўная, утрымлівае спасылкі на літаратуру і мае пераканаўчы мастацтвазнаўчы характар. Аўтар разглядае пояс як прадмет адзеньня ў яго этнаграфічным варыянце; згадвае пра адлюстраваньне паясоў на іканаграфічных помніках — малюнках, абразах, шляхецкіх партрэтах і ў архіўных дакумэнтах; прыводзіць зьвесткі з артыкула Аляксандра Ельскага „Гістарычныя зьвесткі аб радзівілаўскай фабрыцы паясоў у Слуцку" (1894); згадвае вытворчасьць шаўковых паясоў у Гародні і Ружанах, на іншых мануфактурах Рэчы Паспалітай; прыводзіць сыгнатуры слуцкіх паясоў; выкрывае існуючыя ў польскай літаратуры стэрэатыпы адносна нацыянальнага характару іх вытворчасьці. В. Ластоўскі высока ацэньвае мастацкую вартасьць слуцкіх паясоў і зазначае: „... яны маюць, акром агульнай мастацкай цэннасьці, для нас беларусаў асаблівую цэннасьць, як аснова

---

[37] Власт. Слуцкія паясы // Крывіч. 1924. №1. С. 72.

9. Слуцкі пояс без подпісі: асноведзь жоўта-залатая, контуры чорныя, лісты цёмна-зяленыя, кветкі—сіняя і чырвоныя.

10. Пояс без подпісі невядомай фабрыкі: цьвяточны, без мэталічных нітак; асноведзь бронзава-зяленая, узор чырвоны.

для далейшай распрацоўкі вельмі характэрнага стылю"[38]. Каб пераканаць у гэтым чытачоў у дадатку да артыкула ён зьмясьціў знакаміты верш М. Багдановіча „Слуцкія ткачыхі" і 16 фотаілюстрацый паясоў з коненскай калекцыі, што, безумоўна, значна павялічвала ягоныя выдаткі на друк „Крывіча".

Мастацкія спробы В. Ластоўскага актуалізаваць арнамэнтыку слуцкіх паясоў і ягоная ідэя пабудовы на гэтай аснове нацыянальнага стылю ў беларускім мастацтве знайшлі глебу для рэалізацыі ў кніжнай графіцы БССР у 1920-я гады[39]. У Менску ў Інстытуце беларускае культуры дасьледнік працягваў займацца тэмай слуцкіх паясоў. Ён намагаўся рэалізаваць праект па выданьні каляровага альбома слуцкіх паясоў, які не атрымалася рэалізаваць у Вільні з-за пачатку Першай сусьветнай вайны, нават пры наяўнасьці інвэстара[40]. На пасадзе дырэктара Беларускага дзяржаўнага музэю ён імкнуўся папоўніць музэйную калекцыю паясоў. У 1928 г. музэй набыў некалькі цэлых

---

[38] Власт. Слуцкія паясы. С. 72.
[39] Лабачэўская В. А. Роля Вацлава Ластоўскага ў канструяванні нацыянальнага сімвала — «слуцкі пояс». С. 109–117.
[40] Власт. Слуцкія паясы. С. 72.

і розныя часткі 17 слуцкіх паясоў, і яго калекцыя складала на той час каля 50 экзэмпляраў[41].

Мастацтвазнаўчы напрамак даследчай і практычнай дзейнасьці В. Ластоўскага выразна вызначаецца пасьля ягонага пераезду ў Менск у 1927 г. Ён знаходзіўся ў эпіцэнтры даследаваньня слуцкіх паясоў, старажытнага дойлідства, іканапісу, графікі, народнага арнамэнту, якія становяцца прыярытэтнымі кірункамі вывучэньня беларускага мастацтва ў БССР у 1920-я гады. Гэтай праблематыкай займаліся сэкцыі этнаграфіі і беларускага мастацтва, камісія па гісторыі мастацтва, у дзейнасьці якіх чынны ўдзел браў В. Ластоўскі. Ён узначальвае створаную ў кастрычніку 1928 г. камісію па вывучэньні народнага мастацтва пры катэдры этнаграфіі, якая ставіла задачы вывучэньня арнамэнту, тканін, разьбярства і інш.[42] У 1927 г. В. Ластоўскі, зыходзячы з таго, што „да ліку не дасьледаваных галін беларускае этнаграфіі адносіцца цалкам беларускае народнае мастацтва (орнамэнтыка)"[43], дасьледаваў „намэнклятуру арнамэнту" і рыхтаваў да друку альбом „Беларускія народныя арнамэнты"[44]. Арнамэнт цікавіў яго як прадмет этнаграфічнага і мастацтвазнаўчага вывучэньня, сэмантыку якога ён намагаўся раскрыць на падставе прыцягненьня матэрыялаў міталёгіі, гістарычных паралелей і параўнальнага аналізу. Даследнік пісаў: „Наша этнаграфія, на прыгожых, узорыстых паясох, перахавала нам найстарэйшыя арнаменты, сягаючыя сваімі пачаткамі ў дагістарычныя часы"[45]. Ён адносіў беларускі арнамэнт да „устойлівых, спрадвечных, ненаносных прызнакаў этнічнай культуры", і ў гэтым значэньні параўноўваў яго з тапаграфіяй Беларусі[46].

Сэмантыку арнамэнту ён разглядаў на прыкладзе аздабленьня драўляных каўшоў — „конавак", якія мелі абрадавае

---

[41] Хроніка беларускае культуры // Полымя. 1928. №7. С. 218.
[42] Хроніка беларускае культуры // Полымя. 1928. №10. С. 245.
[43] Нацыянальны архіў Рэспублікі Беларусі. Ф. 42, воп. 1, адз. зах. 1941, арк. 52.
[44] Хроніка беларускае культуры // Полымя. 1928. №3. С. 104.
[45] Цыт. паводле: Ластоўскі В. Выбраныя творы / Уклад., прадм. і каментары Я. Янушкевіча. Мінск, 1997. С. 68.
[46] Ластоўскі В. Выбраныя творы. С. 448.

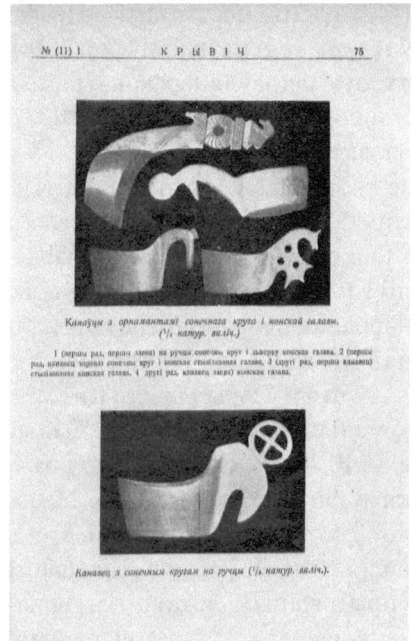

Ілюстрацыі да артыкула
В. Ластоўскага „Жывая стара-
сьвечнына" ў часопісе „Крывіч"
(1926, № 1).

прызначэньне, служылі для піцьця гарэлкі на сямейных (вясельле, хрэсьбіны, хаўтуры) і грамадзкіх (брацкія і іншыя сходы) урачыстасьцях. Арнамэнт на іх ручках у выглядзе выявы кола-сонца і галавы каня дасьледнік вызнае як сымбалічныя знакі крывічанскае культуры, што захаваліся зь сівой, дахрысьціянскай мінуўшчыны. Для раскрыцьця іх сэмантыкі ён робіць зандаж у славянскую міталёгію:

> ... у іх традыцыйных рысунках знаходзім дакумантальнае пацьверджаньне існаваньня ў Крывічоў чэсьці нябеснага агня ва ўсіх яго праявах і чэсьць каня як неадлучнага атрыбуту сварачагася нябеснага агня (Сварога — Грому — Пяруна). Згэтуль на канаўцах стылізаванае пераплятаньне конскай галавы і сонечнага кругу[47].

---

[47] Власт. Жывая старасьвеччына // Крывіч. 1926. №1. С. 77.

Гэтымі мастацкімі вырабамі В. Ластоўскі зацікавіўся ў 1913 г., калі пазнаёміўся ў В. Іваноўскага ў Санкт-Пецярбургу з узорамі драўляных конаўцаў, якія той сабраў на Віцебшчыне. У 1926 г. у часопісе „Крывіч" В. Ластоўскі прывёў іх народныя назвы: „канаўцы", „канаўкі" і ў мужчынскім, і жаночым родзе — „канавец", „канавок", а таксама „конаўка", і прадпрыняў спробу апісаньня гэтых цікавых прадметаў. „Запраўды, тое што ў Егіпце перахавалася высечанае на камяні, у Ассырыі і Бабілёніі ў клінапісных тэкстах на цэгле, гэта ў нас маецца ў скарбах народнай творчасьці, да сягоньня яшчэ на жаль намі не сабранай і не паznaнанай", — так дасьледнік завяршыў свой артыкул[48].

Гэтыя ўзоры народнага мастацтва, вельмі важныя для разуменьня культурных традыцый беларусаў, працягвалі цікавіць В. Ластоўскага, і праз два гады экспэдыцыя пад ягоным кіраўніцтвам сабрала на Мазыршчыне 29 драўляных карцоў і 10 разьбяных бажніц канца XVIII–XIX стст. Дасьледнік падрыхтаваў артыкул „Пісанае дрэва", дзе прааналізаваў гэтыя ўпрыгожаныя архаічным арнамэнтам рэчы. Артыкул быў зьмешчаны ў II томе выданьня „Працы катэдры этнаграфіі" (1930), які быў канфіскаваны пасьля арышту В. Ластоўскага. Тэкст артыкула застаецца невядомым, але з тагачаснай антынацдэмаўскай крытыкі можна аднавіць некаторыя фрагмэнты гэтай працы. Да прыкладу, тут дасьледнік тлумачыў слова „бажніца", апісваў прызначэньне гэтых упрыгожаных разьбой драўляных скрынак для абразоў, адносіў іх да сямейных рэліквій, якія перадаваліся з пакаленьня ў пакаленьне, і ацэньваў іх як „беларускія нацыянальныя каштоўнасьці"[49].

Разьбяныя бажніцы і карцы зьяўляюцца выдатным узорам праявы асаблівасьцей беларускага мастацкага стылю, праблема якога цікавіла В. Ластоўскага ў тэарэтычным і практычным аспэктах. Дасьледнік уважаў, што ў аснове народнага мастацтва ляжаць калектыўныя традыцыі і індывідуальныя творчыя здольнасьці майстроў, што апошнія дзейнічаюць

---

[48] Тамсама. С. 78.
[49] «Навука» на службе нацдэмаўскай контррэволюцыі / Беларуская академія навук, Інстытут філязофіі. Менск, 1931. Т. I, ч. 3: Этнаграфія. Музэйная справа /Л. Бабровіч [і інш.]. С. 182–183.

у рамках першых, таму „адступленьне ад калектыўна выпрацаваных і санкцыянаваных традыцый асноўных элемэнтаў аздабленьня ў асяродзьдзі, якое жыве замкнёным жыцьцём, звычайна ня мае посьпеху, бо яны нязвыклыя, непрыемныя і — што з гэтага выцякае — успрымаюцца як непрыгожыя"[50].

Да разуменьня народнага мастацтва В. Ластоўскі падыходзіў менавіта як мастацтвазнаўца. Пры катэдры этнаграфіі Інбелкульту ў 1927 г. ён стварыў і ўзначаліў камісію па вывучэньні народнага мастацтва. Другая камісія пад кіраўніцтвам Ісака Сербава займалася этнаграфічным вывучэньнем быту і матэрыяльнай культуры[51]. Такі падзел цалкам адпавядаў зацікаўленасьці самога В. Ластоўскага менавіта мастацкімі праявамі народнай культуры. Камісія ставіла перад сабой задачу вывучэньня арнамэнту ткацтва і разьбы па дрэве, паходжаньне і „намэнклятуру" арнамэнту, графічнае аздабленьне сялянскай печы на Ігуменшчыне.

Свае разуменьне мастацкіх праяў народнае культуры В. Ластоўскі рэалізаваў пры „перааблявяньні нанава" этнаграфічнага аддзелу Беларускага дзяржаўнага музэю[52]. У дакладзе Галоўнавуцы 21 сьнежня 1928 г. ён прапанаваў ўключыць у этнаграфічны аддзел наступныя пададдзелы:

> вырабы з дрэва, тканіны, вышыўкі, анталяжы, карункі і фарботы, ганчарныя вырабы, вырабы з мэталяў, вопраткі, дзіцячыя цацкі, вырабы зь бяросты, маляваньне па дрэве, зьвёзды і батлейкі, саламяныя „павукі", набойкі[53].

У адрозьненьне ад папярэдняга зьбіраньня і экспанаваньня ў музэі ўзораў народнай матэрыяльнай культуры, ён робіць акцэнт менавіта на мастацкія рэчы, якія адносіць да твораў народнага мастацтва, і ў такой ягонай пазыцыі мастацтвазнаўца дамінуе над этнографам. Гэта выцякала з ранейшых

---

[50] Цыт. паводле: Супинский А. К. Национал-демократизм в современной белорусской этнографии // Этнография на службе классового врага. Л., 1932. С. 112. (Пер. В. Л.)

[51] Цэнтральны навуковы архіў Нацыянальнай акадэміі навук Беларусі. Ф. 67, воп. 1, адз. зах. 23, арк. 58–59.

[52] Хроніка беларускае культуры // Полымя. 1928. №1. С. 276.

[53] «Навука» на службе нацдэмаўскай контррэволюцыі. С. 206.

зацікаўленьняў дасьледніка, якія былі выразна скіраваныя менавіта на мастацкі аспэкт побытавай творчасьці беларусаў, і адначасова адлюстроўвала тагачасную пазыцыю маладой мастацтвазнаўчай навукі ў галіне народнага мастацтва, якая намагалася вылучыцца ў самастойную, незалежную ад этнаграфіі, галіну навукі. Ён, безумоўна, быў знаёмы з працамі расейскіх мастацтвазнаўцаў Віктара Воранава і Анатолія Бакушынскага, якія ў першыя гады савецкай улады распрацоўвалі тэорыю народнага мастацтва як калектыўнай творчасьці. Кніга В. Воранава „Аб сялянскім мастацтве", якая ўбачыла сьвет у 1924 г. пасьля выставы „Рускае сялянскае мастацтва" у Гістарычным музэі ў Маскве ў 1921 г., стала важным этапам у вывучэньні малавядомай на той час галіны народнае культуры. В. Воранаў упершыню ў расейскай мастацтвазнаўчай навуцы стаў разглядаць мастацкую культуру вёскі як зьяву народнае творчасьці і мастацтва.

У 1927 г. В. Ластоўскі напісаў праграмную працу па асэнсаваньні народнага мастацтва — „Інструкцыю для зьбіраньня рэчаў у этнаграфічныя аддзелы музэяў"[54]. Прыкладны этнаграфічны характар, вызначаны ў назьве, стаўся прычынай, што гэтая праца не была ўключаная ў кантэкст разьвіцьця беларускага мастацтвазнаўства. Разам з тым, яе можна назваць кароткай энцыкляпэдыяй народнага мастацтва беларусаў, аналіз якой дазваляе назваць В. Ластоўскага адным з пачынальнікаў беларускае навукі аб народным мастацтве і першым, хто вызначыў напрамак дасьледаваньняў у гэтай галіне.

На пачатку „Інструкцыі" аўтар акрэсьлівае этнаграфію як галіну навукі, якая вывучае матэрыяльныя помнікі народнае творчасьці. Аднак наступныя ягоныя ўвагі скіраваныя менавіта на аздобленыя рэчы з выразнымі знакамі арнамэнту і стылю, якія ў калектыўнай творчасьці набываюць дасканаласьць і мастацкасьць, „якія маюць стычнасьць з народным мастацтвам". В. Ластоўскі падкрэсьлівае таксама значэньне

---

[54] Власт. Інструкцыя для зьбіраньня рэчаў у этнаграфічныя аддзелы музэяў // Наш край. 1927. №8–9. С. 66–73.

„сьціпнасьці выканання" рэчаў, бо яны дазваляюць паказаць эвалюцыю „тэхнікі вырабу, здабленьня"[55]. Ён піша, што „рэчы якія перахаваны бытам народу ці гэта ў здабытках, ці гэта ў жывой народнай творчасьці" нясуць у сабе „рысы жывой старасьвеччыны":

> Узор на дрэве ці тканіне, які аздабляе прасьніцу ці вопратку вяскоўца, бывае равесьнікам настарэйшых усясьветных культур і па сваёй даўнасьці ня ўступае асыра-бабілёнскаму клінопісу і егіпецкім пірамідам[56].

Такая ацэнка ўзыходзіць да меркаваньняў нямецкага дасьледніка Альбэрта Іпэля, які ўпершыню ўвёў у навуковы зварот тэрмін „беларускае мастацтва", параўнаў формы беларускай народнай архітэктуры, прадметы сялянскага быту і паясы з формамі грэцкай антычнасьці[57]. Праца А. Іпэля „Беларускае мастацтва" у тыя гады была перавыдадзеная ў перакладзе на беларускую мову. В. Ластоўскі быў асабіста знаёмы з А. Іпэлем з часоў арганізацыі ў Вільні ў 1918 г. знакамітай выстаўкі беларускага старажытнага і дэкаратыўна-прыкладнога мастацтва, у падрыхтоўцы якой ён браў удзел разам з І. Луцкевічам і У. Загорскім[58].

Народная творчасьць, паводле пераканання В. Ластоўскага, не паддаецца храналягічнаму ўпарадкаваньню, але ён бачыў неабходнасьць праз музэйныя зборы паказаць эвалюцыйныя стадыі яе разьвіцця да ступені дасканаласьці і высокай мастацкасьці. Такое разуменне адрозьнівала падыход дасьледніка ад беларускіх этнографаў, якія апісвалі народнае адзеньне і прадметы побыту як статычную зьяву, без уліку яе эвалюцыйнага разьвіцця.

В. Ластоўскі вылучыў асобныя віды народнага мастацтва і апісаў іх. Сьціслая характарыстыка вырабаў з дрэва, тканін, вышыўкі, карункаў (анталяжы і фарботы), вырабаў ганчарных і з мэталу, адзеньня (вопраткі), а таксама такіх відаў, на

---

[55] Тамсама. С. 67.
[56] Тамсама. С. 66.
[57] Лабачэўская В. А. Зберагаючы самабытнасць. С. 170.
[58] Тамсама. С. 176.

якія раней ніхто не зьвяртаў увагі, як вырабы зь бяросты, маляваньне па дрэве, зоркі і батлейкі, саламяныя „павукі", набойка, сьведчыць аб грунтоўных ведах дасьледніка ў дэкаратыўна-прыкладной галіне беларускае народнае культуры, яе гісторыі, веданьне лякальных цэнтраў мастацкае вытворчасьці, тэхналёгіі выкананьня і разнастайнасьці тэхнік аздабленьня прадметаў з розных матэрыялаў, беларускай тэрміналёгіі ў гэтай галіне. Грунтам для напісаньня „Інструкцыі" паслужыў ягоны багаты зьбіральніцкі досьвед калекцыянэра і непасрэднага ўдзельніка ўсіх значных грамадзкіх праектаў па актуалізацыі беларускага народнага мастацтва ў пэрыяд 1910–1920-х гадоў. Стваральнікам новых этнаграфічных экспазыцый у краязнаўчых музэях Савецкае Беларусі ён выказаў практычную параду: „Тонкае мастацкае пачуцьцё — найлепшы пры гэтым кіраўнік зьбірача і этнографа"[59]. Гэтым тонкім пачуцьцём В. Ластоўскі карыстаўся ўсё жыцьцё сам. Дасьледнік быў упэўнены, што „старасьвецкія здабыткі народнага мастацтва — гэта карані, з якіх павінны вырасьці новыя расткі новага народнага мастацтва"[60].

„Інструкцыю" В. Ластоўскага можна ацаніць як праграму па вывучэньні беларускага народнага мастацтва, якая была арыентаваная на разьвіцьцё навукі і музэйнае справы ў рэспубліцы. У той час у Інстытуце беларускае культуры, Беларускім дзяржаўным музэі, у краязнаўчым руху на месцах, асабліва ў Віцебску, заявіла аб сабе пэрспэктыўная плеяда маладых, апантаных ідэяй беларускага нацыянальнага адраджэньня навукоўцаў і дзеячаў, якія шмат пасьпелі зрабіць на практыцы і падрыхтавалі свае першыя дасьледаваньні ў галіне беларускага мастацтвазнаўства: Міколай Шчакаціхін, Мікалай Касьпяровіч, Аляксандар Шлюбскі, Іван Фурман.

„Інструкцыю" можна ацаніць як канспэкт структуры будучае манаграфіі. Гэтыя пляны не маглі быць рэалізаваныя дасьледнікам ва ўмовах узмацненьня ціску аўтарытарнага савецкага рэжыму і разгорнутых з канца 1929 г. рэпрэсій у БССР.

---

[59] Власт. Інструкцыя. С. 71.
[60] Тамсама. С. 67.

У выніку пэрспэктыва разьвіцьця беларускага мастацтвазнаўства, у тым ліку ў дасьледчай галіне, якая толькі пачала ў той пэрыяд фармавацца, — вывучэньні народнага дэкаратыўна-прыкладнога мастацтва — была перакрэсьленая не на адно дзесяцігодзьдзе. Першая абагульняючая манаграфія на гэтую тэму аўтарства Міхаіла Кацара ўбачыла сьвет толькі ў 1972 г.[61]

Ацэньваючы ўнёсак В. Ластоўскага ў беларускае мастацтвазнаўства, варта згадаць пра ягоныя публікацыі аб беларускіх дрэварытах, у тым ліку ў выданьнях Францішка Скарыны, што непасрэдна былі зьвязаныя зь ягоным дасьледаваньнем гісторыі беларускай кнігі[62]. У беларускім мастацтвазнаўстве ён заклаў асновы жанру крытычнае рэцэнзіі, калі адгукнуўся на працу Івана Фурмана „Крашаніна", зрабіўшы досыць падрабязны яе разбор[63]. Дасьледнік цікавіўся сучасным выяўленчым мастацтвам і пісаў аб творчасьці беларускіх мастакоў Вітольда Прушкоўскага і Міхаіла Мікешына[64].

Як знаўца беларускага мастацтва В. Ластоўскі на пасадзе дырэктара добра разумеў, што неабходна зьбіраць і паказваць у Беларускім дзяржаўным музэі, каб ён даваў „паняцьце аб гісторыі беларускага мастацтва", што трэба выстаўляць помнікі беларускай малярскай школы XVII — XIX стст., прадстаўленай шэрагам імёнаў, ажурна-выпуклую разьбу па дрэве, гравюру і асабліва так званы „лубачны" дрэварыт — народнае беларускае мастацтва, „якое на вачох выціскаецца фабрычнымі вырабамі". Аб гэтым ён пісаў старшыні Галоўнавукі Народнага камісарыяту асьветы БССР 18 студзеня 1928 г. як аб першапачатковых

---

[61] Кацер М.С. Народно-прикладное искусство Белоруссии (от первобытного общества до 1917 г.): [учебное пособие для театрально-художественных учебных заведений]. Минск, 1972.

[62] У.С. [Ластоўскі В.Ю.]. Беларускі дрэварыт пачатку XVI ст. // Крывіч. 1924. №1. С. 93; Ластоўскі В. Доктар Франіш Скарына (1525–1925) // Крывіч. 1924. №2 (8). С. 3–13; М.Н. [Ластоўскі В.Ю.]. Крыўскія рытаўнікі // Крывіч. 1925. №2 (10). С. 104–106.

[63] Власт. І.П. Фурман. Крашаніна // Крывіч. 1925. №2 (10). С. 119–120.

[64] Карчак [Ластоўскі В.Ю.]. Вітольд Прушкоўскі і Міхаіла Мікешын // Крывіч. 1927. №1 (12). С. 104–105.

задачах музэйнага будаўніцтва і сфармуляваў задачы ператварэньня музэю ў навукова-дасьледчую ўстанову[65].

Пры ўсёй відавочнай цікавасьці да гісторыі беларускага мастацтва, а таксама народнага мастацтва, В. Ластоўскі цікавіўся разьвіцьцём сучаснага мастацтва і меў сталыя стасункі зь беларускімі мастакамі. Ён патранаваў ініцыятыву групы мастакоў, мастацтвазнаўцаў і дзеячаў беларускае культуры на чале з Іванам Цьвікевічам, якія ў 1929 г. у Менску арганізавалі гурток для вывучэньня выяўленчага мастацтва. Пратаколы пасяджэньня сябраў гуртка за сакавік — красавік 1929 г. сьведчаць, што яны праходзілі ў Беларускім дзяржаўным музэі і яго дырэктар прысутнічаў на ўсіх пасяджэньнях. 21 сакавіка сябры гуртка заслухалі даклад В. Ластоўскага пра беларускую народную арнамэнтыку. Гэтая ініцыятыва перарасла ў заснаваньне Беларускага Таварыства прыхільнікаў выяўленчага мастацтва, першы ўстаноўчы сход якога адбыўся 18 траўня 1929 г. у Доме пісьменьнікаў. На ім прысутнічала 45 чалавек, у тым ліку: Тодар Выхадцаў, Тодар Гальмаджан, Алесь Грубэ, Мікола Дучыц, Язэп Дыла, Якуб Колас, Мікола Красінскі, Якуб Кругер, Канстанцін Мадзалеўскі, Аляксандар Палеес, Ісак Сербаў, Міхаіл Станюта, Анатоль Тычына, Іван Цьвікевіч, Мікола Шчакаціхін і інш.

Для арганізацыі аддзелу сучаснага мастацтва ў музэі паміж яго дырэктарам В. Ластоўскім і старшынём Усебеларускага аб'яднаньня мастакоў А. Грубэ 31 траўня 1928 г. была заключаная дамова аб перадачы авансу ў суме 2000 руб. за выкананьне карцін і скульптур лікам у 10 рэчаў у тэрмін да 1 кастрычніка 1928 г. Аванс памерам 200 руб. выдаваўся наступным мастакам: Воўкаву, Эндэ, Кругеру, Бразару, Галубкінай, Кудрэвічу, Касталянскаму, Філіповічу, Станюту, Грубэ[66].

Аддзел сучаснага мастацтва ў Беларускім дзяржаўным музэі быў адкрыты ў 1929 г. Да гэтай падзеі В. Ластоўскі разам з М. Шчакаціхіным выдалі ілюстраваны каталёг жывапісных і скульптурных работ. Ацэньваючы ў прадмове

---

[65] Нацыянальны архіў Рэспублікі Беларусь. Ф. 42, воп. 1, адз. зах. 1935, арк. 1–3.
[66] Тамсама, арк. 60.

дасягненьні сучаснага мастацтва, дырэктар музэю адзначыў этнаграфізм як напрамак яго разьвіцьця і тое, што падыход да стварэньня беларускага стылю, сфармуляваны ім у нашаніўскія часы, быў слушным:

> Мысьль аб тым, каб індывідуальнае мастацтва абаперці на падставы колектыўнай народнай творчасьці, як на першакрыніцу, якая абладае элемэнтамі свайго ўласнага стылю, — была цалкам правільная[67].

Гэта быў адзін з апошніх апублікаваных тэкстаў В. Ластоўскага. У ім нельга не заўважыць прысутнасьці савецкай рыторыкі, якой дасьледнік ня мог пазьбегнуць, знаходзячыся ў той час па пасадзе дырэктара музэю. В. Ластоўскі вымушана пісаў, што ў мастацтве „арыстократызм, романтызм і сымболізм ня могуць мець месца", што сучаснае беларускае мастацтва павінна быць нацыянальным па форме і пралетарскім па зьмесьце[68]. Разам з тым, знаўца і дасьледнік гісторыі беларускага мастацтва застаўся верным сваёй пазыцыі, калі зазначыў:

> Мы не прамоўчым, што прадстаўленае ў Аддзеле беларускае мастацтва ня ёсьць падоўжаньне беларускіх гістарычных мастацкіх традыцый: у ім не знайшлі адбіцьця ані беларускія іконапісныя школы XVI — XVIII ст., ані віленская ўнівэрсытэцкая школа, якая займала выдатнае месца ў жыцьці Беларусі канца XVIII і першай паловы XIX ст.[69]

Гэтае выданьне ўвайшло ў гісторыю беларускага мастацтвазнаўства як каштоўная крыніца інфармацыі аб разьвіцьці беларускага мастацтва і напрамках творчасьці мастакоў у першыя гады савецкае ўлады.

Прыведзеныя факты творчай, зьбіральніцкай, арганізацыйнай і дасьледчай дзейнасьці В. Ластоўскага сьведчаць аб ягонай відавочнай схільнасьці да мастацтва і яго вывучэньня.

---

[67] Сучаснае беларускае мастацтва : праваднік па аддзеле сучаснага беларускага малярства і разьбярства / Беларускі дзяржаўны музэй; апрац. М. Шчакаціхін і В. Ластоўскі. Менск, 1929. С. 6.
[68] Тамсама. С. 6.
[69] Тамсама. С. 7.

Гэты інтарэс ішоў разам зь ім па жыцьці. Сфармуляваная В. Ластоўскім ідэя аб неабходнасьці стварэньня беларускага народнага стылю на падставе ўзораў народнага мастацтва і арнамэнту была пакладзеная ў аснову фармаваньня нацыянальнага мастацтва ў 1920-я гады. Вывучэньне слуцкіх паясоў, спадчыны Ф. Скарыны, беларускае кніжнае графікі, народнага мастацтва і арнамэнту заклалі падмурак беларускае мастацтвазнаўчае навукі. Ён стаяў на чале першае плеяды дасьледнікаў беларускага мастацтва і ягонае імя ў гісторыі мастацтва Беларусі павінна стаяць побач з імёнамі Івана і Антона Луцкевічаў, Мікалая Шчакаціхіна, Мікалая Касьпяровіча, Івана Фурмана.

VACŁAŬ ŁASTOŬSKI — ARTIST, COLLECTOR, LINGUIST: NOTES FOR A BIOGRAPHY

Volha Labačeŭskaja (Miensk)

As a multifaceted and gifted individual, Vacłaŭ Łastoŭski realized himself in various fields of activity. However, his artistic creativity, passion for collecting, and his contributions as an art critic remain less known. This article summarises facts that add new dimensions to Łastoŭski's biography and present his contribution to the development of Belarusian culture and science in more detail. His experiments in book graphics and his passion for collecting examples of Belarusian literature and antiquities were closely linked to his active efforts to restore to the Belarusian people their rightful heritage and honorable place in culture. Analysing Łastoŭski's publications on folk art and crafts, Słucak sashes, icons, wooden ladles, his articles on Belarusian artists, and his reviews, allows us to recognize him as a foundational figure in Belarusian art studies.

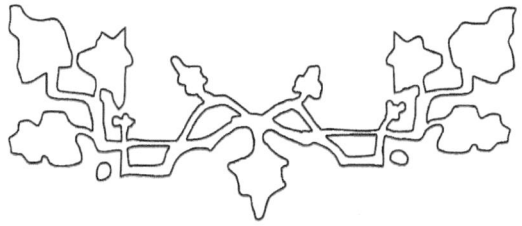

ЗАБЫТЫ БЕЛАРУСКІ ЭТНОГРАФ[1]: ЖЫЦЬЦЁ І ТВОРЧАСЬЦЬ АЛЯКСАНДРА ШЛЮБСКАГА*

Сьцяпан Захаркевіч (Вільня)

Артыкул прысьвечаны дасьледаваньню жыцьця і навуковай творчасьці амаль забытага зараз этнографа-палевіка, гісторыка беларускай этнаграфічнай навукі 1920-х гадоў Аляксандра Шлюбскага. Гэта быў надзвычай пладавіты дасьледнік, які фактычна за адно дзесяцігодзьдзе пакінуў больш за дваццаць навуковых артыкулаў, зборнік фальклёрных матэрыялаў Віцебшчыны і бібліяграфію ўсіх этнаграфічных дасьледаваньняў і тэкстаў аб Беларусі на 1927 г. Ён з ахвотай пісаў тэксты ў беларускія газеты як БССР, гэтак і дыяспары, дзе імкнуўся папулярнай мовай распавесьці аб этнаграфічнай працы, выніках палявых дасьледчых экспэдыцый і важнасьці навуковай дзейнасьці для беларускага грамадзтва.

Сталеньне А. Шлюбскага адбылося падчас рэвалюцыйных трансфармацый беларускага грамадзтва, што моцна

---

[1] Тэрмін „забыты" стаў зараз папулярным у беларускай этналёгіі. Аб гэтым сьведчаць назвы артыкула Вольгі Лабачэўскай (Лабачэўская В. А. Архіў забытай экспедыцыі Вацлава Ластоўскага 1928 года па маршруце Слуцк — Асташкавічы // Культура и быт белорусов в этнографических исследованиях и музейных коллекциях. Минск, 2012. С. 83–86), ці назва кнігі Сяргея Грунтова, Яніны Грыневіч і Надзеі Саўчанкі (Грунтоў С. У., Грыневіч Я. І., Саўчанка Н. І. Забытая экспедыцыя 1923 года: ля вытокаў акадэмічнай этнаграфіі ў Беларусі: альбом-манаграфія. Мінск, 2023). Назіраецца відавочная тэндэнцыя да рэфлексіі і пераасэнсаваньня гісторыі навукі. Гэты артыкул быў названы так не пад уплывам гэтых публікацый, але відавочна ва ўнісон зь імі.

* Артыкул выкананы ў межах праекту SOLT II. ENI/2021/423-841-0057.

паўплывала на ягоную акадэмічную кар'еру ў Беларусі — працяглы час уласны характар, палітычныя погляды і нацыянальная сьвядомасьць перашкаджалі яму. Росквіт ягонай навуковай дзейнасьці прыйшоўся на 1927–1929 гады. Аднак яна была гвалтоўна перапыненая палітычнымі рэпрэсіямі. А. Шлюбскі быў арыштаваны ў 1930 г. і высланы зь Беларусі на пяць гадоў. Назад ён ужо не вярнуўся і ў 1935 г. быў ізноў арыштаваны. Аднак нават у высылцы А. Шлюбскі працягваў навуковую дзейнасьць. Падчас сваёй высылкі і пасьля яе ён здолеў надрукаваць тры артыкулы ў цэнтральным этнаграфічным часопісе СССР „Савецкая этнаграфія".

У 1941 г. ён быў мабілізаваны ў войска і ў 1942 г. загінуў у баях. Палітычныя рэпрэсіі і вайна перарвалі дзейнасьць актыўнага дасьледніка, які меў усе шанцы аказаць значны ўплыў на разьвіцьцё беларускай савецкай этнаграфіі, пераасэнсаваць яе і па-іншаму расставіць акцэнты ў ацэнцы расейскага імпэрскага этапу гэтай навукі. Замест гэтага, імя Аляксандра Шлюбскага на доўгі час было забытым і потым толькі коратка згадвалася ў гістарыяграфічных апісаньнях. Ягонае жыцьцё паказвае, як аўтарытарныя і таталітарныя рэжымы імкнуцца кантраляваць праз фізічны гвалт ня толькі палітычныя працэсы, але і інтэлектуальнае разьвіцьцё.

◇◇◇◇◇

Уводзіны

У беларускай этналёгіі да сёньняшняга часу, на жаль, вельмі мала ўвагі надаецца вывучэньню шляхоў разьвіцьця ўласнае навукі і яе пераасэнсаваньню на сучасным этапе. Традыцыйна характарызуюцца „патрыярхі" імпэрскага пэрыяду — Павел Васільевіч Шэін, Мікалай Якаўлевіч Нікіфароўскі, Еўдакім Раманавіч Раманаў, а таксама ўжо прадстаўнікі пачатку XX ст. і савецкай этнаграфіі міжваеннага пэрыяду — Ісак Абрамавіч Сербаў і Аляксандар Казіміравіч Сержпутоўскі.

У беларускіх гістарыяграфічных выданьнях асоба Аляксандра Ануфрыевіча Шлюбскага ці не ўзгадваецца ўвогуле, ці ёй даецца вельмі сьціслая і ляпідарная характарыстыка „шараговага" дасьледніка. Гэты артыкул будзе накіраваны на высьвятленьне біяграфіі і аналіз навуковай дзейнасьці А. Шлюбскага. Нягледзячы на тое, што за кароткі пэрыяд фактычна ў адно дзесяцігодзьдзе 1920-х гадоў ён здолеў зрабіць вельмі шмат для айчыннай этнаграфічнай навукі, спалучаў рысы палявога дасьледніка і ўважлівага гістарыёграфа і гісторыка навукі, ягонае імя амаль што забытае. Толькі ў апошні час пачалі зьяўляцца публікацыі, дзе робіцца спроба даць новую ацэнку творчасьці А. Шлюбскага.[2] Гэта ўжо сьведчыць аб насьпяваньні тэндэнцыі да пераасэнсаваньня гісторыі беларускай этнаграфіі і этналёгіі.

Жыцьцёвы шлях

На сёньняшні дзень атрымалася знайсьці тры асабістыя справы А. Шлюбскага — у фондзе Наркамасьветы (Нацыянальны архіў Рэспублікі Беларусь — далей НАРБ), у фондзе БДУ (НАРБ) і ў фондзе Віцебскага аддзяленьня Маскоўскага археалягічнага інстытуту (далей — ВА МАІ) (Цэнтральны дзяржаўны архіў Масквы — далей ЦГАМ)[3].

Аляксандар Шлюбскі нарадзіўся 4 чэрвеня 1897 г. у вёсцы Межава Аляксандраўскай воласьці Полацкага павету (у 1920-я гады — Чырвонаармейская воласьць Полацкага павету БССР, зараз Расонскі раён Віцебскай вобласьці Рэспублікі Беларусь). Гэта было прыгожае месца, недалёка ад якога знаходзілася возера Межава і рэчка з такой самай назвай.

---

[2] Іофе Э. Р. Аляксандр Шлюбскі. Малавядомыя старонкі // Традыцыі і сучасны стан культуры і мастацтваў : зб. навук. артыкулаў. Мінск, 2021. Вып. 2. С. 477; Грыневіч Я. Аляксандр Шлюбскі // Грунтоў С. У., Грыневіч Я. І., Саўчанка, Н. І. Забытая экспедыцыя 1923 года. С. 175–182.

[3] Хацеў бы выказаць падзяку маім калегам-кансультантам, якія дапамагалі знайсьці гэтыя матэрыялы (як і шмат іншых) — шаноўным Ігару Барынаву, У. М., К. С., А. М., З. К. З-за пытаньняў бясьпекі я ня буду называць поўныя імёны некаторых зь іх, аднак яны ведаюць маю вялікую і шчырую ўдзячнасьць ім.

Забыты беларускі этнограф

Гэта было беларуска-латыска-расейскае памежжа, якое магло адбіцца на ягонай зацікаўленасьці этнаграфіяй беларусаў і на ягонай этнічнай сьвядомасьці ці адчуваньні этнічных межаў культуры, бо менавіта на памежжы рознасьць культур і этнічныя маркеры найбольш выразна праяўляюцца і адчуваюцца.

Дакладна не вядома аб ягоных бацьках. Ён уласнаруч пазначыў іх земляробчыя заняткі[4]. Аднак таксама існуе меркаваньне аб ягоным паходжаньні з духавенства, аб чым можа сьведчыць ягоная адукацыя[5]. У сваёй працы „Матар'ялы да вывучэньня фольклёру і мовы Віцебшчыны" (1927) А. Шлюбскі падае сярод інфармантаў сваіх бацькоў: „песьні і апавяданьні — са слоў Надзеі Шлюбскай, прыказкі — са слоў Анупрэя Шлюбскага"[6].

Будучы этнограф скончыў Віцебскую духоўную вучэльню, пасьля — Віцебскую духоўную сэмінарыю ў 1917 ці 1918 г. 13 кастрычніка 1918 г. напісаў заяву на археалягічны факультэт ВА МАІ, і тут узьнікае першая блытаніна зь ягонай біяграфіяй. У 1920 г. у анкеце ягонай рукой напісана, што ён вучыцца на 3-м курсе археалягічнага факультэту ВА МАІ і рыхтуецца да навуковай працы ў галіне этнаграфіі.[7] Аднак праз тры гады ў аўтабіяграфіі для Беларускага цэнтральнага архіву А. Шлюбскі пазначыў, што вучыўся на археаграфічным факультэце[8]. Магчыма, у першым выпадку гэта была апіска, або, у другім выпадку, фармулёўка была абумоўленая пошукам працы ў архіўных установах.

---

[4] Личное дело Александра Онуфриевича Шлюбского // ЦГАМ. Ф. 376, воп. 1, спр. 4524, арк. 1.

[5] Шлюбскі Аляксандр Ануфрыевіч (1897) // Адкрыты спіс ахвяраў палітычных рэпрэсій у СССР [Электронный ресурс] Рэжым доступу: by.openlist.wiki/Шлюбскі_Аляксандр_Ануфрыевіч_(1897) Дата доступу: 17.10.2023

[6] Шлюбскі А. Матар'ялы да вывучэньня фольклёру і мовы Віцебшчыны. Менск, 1928 // Беларуская этнографія ў доследах і матар'ялах / Ін-т Бел. культуры. Аддз. гуманіт. навук. Кн. 5. Ч. 2. Менск, 1928. С. 4.

[7] Личное дело Александра Онуфриевича Шлюбского // ЦГАМ.

[8] Асабістая справа Аляксандра Ануфрыевіча Шлюбскага // НАРБ. Центральный государственный архив (Центрархив) при Академическом центре Наркомпроса БССР (июнь 1922 г. — 17 июля 1922 г.). Ф. 249, вопіс 2, спр. 195, арк. 1аб.

З анкеты ВА МАІ 1921 г. можна даведацца, што А. Шлюбскі здаў дванаццаць іспытаў, беспартыйны і жанаты, зарабляе 5376 рублёў і здымае пакой у прыватнай кватэры за 300 рублёў. Ваенную службу праходзіў „ва ўездваенкамаце". Працаваў пісьмаводам і зьбіраў фальклёр[9].

Да паступленьня ў ВА МАІ і падчас вучобы Аляксандр Шлюбскі ўжо актыўна займаецца этнаграфіяй і ўсюды рэпрэзэнтуе сябе як этнограф. Яшчэ ў юнацтве, натхнёны працамі М. Я. Нікіфароўскага, ён пачаў запісваць беларускія народныя песьні[10]. Фактычна да свайго пераезду ў Менск у 1923 г., на працягу 10 гадоў ён сабраў вялікі фальклёрны архіў (каля трох тысяч адзінак узораў народнай творчасьці ды іншых матэрыялаў) беларускага Падзьвіньня[11]. У 1919 г. А. Шлюбскі выдае ў Веліжу на падставе ўласнага палявога досьведу мэтадычную брашуру і публікуе артыкул у мясцовай газэце аб зьбіраньні этнаграфічнага матэрыялу[12]. У гэты ж час ён таксама друкуе невялічкую праграму для зьбіраньня вуснай творчасьці[13]. У 1921 г. у Віцебску ён чытае цыкль лекцый аб беларускай этнаграфіі[14].

Важным этапам станаўленьня этнографа і арганізатара навукі стала ягоная этнаграфічная дзейнасьць у ВА МАІ: пры Этнаграфічным кабінэце А. Шлюбскі арганізаваў студэнцкую этнаграфічную камісію. Пры ёй стварыў рукапісны часопіс „Беларускі этнограф" (1922), які сам рэдагаваў. Часопіс друкавалі на друкавальнай машынцы і потым гектаграфавалі накладам у 50 асобнікаў. Кожны нумар меў каля 30 старонак[15].

---

[9] Личное дело Александра Онуфриевича Шлюбского // ЦГАМ.

[10] Грыневіч Я. Аляксандр Шлюбскі. С. 175.

[11] Вывучэньне культурнага стану краю // Наш край. 1927. №6–7. С. 71. Цыт. паводле: Грыневіч Я. Аляксандр Шлюбскі. С. 175.

[12] Шлюбский Ал. О собирании материалов по этнографии // Известия Велижского Уездного Совета. Велиж, 1919. №132 (185); Шлюбский Ал. Сведения по собиранию устного народного творчества в Беларуси. Велиж, 1919.

[13] Шлюбскі Ал. Праграма для запісваньня помнікаў вуснай народнай творчасьці. Б.м., Б.г. 5 с.

[14] Лекцыі беларусазнаўства ў Віцебску // Беларускія ведамасьці. 9.12.1921. №12–13. С. 1.

[15] Белорусский Этнографъ // Беларускі сьцяг. 1922. №4. С. 63-64.

Першы нумар выйшаў у красавіку 1922 г. і меў тры артыкулы: „М. Мелешко, Задачи Белорусского этнографа; Ив. Кузьмин, О записи отдельных слов и выражений народной речи; А. Шлюбскiй, Программа по собиранию сведений о религиозных верованиях белоруссов"[16]. Менавіта тут у раздзеле „Этнаграфічная хроніка" выйшаў першы артыкул аб сьмерці вядомага этнографа У. М. Дабравольскага[17]. Другі нумар (травень 1923 г.) меў наступны зьмест: „Сапунов А. П., Краткая характеристика белорусса; Добровольский В. Н., Дунай в славянском фольклоре и прародина славян"[18]. Гэта была першая спроба стварэньня беларускага навуковага этнаграфічнага часопіса! Аб сур'ёзнасці справы і ўласна часопіса сьведчылі надрукаваныя артыкулы вядомых на той час вучоных і дасьледнікаў, якія працавалі выкладчыкамі ў ВА МАІ. Сур'ёзнасьць і важнасьць гэтай этнаграфічнай дзейнасьці разумелі ўсе ўдзельнікі. Міхаіл Мялешка, пры паступленьні ў асьпірантуру БДУ па катэдры беларускай літаратуры пазначыў, што мае артыкул з часопіса „Беларускі этнограф"[19]. Падаецца, што гэтыя артыкулы потым дапрацоўваліся і выкарыстоўваліся далей. М. Мялешка, напрыклад, падобна што выкарыстаў досьвед напісаньня артыкула 3 чэрвеня 1925 г. на агульным сходзе Інбелкульту, прысьвечаным адкрыцьцю этнаграфічнай сэкцыі, дзе выступіў з дакладам „Этнаграфія ў культурным і савецкім будаўніцтве".[20]

Фактычна ўжо падчас вучобы ў ВА МАІ А. Шлюбскі склаўся як актыўны этнограф-палявік, які глыбока разумеў асаблівасьці працы ў экспэдыцыях, добра ведаў мясцовую рэгіянальную культуру. Ён шырока друкаваўся ў газэтах, дзе інфармаваў грамадзкасьць аб культурных мерапрыемствах, дасьледаваньнях

---

[16] Шлюбскі А. Матар'ялы да беларускае бібліографіі / Ін-т Беларус. Культуры. Бібліогр. Каміс. Кн. III. Т. 4 : Этнографія. Менск, 1927. С. 10.

[17] Тамсама. С. 120.

[18] Тамсама. С. 11.

[19] Асабістая справа вучонага архіварыуса Міхаіла Мялешкі // НАРБ. Ф. 205, воп. 1, спр. 59, арк. 20аб.

[20] Пратакол №1 агульнага сходу Этнаграфічнай сэкцыі ІБК. 28.05.1925 // Цэнтральны Навуковы Архіў НАН Беларусі (далей — ЦНА НАН Беларусі). Ф. 67, спр. 6, арк. 108.

і гістарычных фактах. Толькі за 1922–1923 гады выйшла як мінімум 13 ягоных газэтных публікацый[21]. Гэтай дасьледніцкай і выдавецкай актыўнасьці спрыяла і ягоная праца, паралельная з вучобай. У аўтабіяграфіі з справы ў Цэнтрархіве А. Шлюбскі пералічыў усе свае заняткі і пасады да пераезду ў Менск: сапраўдны сябра МАІ, сябра Рады Віцебскага таварыства вывучэньня помнікаў старадаўнасьці, арганізатар і старшыня Полацкага гісторыка-этнаграфічнага таварыства, арганізатар і старшыня Веліскай камісіі па ахове помнікаў „старадаўнасьці і штукарства", арганізатар і старшыня Этнаграфічнай камісіі пры ВА МАІ, арганізатар і загадчык павятовых архіваў у Веліжу і Полацку. У Віцебскім губархіве з 1919 г. пасьлядоўна займаў наступныя пасады: навуковы супрацоўнік, архіварыюс, загадчык сэкцыі павятовых архіваў, архівіст. Паралельна з дзьвюма апошнімі пасадамі ў архіве быў яшчэ намесьнікам Віцебскага губархіву[22]. Апроча гэтага ён быў загадчыкам бібліятэкі ВА МАІ.[23]

18 лютага 1923 г. А. Шлюбскі пераводзіцца зь Віцебскага губархіву ў Менск[24]. З рэзалюцыі кіраўніка Цэнтрархіву Зьмітра Жылуновіча высьвятляецца, што за А. Шлюбскага прасіў Усевалад Ігнатоўскі, які плянаваў задзейнічаць яго яшчэ і ў Інбелкульце (цікава, што праз шэсьць гадоў менавіта У. Ігнатоўскі будзе яго звальняць перад арыштам). З 1 сакавіка 1923 г. А. Шлюбскі быў прызначаны загадчыкам Разборнай камісіі Цэнтрархіву, а паралельна арганізатарам павятовых архіваў і даведачнай бібліятэкі пры Цэнтрархіве[25]. У Менску ён пасяліўся на Нова-Раманаўскай вуліцы 36, у кватэры Паўловіча. З красавіка 1923 г. ягоная жонка, Ганна Шлюбская, пачала працаваць у Цэнтрархіве машыністкай[26].

---

[21] Грыневіч Я. Аляксандр Шлюбскі ... С. 176.
[22] Дело о службе Руководителя Разборной комиссии Александра Шлюбского // НАРБ. Ф. 249, воп. 2, спр. 195, арк. 1аб–2.
[23] Тамсама, арк. 7.
[24] Тамсама, арк. 1.
[25] Тамсама, арк. 5.
[26] Асабістая справа Ганны Шлюбскай // НАРБ. Ф. 249, воп. 2, спр. 194, арк. 6.

Падаецца, што А. Шлюбскі не плянаваў абмежаваць сваю дзейнасьць выключна архіўнай справай. Нават пры запаўненьні асабістай карткі ў Цэнтрархіве, ён пазначыў, што па спэцыяльнасьці „архівіст і этнограф"[27]. І ён адразу ўключаецца ў этнаграфічную навуковую дзейнасьць. 11 жніўня 1923 г. намесьнік наркаму асьветы БССР Язэп Каранеўскі зьвяртаецца ў Цэнтрархіў з просьбай накіраваць А. Шлюбскага ў распараджэньне Выстаўкаму Наркамату асьветы для падрыхтоўкі сельскагаспадарчай выставы ў Маскве зь вельмі інтрыгуючай фармулёўкай: „Маючы на ўвазе, што с. Шлюбскі зьяўляецца *адзіным этнографам* спэцыялістам, які можа працаваць па экспонаваньню дамаводства і быту на с.-г. выстаўцы..."[28]. Тут якраз трэба ўдакладніць, што сытуацыя з этнографамі ў Беларусі была сапраўды драматычная. На пачатку 1920-х гадоў адбылася фізычная зьмена пакаленьняў дасьледнікаў. Пакаленьне дарэвалюцыйных знаных этнографаў сышло: у 1920 г. трагічна гіне У. М. Дабравольскі, у канцы 1921 г. памірае М.А. Янчук, у пачатку 1922 г. памірае Е. Р. Раманаў. М. В. Доўнар-Запольскі засяродзіўся на беларускай гісторыі, А. Я. Багдановіч не пагадзіўся пераехаць у Менск, Я. Ф. Карскі ў 1921 г. назаўсёды зьяжджае зь Беларусі, І. А. Сербаў яшчэ працуе ў Гомлі і толькі пачынае перамовы з БДУ аб пераезьдзе, А. К. Сержпутоўскі знаходзіцца ў Петраградзе, В. У. Ластоўскі яшчэ не пераехаў у Беларусь. У гэтай сытуацыі малады, актыўны і амбіцыйны А. Шлюбскі, з досьведам этнаграфічных і фальклярыстычных экспэдыцый, сапраўды выглядае ў той момант адзіным этнографам у Менску, які адразу здольны арганізаваць экспэдыцыю і пачаць дасьледаваньні. Вясной — летам 1923 г. А. Шлюбскі разам з М. Мялешкам і фатографам Львом Дашкевічам па заданьні Наркамасьветы выяжджае ў экспэдыцыю[29]. Падчас гэтай экспэдыцыі паміж А. Шлюбскім і М. Мялешкам адбыўся сур'ёзны канфлікт, які моцна пасварыў гэтых даўніх і добрых калег і сяброў.

---

[27] Дело о службе Руководителя .... // НАРБ. Ф. 249, воп. 2, спр. 195, арк. 7аб.
[28] Тамсама, арк. 11.
[29] Грунтоў С. У., Грыневіч Я. І., Саўчанка Н. І. Забытая экспэдыцыя 1923 года.

У 1922 г. А. Шлюбскі робіць спробу паступіць у асьпірантуру БДУ на аддзяленьне этнаграфіі. Восеньню 1923 г. газэта „Вольны Сьцяг" інфармавала чытачоў, што „Прадметнай Камісіяй Унівэрсітэту абран асыстэнтам па катэдры беларускае этнографіі сябра Інстытуту Беларускае Культуры Алесь Шлюбскі"[30]. 15 сьнежня 1922 г. прадметная гістарычная камісія БДУ накіравала адказ на заяву А. Шлюбскага на паступленьне ў асьпірантуру:

> Маючы на ўвазе сумневы ў дастатковай навуковай кампэтэнтнасьці А. Шлюбскага, а таксама маючы на ўвазе катэгарычныя патрабаваньні ДВС (Дзяржаўнага Вучонага Савету — С.З.) прадстаўляць у ДВС пры хадатайніцтве аб зацьвярджэньні кандыдата і ягоныя друкаваныя працы, прасіць А.А. Шлюбскага прадставіць свае навуковыя працы ў прадметную камісію. Пытанне аб канчатковым абраньні Шлюбскага навуковым супрацоўнікам адтэрмінаваць да атрыманьня водгукаў аб навуковай годнасьці ягоных прац з боку прафэсароў, сябраў камісіі[31].

Магчыма менавіта гэты адказ, ці яго працяг (які пакуль ня знойдзены) і спрычыніўся да канфлікту паміж А. Шлюбскім і прадметнай камісіяй. 28 лютага 1924 г. А. Шлюбскі напісаў рэктару БДУ Уладзіміру Іванавічу Пічэту:

> Высокапаважаны Уладзімер Іванавіч! Зварот мне дакумэнтаў, якія датычацца да майго залічэньня пры Унівэрсытэце навуковым супрацоўнікам па падрыхтоўцы да прафэсарскага званьня па катэдры этнографіі, сьведчыць мне аб непажаданасьці Унівэрсытэта каб я быў у ліку яго супрацоўнікаў, дзеля склаўшагася майго сучаснага становішча. А па гэтаму прыкладаю заяву, прашу зволіць мяне і канчаткова ліквідаваць пытанне аб маёй працы ў Унівэрсытэту[32].

Да гэтага ліста дадавалася заява А. Шлюбскага:

---

[30] Вольны Сьцяг. 07.10.1923. №17. С. 4

[31] Адказ кандыдату на пасаду навуковага супрацоўніка А. Шлюбскаму // НАРБ. Ф. 205, воп. 1, спр. 58, арк. 78–78 аб. (*Пер. С.З.*).

[32] БДУ. Дело научного сотрудника по кафедре этнографии Шлюбского Алексея Онуфриевича // НАРБ. Ф. 205, воп. 3, спр. 9302, арк. 2.

У Беларускі Дзяржаўны Унівэрсітэт. Прашу зволіць мяне з ліку Навуковых супрацоўнікаў, пакінутых пры Унівэрсітэце для падрыхтоўкі да прафэсарскага званьня. Ал. Шлюбскі. 28.02.1924. г. Менск[33].

Вядома, што з траўня 1923 г. на катэдры этнаграфіі БДУ пачаў працаваць І. А. Сербаў. Некаторыя заўвагі аб занятках і поглядах гэтага дацэнта пэдагагічнага факультэту БДУ, які выкладаў этнаграфію Беларусі, пакінуў знаны беларускі гісторык М. Улашчык, які ў 1924 г. слухаў ягоныя лекцыі ў БДУ:

...Этнаграфію чытаў Сербаў. Гэта быў нудны чалавек, чытаў ён так, што праз пяць хвілін ужо хацелася спаць. (...) Думаю, што да самой смерці ён застаўся праваслаўна-рускім чалавекам, якім быў у 1912 г., калі ездзіў па Беларусі і знайшоў, што насельніцтва гаворыць на чыстай рускай мове, заганаю было тое, што ў нядзелю заміж таго, каб у царкве маліцца, сядзяць на вуліцы і кураць люлькі...[34].

Цалкам магчыма, што канфлікт мог адбыцца з І. А. Сербавым, які не жадаў кіраваць у асьпірантуры актыўным і рэзкім нацыянальна арыентаваным маладым А. Шлюбскім.

З другога боку, увосень 1922 г. А. Шлюбскі быў затрыманы АДПУ падчас продажу старадрукаў з рук. Следства даказала, што ён у 1922 г., працуючы ў бібліятэцы ВА МАІ і губархіве прыўлашчваў старадрукі і антыкварныя кнігі. Яму напачатку быў вынесены прысуд тэрмінам на два гады, аднак, беручы пад увагу, што ён супрацоўнічаў зь сьледствам і вярнуў усе кнігі, прысуд быў вынесены ўмоўна[35]. Падчас следства ў сьнежні 1923 г. ён быў звольнены з Цэнтрархіву[36]. Гэта таксама магло паўплываць на высновы прадметнай камісіі БДУ.

Зь лістоў У. І. Пічэту відаць, што характар А. Шлюбскага быў рэзкі і гарачы, а сам ён быў чалавекам імпульсіўным і схільным да прыняцьця хуткіх і эмацыйных рашэньняў.

---

[33] Тамсама, арк. 1.
[34] Улашчык М. Выбранае. Мінск, 2001. С. 518.
[35] Выпіска з прысуду А. Шлюбскаму // НАРБ. Ф. 249, воп. 2, спр. 195, арк. 35.
[36] Даведка ў Цэнтрархіў // НАРБ. Ф. 249, воп. 2, спр. 195, арк. 27.

Таксама трэба адзначыць, што ён меў пэўныя і хутчэй ня проста фармальныя адносіны з У. І. Пічэтам яшчэ праз супрацу ў Інбелкульце. Аб гэтым сьведчыць ня толькі вышэйзгаданы ліст, напісаны, падаецца, чалавекам, які добра знаў рэктара БДУ і выказваў яму нейкія асабістыя і зразумелыя ім абодвум акалічнасьці і крыўды, але і некалькі захаваных у Нацыянальнай бібліятэцы Беларусі (далей НББ) кніг А. Шлюбскага з подпісамі У. І. Пічэту. Ягоная праца „Паны і сяляне ў першай палове ХІХ ст." (1924) была падпісаная так: „Дзядзьку У. Пічэце ад аўтара. 15.12.1924 г."[37]. Ведаючы прамату і грубаватасьць А. Шлюбскага, такі зварот можна аднесьці да ўласьцівасьцей ягонага характару, а можа сьведчыць аб іх добрым знаёмстве і адносінах, шырэйшых за фармальныя. Зварот „дзядзька" быў дастаткова шырока распаўсюджаны сярод нацыянальна арыентаванай інтэлігенцыі, нават у справаводстве: „Дзядзьку Дылу", „Паважаны дзядзька Троска", „Дужа паважанаму дзядзьку В. Ластоўскаму"[38]. Аднак такія нефармальныя звароты не падтрымліваліся акадэмічнай прафэсурай, і гэты панібрацкі подпіс значна вылучаўся сярод іншых. У фондах НББ захаваліся кнігі і адбіткі артыкулаў М. Мялешкі з надпісамі У. Пічэту прыкладна гэтага ж часу: „Высокапаважанаму рэктору Беларускага Дзяржаўнага Унівэрсытэту прафэссару Уладзіміру Іванавічу Пічэту. 19.01.1926"[39] і „Высокапаважанаму прафэсару Уладзіміру Іванавічу Пічэту. 27.02.1930"[40]. Аднак ужо ў наступныя гады стыль дароўных подпісаў А. Шлюбскага да У. І. Пічэты зьмяніўся на фармальны і паважлівы: „Высокапаважанаму Уладзіміру Іванавічу Пічэту"[41], ці ўжо памятка зь

---

[37] Шлюбскі Ал. Паны і сяляне ў першай палове ХІХ стагодзьдзя. Менск, 1924.

[38] Заява Пагуды Пятра Змітрава // ЦНА НАН Беларусі. Ф. 67, воп. 1, спр. 8, арк. 31; Ліст ад 08.02.1924 // ЦНА НАН Беларусі. Ф. 67, воп. 1, спр. 8, арк. 38; Заява перакладчыкаў // ЦНА НАН Беларусі. Ф. 67, воп. 1, спр. 9, арк. 235; Ліст В. Ластоўскаму // ЦНА НАН Беларусі. Ф. 67, воп. 1, спр. 12, арк. 162.

[39] Мялешка М. Паншчына на Беларусі. Менск, 1924. Адбітак з: Мялешка, М. Паншчына на Беларусі // Полымя. 1924. №4; 1925. №4, 6.

[40] Мялешка М. Камень у вераньнях і паданьнях беларусаў // Запіскі аддзелу гуманітарных навук. Кн. 4. Працы катэдры этнаграфіі. Менск, 1928.

[41] Шлюбскі Ал. Этнаграфічная дзейнасьць Дабравольскага. Менск, 1928.

Вяткі: „Высокапаважанаму Уладзіміру Іванавічу Пічэта (sic!) ад аўтара — апошняя друкаваная праца"[42], каштоўная тым, што прысланая У. І. Пічэту з высылкі.

Магчыма, асабістыя канфлікты з М. Мялешкам і іншымі спачатку не давалі магчымасьці А. Шлюбскаму браць шырокі ўдзел у дзейнасьці ІБК. Калі стваралася Этнаграфічная сэкцыя Інбелкульту, А. Шлюбскі напачатку ня быў у яе складзе[43]. Сэкцыя была „унівэрсытэцкай" — кіраўнік прафэсар БДУ Салямон Захаравіч Кацэнбоген, сакратар дацэнт БДУ І. А. Сербаў. У склад уваходзілі таксама Аляксандар Казіміравіч Сержпутоўскі, М. В. Мялешка і іншыя. Ужо пазьней А. Шлюбскі пачаў браць актыўны ўдзел менавіта ў этнаграфічнай сэкцыі, а потым у працы катэдры этнаграфіі ІБК[44].

Пасьля звальненьня з Цэнтрархіву А. Шлюбскі цалкам засяродзіў сваю дзейнасьць на ІБК. 31 сакавіка 1924 г. А. Шлюбскі прысутнічаў на агульным сходзе ІБК, дзе зацьвярджалі статут[45]. Ён уваходзіў у сьпіс сяброў ІБК[46]. 4 красавіка 1924 г. на пасяджэньні сходу ІБК быў прапанаваны склад сэкцыі этнаграфіі і геаграфіі, куды патрапіў і А. Шлюбскі[47]. Аднак 4 чэрвеня 1924 г. на важнай нарадзе этнографаў прыродна-геаграфічнай сэкцыі ІБК, дзе абмяркоўваўся плян працы этнографаў і пераход ад сэкцыі геаграфіі да гісторыка-археалягічнай, ён не

Адбітак з: Шлюбскі Ал. Этнаграфічная дзейнасьць Дабравольскага // Запіскі Аддзелу гуманітарных навук. Менск, 1928. С. 117–126; Шлюбскі Ал. Матар'ялы да беларускае бібліяграфіі. Кн. ІІІ. Т. 4 : Этнаграфія. Менск, 1927.

[42] Шлюбскі Ол. Білоруська етнографія останнього десятиліття (1919–1928). Б.м., [1929–1930?]. С. 89–115.

[43] Отчет Этнографической секции ИБК за 1925 академический год // ЦНА НАН Беларусі. Ф. 67, воп. 1, спр. 6, арк. 106аб.

[44] Захаркевіч С. А. Роля Інбелкульта ў інстытуцыяналізацыі беларускай этнаграфіі // Інстытут беларускай культуры: здабыткі, значэнне, вынікі дзейнасці: матэрыялы Міжнар. круглага стала, прысвечанага 95-годдзю Інстытута беларускай культуры, Мінск, 10 лістапада 2017 г. Мінск, 2017. С. 28–33.

[45] Пратакол агульнага сходу ІБК. 31.03.1924 // ЦНА НАН Беларусі. Ф. 67, воп. 1, спр. 8, арк. 10.

[46] Сьпіс сяброў ІБК на пасяджэньні 31.03.1924 // ЦНА НАН Беларусі. Ф. 67, воп. 1, спр. 8, арк. 11.

[47] Пратакол пасяджэньня арганізатараў сэкцый // ЦНА НАН Беларусі. Ф. 67, воп. 1, спр. 8, арк. 13.

прысутнічаў[48]. 24 студзеня 1925 г. А. Шлюбскі прысутнічаў на пасяджэньні гісторыка-археалягічнай камісіі, якая зацьвярджала плян работы на наступны год[49]. У сьпісе дзейных сябраў сэкцый ІБК ад 9 лютага 1925 г. А. Шлюбскага не было[50]. Цалкам магчыма, што ён яшчэ не даслаў уласную анкету — гэта была вялікая праблема для ІБК, якая часта ўзьнімалася падчас сходаў. Аднак 25 лютага 1925 г. А. Шлюбскі ўжо выступаў на пасяджэньні Прэзыдыюму мастацкай сэкцыі ІБК з заявай аб карціне „Біблейскія ўцекачы" з Ватыкану, што знаходзілася ў Магілёве, інфармацыю аб якой трэба было перадаць у сэкцыю аховы помнікаў[51]. 4 сакавіка 1925 г. А. Шлюбскі выступіў на пасяджэньні гісторыка-археалягічнай сэкцыі з дакладам „Да пытаньня аб забароне беларускага друку расійскім урадам у XIX сталецьці"[52]. 16 траўня 1925 г. на пасяджэньні Прэзыдыюму ІБК ад гісторыка-археалягічнай сэкцыі было прапанавана прыняць сябраў П. Харламповіча, А. Шлюбскага і С. Дубінскага ў сябры-супрацоўнікі[53].

А. Шлюбскі, як і іншыя сябры ІБК, выконваў і шараговыя задачы, напрыклад, перадаваў кнігі Беларускага дзяржаўнага выдавецтва з ІБК у Беларускі музычны тэхнікум[54].

А. Шлюбскі быў дэлегатам ад фальклёрна-дыялекталягічнай камісіі ІБК на Другім Усебеларускім краязнаўчым зьездзе 1927 г. Падчас свайго справаздачнага дакладу намесьнік старшыні Прэзыдыюму ЦБК Аляксей Захаравіч Казак адзначыў вялікую працу фальклёрнай сэкцыі на чале з прафэсарам

---

[48] Пратакол №1 Нарады Этнографаў прыродна-гэаграфічнай сэкцыі Інбелкульту. 04.04.1924 // ЦНА НАН Беларусі. Ф. 67, воп. 1, спр. 8, арк. 47.

[49] Пратакол першага сходу Гісторыка-археолёгічнай камісіі ІБК. 24.01.1925. // ЦНА НАН Беларусі. Ф. 67, воп. 1, спр. 9, арк. 58.

[50] Пратакол пасяджэньня Прэзыдыюму ад 09.02.1925 г. // ЦНА НАН Беларусі. Ф. 67, воп. 1, спр. 9, арк. 4.

[51] Пратакол пасяджэньня Прэзыдыюму Мастацкае сэкцыі ІБК ад 25.02.1925 // ЦНА НАН Беларусі. Ф. 67, воп. 1, спр. 9, арк. 32; 72.

[52] Пратакол другога пасяджэньня Гісторыка-археолёгічнай камісіі. 04.03.1925. // ЦНА НАН Беларусі. Ф. 67, воп. 1, спр. 9, арк. 59.

[53] Пратакол сходу Гісторыка-археолёгічнай сэкцыі. 29.04.1925. // ЦНА НАН Беларусі. Ф. 67, воп. 1, спр. 9, арк. 127; Пратакол пасяджэньня Прэзыдыюму ІБК. 16.05.1925. // ЦНА НАН Беларусі. Ф. 67, воп. 1, спр. 9, арк. 122–122аб.

[54] У Беларускі музычны тэхнікум // ЦНА НАН Беларусі. Ф. 67, воп. 1, спр. 12, арк. 134.

Пятром Апанасавічам Бузуком і сакратаром А. Шлюбскім. Пры гэтым было адзначана, што А. Шлюбскі прыступіў да апрацоўкі агромністага (больш за 8 тыс. адзінак) фальклёрнага архіву, першасны аналіз якога даў у артыкуле ў часопісе „Наш край"[55].

Цалкам магчыма, што ў 1927 г. А. Шлюбскі зрабіў яшчэ адну спробу паступіць у асьпірантуру. Аб гэтым ускосна згадвае Іван Афанасьевіч Дышчанка, этнограф і ўдзельнік этнаграфічных экспэдыцый[56], што вучыўся ў Ленінградзе разам з Майсеем Якаўлевічам Грынблятам[57]. І. А. Дышчанка ў сваім лісьце да Мікалая Ільіча Бялугі (тагачаснага намесьніка старшыні ІБК) дзякаваў яму за дапамогу ў справе паступленьня ў асьпірантуру па этнаграфіі і пісаў:

> Хаць я не маю вестак аб канчатковым вырашэньні гэтага пытання, але ўпэўнен у тым што залічан будзе Шлюбскі. Дзякуючы таму, што я цьвёрда рашыў выканаць сваю думку і добра падрыхтавацца ў галіне музееведенія і этнаграфіі, каб лягчэй было змагацца з гэткімі Шлюбскімі...[58].

У 1925–1927 гады востра паўстала пытаньне аб падрыхтоўцы беларускіх навуковых кадраў. ІБК шмат увагі надаваў гэтаму пытанню. І ў этнаграфіі былі відаць зрухі — М. Я. Грынблят вучыўся разам з І. А. Дышчанкам і іншымі ў Ленінградзкім унівэрсытэце. Віцебскі краязнаўца А. К. Супінскі атрымаў ад ІБК падтрымку на паступленьне ў асьпірантуру ў Ленінградзкую акадэмію матэрыяльнай культуры[59]. У сваім лісьце

---

[55] Працы Другога Усебеларускага Краязнаўчага Зьезду. Менск, 1927. С. 14.
[56] Письмо студента И.А. Дыщенко в редакцию «Крестьянской газеты» // Письма во власть. 1917–1927. Заявления, жалобы, доносы, письма в государственные структуры и большевистским вождям. Москва, 1998. С. 381.
[57] Грынблят М. Я. Некаторыя матар'ялы да вывучэньня пастушства і жывёлагадоўлі Тураўшчыны // Наш край. 1928. №8–9. С. 77; Захаркевіч С.А. Як гартавалася сталь : Станаўленне беларускага савецкага этнолага Маісея Якаўлевіча Грынблата // Беларускі фальклор. Зборнік нав. прац. Вып. 3. 2016. С. 513.
[58] Ліст Яна Дышчанкі да дзядзькі Бялугі // ЦНА НАН Беларусі. Ф. 67, воп. 1, спр. 21, арк. 95.
[59] Зварот старшыні Віцебскай сэкцыі навуковых работнікаў у ЦБК // Ф. 67, воп. 1, спр. 21, арк. 67.

І. А. Дышчанка падае цікавы адрас для зваротнай карэспандэнцыі — этнаграфічны аддзел Дзяржаўнага Расейскага Музэю[60]. Падаецца, што А. Шлюбскі паступіў у асьпірантуру ІБК, бо ў сьпісах супрацоўнікаў Беларускай акадэміі навук ён падаваўся асьпірантам этнаграфічнай камісіі[61].

Складаная структура ІБК і яго пэрманэнтная рэарганізацыя моцна ўскладняе разуменьне дакладнай дзейнасьці канкрэтных камісій, сэкцый і падсэкцый. А. Шлюбскі раз-пораз фігуруе ў сьпісах клясы гісторыі ІБК. Напрыклад у сьпісе на атрыманьне другога выпуску „Беларускага архіва"[62].

Пасьля крымінальнай справы А. Шлюбскі не пакінуў цікавіцца кніжным антыкварыятам. 5 студзеня 1927 г. на сакратарыяце ІБК разглядалася ягоная прапанова абмяняць альбом гравюр краявідаў Беларусі, які знаходзіўся ў ягонай уласнасьці, на гісторыка-юрыдычныя матэрыялы. Сакратарыят адмовіўся ад абмену з прычыны наяўнасьці такога альбома ў Дзяржаўнай бібліятэцы[63]. У той час у Менску сярод букіністаў можна было набыць вельмі рэдкія экзэмпляры. Напрыклад, вядомы мастацтвазнаўца Мікалай Мікалаевіч Шчакаціхін валодаў Літоўскай мэтрыкай XIV ст. у пераплёце з слановай косткі[64].

У 1927 г. адбылася новая рэарганізацыя ІБК, якая спрасьціла яго структурную арганізацыю. Была створаная катэдра этнаграфіі ІБК. Плян працы катэдры на 1927–1928 гады дэманструе насычаную праграму і вялікія амбіцыі этнографаў. Значнае месца ў гэтым адводзілася А. Шлюбскаму[65]. Ён

---

[60] Ліст Яна Дышчанкі да дзядзькі Бялугі // ЦНА НАН Беларусі. Ф. 67, воп. 1, спр. 21, арк. 95аб.

[61] Сьпіс навуковых супрацоўнікаў Беларускай Акадэміі Наук // ЦНА НАН Беларусі. Ф. 67, воп. 1, спр. 21, арк. 195.

[62] Сьпіс супрацоўнікаў Клясы Гісторыі на атрыманьне Беларускага Архіва // ЦНА НАН Беларусі. Ф. 67, воп. 1, спр. 22, арк. 275.

[63] Выпіска з Пратаколу №1 пасяджэньня Сакратарыяту ІБК. 05.01.1927 // ЦНА НАН Беларусі. Ф. 67, воп. 1, спр. 21, арк. 123.

[64] Захаркевич С.А. Николай Николаевич Щекотихин. Основоположник новых направлений белорусской гуманитаристики — искусствоведения и истории культуры // Интеллектуальная элита Беларуси. Основоположники белорусской науки и высшего образования (1919–1961). Минск, 2019. С. 222.

[65] Плян працы Катэдры Этнаграфіі на 1927/1928 гг. // ЦНА НАН Беларусі. Ф. 67, воп. 1., спр. 30, арк. 179–180.

павінен быў дапрацаваць і выдаць сваю работу аб фальклёры Віцебшчыны, далей апісваць і апрацоўваць фальклёрны архіў, сабраны падчас экспэдыцый 1926–1927 гадоў, распрацоўваць інструкцыю па зборы фальклёру, падрыхтаваць для часопіса „Наш край" кароткае апісаньне сабранага фальклёрнага архіву. Таксама прэзэнтаваўся пачатак ягонай новай дасьледніцкай тэмы — „Спроба гісторыі беларускай этнаграфіі", частка 1 (канец XVIII–1863 г.). Плянавалася камандзіраваць яго ў Ленінград у Дзяржаўную публічную бібліятэку, Акадэмію навук, Расейскае геаграфічнае таварыства і іншыя інстытуцыі для збору матэрыялаў па гэтай тэме. Паралельна ён быў адказным за апісаньне навуковага архіву катэдры і кантроль за перапіскай, датычнай зборнікаў Е. Р. Раманава. Да таго ж ён яшчэ напісаў два навуковыя артыкулы і тры кароткія рэцэнзіі для I тома прац катэдры этнаграфіі[66].

1 лютага 1927 г. на пасяджэньні Сакратарыяту ІБК А. Шлюбскі прасіў даведку для заняткаў у Музэі Рэвалюцыі. Аднак яму адмовілі, аргумэнтуючы тым, што гэта ягоная прыватная справа, а не плянавая тэма катэдры этнаграфіі[67].

Канец 1920-х гадоў можна ўважаць часам росквіту навуковай творчасьці А. Шлюбскага. Ён напісаў бібліяграфію беларускай этнаграфіі і працу аб фальклёры Віцебшчыны. Гэтыя працы сьведчылі, што А. Шлюбскі паступова станавіўся адным з найбуйнейшых этнографаў Беларусі. Нездарма ў 1928 г. ён быў узнагароджаны Малым срэбным мэдалём Расейскага геаграфічнага таварыства[68]. Таксама ён працягваў актыўную экс-

---

[66] Шлюбскі А. Этнографічная дзейнасьць Дабравольскага // Запіскі аддзелу гуманітарных навук. Кн. 4. Працы катэдры этнаграфіі. Т. I. Сш. 1. С. 117–126; Шлюбскі А. Аб беларускай набойцы // Запіскі аддзелу гуманітарных навук... С. 187–192; Шлюбскі А. Рэц.: R. Z. Pisanki. Warszawa, 1927. 31 s. // Запіскі аддзелу гуманітарных навук. С. 193–194; Шлюбскі А. Рэц.: Акад. Е. Карскі. Культурные завоевания русского языка в старину на западной окраине его области «Известия отделения русс. яз. слов. Рос. А. Н.», Т. XXIX, Ленинград, 1925. стр. 1–22 // Запіскі аддзелу гуманітарных навук. С. 194–195; Шлюбскі А. Рэц.: Nowogródzkie. Praca zbiorowa wydana staraniem polskiego towarzystwa krajoznawczego. Warszawa, 1926. // Запіскі аддзелу гуманітарных навук. С. 195–196.

[67] Пасяджэньне Сакратарыяту ІБК. 01.02.1927 // ЦНА НАН Беларусі. Ф. 67, воп. 1, спр. 30, арк. 279.

[68] Перечень награжденных знаками отличия Русского географического общества (1845–2012). Москва, 2012. С. 38.

пэдыцыйную дзейнасьць — з аднаго зь лістоў Яўхіму Карскаму ад 28 верасьня 1928 г. дазнаёмся аб экспэдыцыі А. Шлюбскага на Бабруйшчыну[69].

Напрыканцы 1929 г. А. Шлюбскі быў звольнены зь Беларускай акадэміі навук. Было падкрэслена, што

> навуковы супрацоўнік 2 катэгорыі катэдры этнографіі Шлюбскі напісаў і распаўсюдзіў рэакцыйныя па зьместу анкеты аб зьбіранні вестак аб вялікодных яйках, што ён быў грамадзка скомпромэтаваны ў друку і не рэалібітаваў сябе, імкнуўся падарваць значэньне самакрытыкі, што выражалася ў пагрозе пабіць таго, хто напісаў заметку ў насьценгазэце аб ім[70].

Сам А. Шлюбскі распавёў аб падрабязнасьцях свайго звальненьня ў лісьце Яўхіму Карскаму[71].

3 красавіка 1930 г. А. Шлюбскі быў арыштаваны. У спэцыяльных „навуковых" працах і зборніках, скіраваных супраць „нацдэмаўцаў", ён сам і ягоныя погляды (як і погляды ягоных калег) пачалі шальмавацца, груба крытыкавацца і моцна скажацца[72]. 10 красавіка 1931 г. ён быў асуджаны на 5 гадоў высылкі ў Ніжні Ноўгарад. Быў пераведзены ў Кіраў (зараз Вятка ў РФ), дзе працаваў бібліёграфам у бібліятэцы імя Герцэна[73]. У гэты час ён друкуе ў мясцовым зборніку вынікі ўласных мясцовых дасьледаваньняў[74]. Ягоная ранейшая творчасць

---

[69] Письмо А. О. Шлюбского к Е. Ф. Карскому. 28.09.1928 // СПбФ АРАН. Ф. 292, оп. 2, д. 158, л. 6–7об.

[70] Пратакол Прэзыдыуму БАН // ЦНА НАН Беларусі. Ф. 1, воп. 1, спр. 2, арк. 143–144.

[71] Письмо А. О. Шлюбского к Е. Ф. Карскому. 23.10.1929 // СПбФ АРАН. Ф. 292. Оп. 2. Д. 158. Л. 8–9об.

[72] Бабровіч Л., Шпілеўскі Ів. Супроць контррэволюцыйных нацдэмаўскіх тэорый у этнографіі // Савецкая краіна. 1931. №1.; «Навука» на службе нацдэмаўскай контррэволюцыі / Беларуская акадэмія навук, Інстытут філёзофіі. Менск, 1931. Т. I, ч. 3: Этнографія. Музэйная справа /Л. Бабровіч [і інш.]. С. 155, 174, 176, 178–181, 183–185, 189–191.

[73] «Не говори с тоской: их нет, но с благодарностию: были». Из воспоминаний Г. Ф. Чудовой [Электронный ресурс]. Рэжым доступу: herzenlib.ru/almanac/number/detail.php?NUMBER=number20&ELEMENT=gerzenka20_1_2&special_version=Y. Дата доступу 17.10.2023.

[74] Шлюбский А. О. Библиография Омутнинского края. Материалы к полной

усё яшчэ працягвала выклікаць увагу крытыкаў і палітычных апанэнтаў[75]. Аднак А. Шлюбскі ўпарта не здаваўся і працягваў займацца навукай нават у самых неспрыяльных умовах. Ва ўмовах высылкі і публічнай крытыкі палітычна ангажаваных калег ён здолеў у 1934 г. надрукаваць два артыкулы ў цэнтральным этнаграфічным часопісе СССР[76].

У 1935 г. А. Шлюбскага другі раз арыштоўваюць на тры гады. У 1940 г., ужо пасьля другога вызваленьня, Аляксандр Ануфрыевіч здолеў надрукаваць яшчэ адну сваю працу ў „Савецкай этнаграфіі"[77]. Гэта, падобна, была ягоная апошняя навуковая праца.

У 1941 г. ён быў прызваны на фронт з Боўлінскага РВК Татарскай АССР і ў жніўні 1942 г. загінуў[78].

У 1960 г. па першым прысудзе А. Шлюбскі быў рэабілітаваны, аднак у ягонай рэабілітацыі па другім прысудзе было адмоўлена[79].

библиографии // Омутнинская проблема. Сборник статей. Нижний Новгород, 1932. С. 278–325.

[75] Супинский А. К. Национал-демократизм в современной белорусской этнографии // Этнография на службе у классового врага. Ленинград, 1932. С. 106–107; Нікольскі Н. М. Устаноўкі і мэтады беларускай нацдэмаўскай этнографіі / Н. М. Нікольскі // Працы сэкцыі этнографіі. Вып. IV. Менск, 1933.

[76] Шлюбский А. О. Архивные материалы о книге Ф. Энгельса «Происхождение семьи, частной собственности и государства» // Советская этнография. 1934. №6. С. 62–69; Шлюбский А. О. Библиография русских переводов труда Ф. Энгельса «Der Ursprung der Familie, des Privateigentums und des Staates» // Советская этнография. №6 (1934). С. 180–185.

[77] Шлюбский А. О. К истории русской этнографии. Цензурные мытарства А. Н. Афанасьева // Советская этнография. Сборник статей. Вып. IV. Москва, 1940. С. 128–141.

[78] Информация из донесений о безвозвратных потерях [Электронный ресурс]. Рэжым доступу: obd-memorial.ru/html/info.htm?id=55454634. Дата доступу 17.10.2022.

[79] Шлюбскі Аляксандр Ануфрыевіч (1897). Адкрыты спіс ахвяраў палітычных рэпрэсій у СССР [Электронны рэсурс]. Рэжым доступу: by.openlist.wiki/Шлюбскі_Аляксандр_Ануфрыевіч_(1897). Дата доступу 13.10.2021.

Навуковая этнаграфічная дзейнасьць А. Шлюбскага

Разуменьне і ацэнка даробку беларускай этнаграфіі

А. Шлюбскі меў агульную візію разьвіцьця і характарыстык гісторыі беларускай этнаграфіі. Першыя гістарыяграфічныя працы ён пачаў пісаць яшчэ для свайго часопіса „Беларускі этнограф" у 1922 г.[80]. Фактычна гэты год можна ўважаць пунктам, ад якога пачынаецца ягонае зацікаўленьне гісторыяй беларускай этнаграфіі. Потым ён працягваў зьвяртацца да гэтай тэмы: артыкул аб творчасьці З. Бядулі як этнографа, кароткі газэтны тэкст аб Аляксандру Раманавічу Пшчолку[81]. У 1927 г. А. Шлюбскі выдае грунтоўную бібліяграфію па этнаграфіі Беларусі[82]. Уяўляецца, што менавіта праца над бібліяграфіяй адкрыла яму маштаб праблемы і захапляльныя пэрспэктывы дасьледаваньня. У 1927 г. у праграму працы катэдры этнаграфіі ІБК была ўпершыню ўключаная тэма „Спроба гісторыі беларускай этнаграфіі", частка 1 (канец XVIII — 1863 г.)[83]. Ён плянаваў распачаць сур'ёзную дасьледчую працу ў бібліятэках і архівах Ленінграду для збору матэрыялаў. Аб маштабнасьці плянаў добра сьведчыць ягоная перапіска з выбітным філёлягам і этнографам Яўхімам Карскім. Вядома шэсьць ягоных лістоў да акадэміка за пэрыяд з 12 студзеня 1928 г. па 25 кастрычніка 1929 г.[84]

А. Шлюбскі ў перапісцы дзеліцца з Я. Карскім амбіцыйным плянам напісаньня вялікай сэрыі дасьледаваньняў:

---

[80] Шлюбскі А. Матар'ялы да беларускае бібліографіі. С. 120.
[81] Шлюбскі Ал. Бядуля як этнограф. Менск, 1925. С. 188–195. Адбітак з часопіса „Полымя"; Шлюбскі А. Пшчолка і „Варжда из-за языка" // Савецкая Беларусь. 1926. №164. С. 3–4.
[82] Шлюбскі Ал. Матар'ялы да беларускае бібліографіі.
[83] Плян працы Катэдры Этнаграфіі на 1927/1928 гг. // ЦНА НАН Беларусі. Ф. 67, воп. 1, спр. 30, арк. 179–180.
[84] Выказваю падзяку кандыдату гіст. навук А. Унучаку за дапамогу ў пошуку гэтых лістоў А. Шлюбскага.

...Па прыблізнаму падліку патрэбна каля 15 кніг, каб праца мела вычарпальны характар. Калі ўвядзеньне (гэта значыць — нарыс гісторыі навуковай беларускай этнаграфіі) будзе скончана, то далейшая праца пойдзе хутка, бо матэрыял будзе падрыхтаваны. Калі пражыву да 60 гадоў, то выпускаючы ў два гады па адной кнізе, цягам 30 гадоў скончу гэтую працу...[85].

А. Шлюбскі назваў гэты праект „Беларуская этнаграфія". Ён адзначае ў лісьце: „Я зьбіраю абсалютна ўсё, што з таго ці іншага боку зьвязваецца з беларускай этнаграфіяй"[86]. Тым не менш, у верасьні 1928 г. ягоны аптымізм наконт сэрыі значна зьменшыўся:

...Думаю толькі, што вызначаныя 15 кніг будзе цяжка ажыцьцёвіць. Цяжка не з прычыны труднасьці ў працы, а з прычыны розных асаблівасьцяў і нечаканасьцей сучаснага жыцьця, калі шмат часу прыходзіцца аддаваць на заняткі, якія да навуковых занятак не маюць ані якага дачыненьня...[87].

А. Шлюбскі, для якога толькі пачынаўся этап актыўнай навуковай працы, мяркуе пісаць гэтую сэрыю не самастойна, а разам з 68-гадовым акадэмікам Я. Карскім, які ўжо меў абсалютныя дасягненьні ў навуцы:

...Маю цяперашнюю работу над гісторыяй беларускай этнаграфіі патрэбна злучыць з далейшай працай, заплянаванай Вамі — так каб першыя 3–4 кнігі (гісторыі этнаграфіі) сталі б уводзінамі ў непасрэднае апісаньне беларускага быта ...[88].

Ён не прапануе, а выказвае пэўнае патрабаваньне.

А. Шлюбскі пасьпеў падрыхтаваць цэлую сэрыю артыкулаў аб этнографах — Е. Раманаве, П. Шэйне, У. Дабравольскім,

---

[85] Письмо А. О. Шлюбского к Е. Ф. Карскому. Не позднее 27 сентября 1928 г. // СПбФ АРАН. Ф. 292, оп. 2, д. 158, л. 10–11об.

[86] Письмо А. О. Шлюбского к Е. Ф. Карскому. 07.02.1928 // СПбФ АРАН. Ф. 292, оп. 2, д. 158, л. 4–5.

[87] Письмо А. О. Шлюбского к Е. Ф. Карскому. 28.09.1928 // СПбФ АРАН. Ф. 292, оп. 2, д. 158, л. 6–7об.

[88] Письмо А. О. Шлюбского к Е. Ф. Карскому. Не позднее 27 сентября 1928 г. // СПбФ АРАН. Ф. 292, оп. 2, д. 158, л. 10–11об.

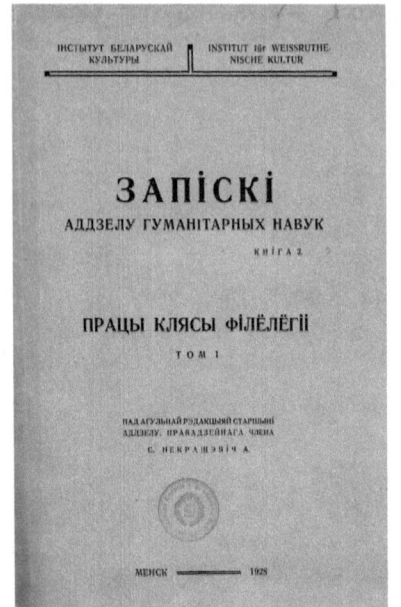
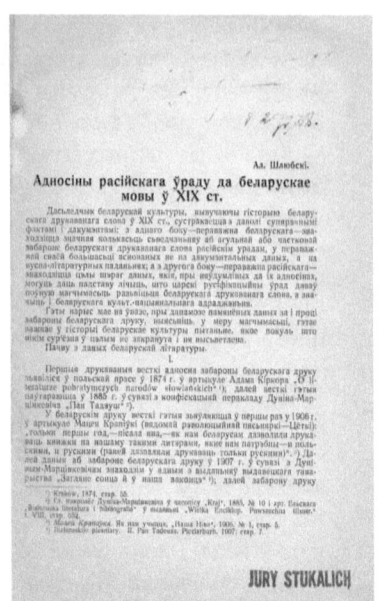

З. Бядулі. Апошняй працай да арышту стаў абагульняльны артыкул аб беларускай этнаграфіі 1920-х гадоў[89]. Ва ўсіх гэтых тэкстах відаць імкненьне А. Шлюбскага даць кароткія абагульняльныя высновы:

> ...Уласна кажучы, беларуская этнаграфія, да самых апошніх часоў, існавала толькі ў першай сваёй стадыі — складаньня сырога матар'ялу, да слова сказаць, у большасьці сабранага выпадкова, бессыстэмна, ненавукова і нават тэндэнцыйна (перш у бок Польшчы, а потым у бок Расіі). Зразумела, што пры такіх умовах не магло быць ніякай размовы аб далейшым разьвіцьці беларускае этнаграфіі — распрацоўцы таго, што мелася ў друку[90].

---

[89] Шлюбскі Ол. Білоруська етнографія останнього десятиліття (1919–1928) Б.м., [1929–1930?]. С. 89–115. Адбітак.
[90] Шлюбскі Ал. Бядуля як этнограф. Менск, 1925. С. 188. Адбітак з „Полымя". 1925. №2.

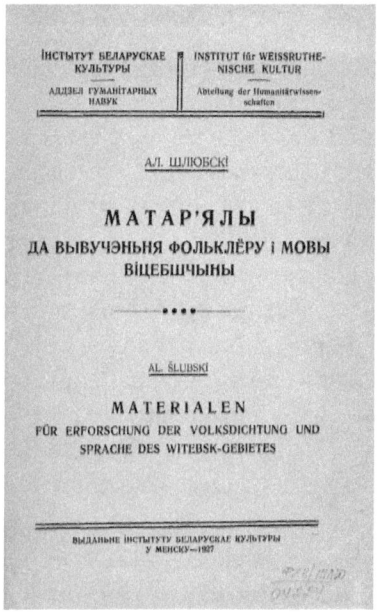

Зьлева: Вокладка „Запісак аддзелу гуманітарных навук Інстытуту Беларускае Культуры". Кн. 2, т. 1 (1928); першая бачынка артыкула А. Шлюбскага „Адносіны расійскага ўраду да беларускае мовы ў XIX ст.", надрукаванага ў „Запісках", з зацертым аўтографам ад 25.05.1928 і пячаткай Юркі Віцьбіча.
Справа: Вокладка манаграфіі А. Шлюбскага „Матар'ялы да вывучэньня фольклёру і мовы Віцебшчыны". Кн. 1. (1927).

Праца ў галіне беларускай этнографіі ў бліжэйшы час павінна быць накіравана па двух шляхох: па першае — па сыстэматычна-агульнаму дасьледаваньню зьяваў і праблемаў гісторыі беларускае этнографіі і, падругое — па апрацоўцы мала дасьледаваных ці зусім не дасьледаваных бакоў беларускай матар'яльнай і духоўнай культуры[91].

Уласнае дасьледаваньне ён аднёс да другога шляху. Далей тамсама, ён вылучаў задачай беларускай этнографіі „выяўленьне гэтых выдатных помнікаў народнага мастацтва з належнымі да альбому навуковымі камэнтарыямі"[92].

У сваім апошнім тэксьце, напісаным да арышту, ён прапануе ўважаць этнаграфію ўласна беларускай толькі пасьля 1917 г.[93]

---

[91] Шлюбскі Ал. Крашаніна: Набіванка. Віцебск, 1926. С. 5.
[92] Тамсама. С. 17.
[93] Шлюбскі Ол. Білоруська етнографія останнього десятиліття (1919–1928). Б.м., [1929–1930?]. С. 89. Адбітак.

Рысы характару праз творчасьць

Жыцьцё і тэксты Шлюбскага адлюстроўваюць рысы рэзкага, эмацыйнага і нястрыманага чалавека, які часта трапляў у канфлікты менавіта з-за сваіх асабістых якасьцей. У тэкстах ён мог дастаткова груба выказацца аб аўтарах-калегах: „...У канцы трэба адзначыць, што цікавы матар'ял, які сабраў Сержпутоўскі, носіць дылетанцкі характар, дзякуючы адсутнасьці навуковага мэтоду ў яго апрацоўцы..."[94]. Увогуле, гэтая рэцэнзія насіла моцна крытычны характар ня толькі і ня столькі паводле сэнсу, колькі паводле стылю напісаньня. Са зьместу рэцэнзіі складаецца ўражаньне аб рэзкім, максымалістычным і нават фанабэрыстым чалавеку.

У працы аб творчасьці З. Бядулі як этнографа, А. Шлюбскі таксама выказваецца рэзка:

> Праўда Бядуля ня вучоны, яго этнографічныя працы носяць дылетанцкі характар і з сурова-навуковага погляду маюць недахваты, але, ня гледзячы на гэта, Бядуля ўнёс сваё імя ў лік беларускіх этнографаў[95].

З тэксту выходзіць, што сам А. Шлюбскі ўважаў сябе носьбітам тых самых сурова-навуковых поглядаў, якія дазвалялі яму крытыкаваць З. Бядулю менавіта ў такіх катэгорыях. Прычым сучасная беларуская этналёгія ўвогуле і не залучае З. Бядулю да этнографаў.

У перапісцы з Я. Карскім А. Шлюбскі дэманструе ўласьцівую яму напорыстасьць, спрытнасьць і нават нахабства. Апавядаючы аб звальненьні зь Беларускай акадэміі навук ён наўпрост, без аніякіх дыпляматычных заходаў просіць удвая старэйшага за сябе акадэміка дапамагчы ў пошуку працы ў Ленінградзе[96]. З іншага боку, цалкам магчыма, што разумны і прадпрымальны А. Шлюбскі ўжо адчуваў, якія зьмены

---

[94] Шлюбскі А. Рэц.: А. Сержпутоўскі. Казкі і апавяданьні беларусаў з Слуцкага павету // Наш Край. 1927. №4. С. 71.

[95] Шлюбскі Ал. Бядуля як этнограф. Менск, 1925. С. 189–190. Адбітак з „Полымя". 1925. №2.

[96] Письмо А. О. Шлюбского к Е. Ф. Карскому. 23.10.1929 // СПбФ АРАН. Ф. 292, оп. 2, д. 158, л. 8–9об.

надыходзілі ў савецкім грамадстве ў цэлым і БССР у прыватнасьці, ды імкнуўся пазьбегнуць жорнаў рэпрэсіўнай машыны.

Нацыянальная ідэнтыфікацыя А. Шлюбскага

Паказальным для рэпрэзэнтацыі нацыянальных поглядаў А. Шлюбскага зьяўляецца даклад „Да пытаньня аб забароне беларускага друку расійскім урадам у XIX сталецьці", зь якім ён выступіў 4 сакавіка 1925 г. на пасяджэньні Гісторыка-археалягічнай камісіі ІБК[97]. У ім ён актуалізуе пытаньне забароны беларускага друку лацінкай і зьяўленьня кірылічных тэкстаў і ўважае забарону беларускіх выданьняў нічым не абгрунтаванай легендай:

> ...Разьвіццё беларускай літаратуры, а значыць і нацыянальна-адраджэнцкага руху ў XIX ст. затрымоўвае не забарона беларускага друку, якой ня было, а здрада беларускай справе тагочасных гэтак званых беларускіх пісьменьнікаў і дзеячоў, якія наскрозь былі пранікнуты польскасьцю, якія былі палякамі па свайму сьветапогляду, якія не змаглі зьмірыцца з антыпольскай барацьбой Маскоўшчыны і з забаронай друкаваць іх творы лацінскім альфабэтам...[98].

У дакладзе ён выкарыстоўвае важныя тэрміны і канцэпты для разуменьня інтэлектуальнай гісторыі XIX ст.: „пранікнуты польскасьцю", „палякі па свайму сьветапогляду", „беларусы, выхаваныя польскай культурай", „парвалі з польскай традыцыяй". Гэтыя ідэі і канцэпты гучаць і сёньня актуальнымі. Даклад А. Шлюбскага выклікаў вялікую дыскусію і ўвагу, і было прапанавана яго надрукаваць.

Нацыянальныя погляды А. Шлюбскага шырока праяўляліся ў ягоных тэкстах. У выразе „ці, як кажуць маскоўскія дасьледнікі „набівнога праізводства"[99] — напісаньне расейскіх тэрмінаў у пагардлівым аднясеньні праз напісаньне беларускімі літарамі — можна адчуць пэўную пагарду і на-

---

[97] Пратакол другога пасяджэньня Гісторыка-археолёгічнай камісіі. 04.03.1925. // ЦНА НАН Беларусі. Ф. 67, воп. 1, спр. 9, арк. 59.
[98] Тамсама.
[99] Шлюбскі Ал. Крашаніна: Набіванка. Віцебск, 1926. С. 6.

ват зьдзек, што можна ўспрыняць як такі сабе „тролінг". Ён шырока выкарыстоўвае тэрміны „маскоўцы", „на Маскве", „Маскоўшчына"[100], „маскоўская навука «недзялімай Расіі»" паралельна з назвай „Расія"[101]. Ствараецца ўражаньне, што ў кожны момант ён вядзе вострую барацьбу з Расеяй, расейскім бокам, расейскімі навукоўцамі: „Зразумела, што друкаваньне тканіны ў усходніх славянаў перш за ўсё ўзьнікла ў беларускіх плямёнах, а потым перайшло і да сваіх суседзяў — маскоўцаў"; „Пасьля гэтага ня дзіва, што і ўзьнікненьня друкаваньня тканіны б. расійская навука прыпісвае гэнію маскоўцаў"[102]. Ён канстатуе, што беларускую культуру зьнішчалі бясконцыя войны, якія вяліся на Беларусі, галоўным чынам, паміж маскоўцамі і палякамі. Дарэчы, у ягоных тэкстах заўсёды прадстаўлены тэзіс аб змаганьні польскай і расейскай інтэлектуальных плыняў за беларусаў:

> ...Гістарычныя помнікі й крыніцы нам кажуць, што русіфікацыя Беларусі пачалася не з часу падзелу Рэчы Паспалітай польскай і далучэньня Беларусі да Маскоўшчыны (канца XVIII ст.), а толькі пасьля паўстаньня 1863 г. (...) Панавала „пальшчызна", якая ў першай палове ХІХ ст. больш палёнізавала Беларусь, чым за ўвесь час існаваньня Рэчы Паспалітай[103].

Ён даволі бескампрамісна расстаўляе акцэнты: „Возьмем, для прыкладу, з палянізатарскай групы „беларускіх" этнографаў А. Рыпіньскага. (...) Як прыклад другой, русіфікатарскай, групы „беларускіх" этнографаў П. Шэйна..."[104].

А. Шлюбскі выкарыстоўвае супрацьстаўленьні „нашых" і „іншых/нянашых": „...а нашыя беларускія сяляне мелі звычай..."[105]. Таксама ён займаўся распрацоўкай новай

---

[100] Тамсама. С. 7–9.
[101] Тамсама. С. 10.
[102] Тамсама.
[103] Тамсама. С. 15.
[104] Шлюбський О. Білоруська етнографія останнього десятиліття (1919–1928) Б. м., [1929–1930?]. С. 89. Адбітак з „Первісне громадянство та його пережитки на Україні". 1929. Вип. 2. С. 89–115.
[105] Шлюбскі Ал. Бядуля як этнограф. Менск, 1925. С. 192. Адбітак з „Полымя". 1925. №2.

тэрміналёгіі. Напрыклад, пішучы аб малюнках, набітых на тканіну, ён ужывае панятак „народная нацыянальная творчасьць". Гэта цікавы канструкт, які нясе ў сабе дадатковыя сэнсы, якіх няма ў дэфініцыі „народная творчасьць", надаючы ім новыя інструмэнтальныя канатацыі беларускага нацыянальнага праекту. Ён пісаў абператварэньні розных народных форм у адзіны нацыянальны ўзор. Магчыма, А. Шлюбскі разумеў гетэрагеннасьць народнай культуры з масай лякальных варыяцый і імкнуўся асэнсаваць працэсператварэньня ў гамагенны агульнанацыянальна прыняты стыль[106]. Карыстаўся нязвыкламі для таго часу дэфініцыямі „адломкі сваёй дахрысьціянскай нацыянальнай культуры", „чужая мова (польская і маскоўская)", „народны матэрыялізм „паганскага" кругаходу"[107].

А. Шлюбскі імкнуўся адысьці ад простага апісаньня і даць тэарэтычнае асэнсаваньне зьяваў, што сьведчыла аб новым этапе беларускай этнаграфіі:

> Й значнасьць чыста нацыянальную: а) выяўленьня характару эстэтычных патрэбаў нашага народу ў яго мінулым жыцьці; б) выяўленьня матываў і развою самастойнай народнай творчасьці, бо пры падрабязгавым разглядзе захаваўшыхся малюнкаў відаць, што галоўным кіраўніком пры апрацоўцы таго ці іншага малюнку, быў густ (смак) самаго народу, які, ўнікаючы сьляпога насьледаваньня, апрацоўваў і ўсвойваў новыя формы, згодна разуменьню народнай творчасьці...[108]

Стыль пісьма А. Шлюбскага не заўсёды быў абсалютова навуковы. Хутчэй можна казаць аб навукова-папулярных нарысах, дзе сустракаюцца аналітычныя фрагмэнты. Аднак гэта была характарыстыка эпохі, калі адбывалася інстытуцыяналізацыя беларускае навукі ў цэлым. Пачуцьцё стылю раз-пораз адмаўляла А. Шлюбскаму:

> Такое літаратурнае з'явішча *з'яўляецца* не толькі натуральным, але нават *з'яўляецца* законам для літаратур тых

---

[106] Шлюбскі Ал. Крашаніна. С. 15.
[107] Шлюбскі Ал. Бядуля як этнограф. С. 195.
[108] Шлюбскі Ал. Крашаніна. С. 17.

народаў, якія пасьля больш-меньш доўгага заняпаду адраджаюць сваю нацыянальную культуру[109].

Магчыма з-за моцнай занятасьці ён проста не пасьпяваў вычытваць уласныя тэксты.

Высновы

Аляксандар Шлюбскі пражыў кароткае, але надзвычай плённае навуковае жыцьцё. Каб не рэпрэсіі 1930-х гадоў, беларуская этнаграфія выглядала б зусім інакш і роля Шлюбскага ў гэтым была б вельмі значнай. Ягоныя працы больш складаныя па сваім сэнсе, чым прынята ўважаць ці чым напісана ў агульных гістарыяграфічных аглядах. Ён шукаў тэорыю і канцэптуальныя рамкі для сваіх дасьледаваньняў. Складваецца ўражаньне, што ягоныя думкі апярэджвалі ягоны аловак. У працах, прысьвечаных канкрэтнай тэматыцы (як правіла, даволі вузкай), ён заўсёды пісаў шырэй, скрозь радкі прасьвечваліся ягоныя беларускацэнтрычнасьць, імкненьне выйсьці за межы расейскага ці польскага дыскурсу. Можа і сьмела так казаць, але падаецца, што можна зрабіць выснову аб ягонай пэўнай посткаляніяльнай карціне сьвету і беларускасьці. Чытаючы аб ягоных плянах па напісаньні ўласнага *magnit opus* па гісторыі беларускай этнаграфіі і тэорыі этнаграфіі, можна толькі шкадаваць, што палітычныя рэпрэсіі 1920–1930-х гадоў перапынілі гэтую працу.

---

[109] Шлюбскі Ал. Бядуля як этнограф. С. 189.

THE FORGOTTEN BELARUSIAN ETHNOGRAPHER: LIFE AND WORK OF ALAKSANDAR ŠLUBSKI

Ściapan Zacharkievič (Vilnius)

The article is dedicated to the study of the life and scholarly work of Alaksandar Šlubski, a nearly forgotten field ethnographer and historian of Belarusian ethnography of the 1920s. An exceptionally prolific researcher, he produced in just a single decade more than twenty academic articles, a collection of folklore materials from the Viciebsk region, and a bibliography of all ethnographic studies and texts on Belarus as of 1927 — an essential reference work that remains significant to this day. The peak of his academic activity, which fell between 1927 and 1929, was brutally interrupted by political repressions. In 1930, Šlubski was arrested and exiled from Belarus, never to return. Even in exile, however, he continued his scholarly work. In 1941, he was mobilized into the army and was killed in battle the following year. Political repression and war brought an abrupt end to the work of a researcher who had every chance to make a significant impact on the development of Belarusian Soviet ethnography and to challenge prevailing interpretations of the discipline's trajectory during the Russian imperial period. His life demonstrates how authoritarian and totalitarian regimes seek to control not only political processes but also intellectual life through physical coercion and violence.

НАВУКОВЫЯ СУВЯЗІ ЯЎХІМА КАРСКАГА ЗЬ МІЖВАЕННАЙ ЧЭХАСЛАВАЧЧЫНАЙ

Міраслаў Янкавяк (Прага)

Сувязі паміж беларускімі лінгвістамі і Чэхаславаччынай не вывучаліся дагэтуль дэталёва. Гэты артыкул мае на мэце прыцягнуць увагу да гэтай галіны дасьледаваньняў, разглядаючы акадэмічныя кантакты лінгвіста і этнографа Яўхіма Карскага зь міжваеннай Чэхаславаччынай. Гэта быў пэрыяд, калі кантакты паміж Савецкім Саюзам і дэмакратычнымі краінамі былі абмежаваныя і часта нават варожыя. Яўхім Карскі наведваў Чэхаславаччыну двойчы. У 1924 годзе ён прадстаўляў савецкую акадэмічную супольнасьць на Першым міжнародным зьезьдзе географаў і этнографаў у Празе. Пасьля зьезду ён далучыўся да дасьледчай паездкі ў Маравію і Славакію для вывучэньня традыцыйнай культуры. Ягоны другі візыт, у 1926 годзе, адбыўся з мэтай збору матэрыялаў для кнігі па славянскай палеаграфіі, якую ён тады рыхтаваў.

Карскі быў выдатным вучоным, прызнаным як у сваёй краіне, так і за мяжой. У той жа час ён быў глыбока ўцягнуты ў палітыку і ідэалёгію сваёй краіны, што адлюстравалася ў ягонай справаздачы аб зьезьдзе і ў адмове ўдзельнічаць у Першым міжнародным зьезьдзе славістаў у Празе.

◇◇◇◇◇

Постаць Яўхіма Фёдаравіча Карскага (1861–1931) зьяўляецца вельмі важнай у беларускай навуцы. Ён быў ня толькі мовазнаўцам, які стварыў манумэнтальныя працы па беларусазнаўчай лінгвістыцы, але таксама літаратуразнаўцам, фальклярыстам, палеографам, бібліёграфам і пэдагогам. Ягоныя працы сталі падмуркам, паміж іншымі, дасьледаваньняў у галіне беларускай мовы — яе гісторыі, дыялектаў ды сувязяў зь іншымі мовамі.

Жыцьцю і навуковай дзейнасьці Я. Карскага было прысьвечана шмат прац. Апрача перавыданняў ягоных публікацый, варта ўспомніць, напрыклад: „Евфимий Федорович Карский. Жизнь, научная и общественная деятельность"[1], „Акадэмік з вёскі Лаша. Я. Ф. Карскі" Апанаса П. Цыхуна[2], разьдзел у кнізе „Мовазнаўцы. Нарысы па гісторыі беларускай лінгвістыкі" Дзьмітрыя Дзятко і Паўла Міхайлава[3], біяграфія ў перавыдадзенай кнізе „Беларусы"[4], „Жизнь и деятельность академика Е. Ф. Карского. Сборник документов и материалов"[5], ці артыкулы варшаўскіх навукоўцаў: „Profesor Joachim Karski — rektor Cesarskiego Uniwersytetu Warszawskiego"[6], „Jefim Fiedorowicz Karski (1905–1910)"[7] і „Варшаўскі перыяд жыцця Я. Ф. Карскага і лёс яго бібліятэкі"[8]. У Горадні кожны год адбываюцца Міжнародныя Карскія чытаньні, прысьвечаныя мовазнаўству і дзейнасьці гэтага вучонага[9]. У некаторых публікацыях успамінаецца ягонае супрацоўніцтва

---

[1] Евфимий Федорович Карский. Жизнь, научная и общественная деятельность. Под ред. В. И. Борковского. Минск, 1981.
[2] Цыхун А. П. Акадэмік з вёскі Лаша. Я. Ф. Карскі. Гродна, 1992.
[3] Дзятко Дз., Міхайлаў П. Мовазнаўцы. Нарысы па гісторыі беларускай лінгвістыкі. Мінск, 2017.
[4] Карский Я. Ф. Белорусы. Том 1. Введение в изучение языка и народной словесности. Минск, 2006. С. 9–14.
[5] Жизнь и деятельность академика Е. Ф. Карского. Сборник документов и материалов. Часть 1. Проблемы истории и культуры Беларуси в документальном наследии Е. Ф. Карского. Материалы семьи. Отв. ред. Л. Д. Бондарь, А. А. Карский, К. В. Сытько, А. В. Шишкина. Минск 2020.
[6] Jankowiak M. Profesor Joachim Karski — rektor Cesarskiego Uniwersytetu Warszawskiego // Acta Albaruthenica 9. Warszawa. S. 341–348.
[7] Gawkowski R. Jefim Fiedorowicz Karski (1905–1910). [У:] R. Gawkowski. Poczet rektorów Uniwersytetu Warszawskiego 1816–2016. S. 117–122.
[8] Швед В. Варшаўскі перыяд жыцця Я. Ф. Карскага і лёс яго бібліятэкі // Przegląd Środkowowschodni 5. Warszawa, 2020. S. 347–361.
[9] Сярод многіх можна ўспомніць артыкулы, непасрэдна прысьвечаныя жыцьцю і навуковай дзейнасьці Я. Карскага: Е. Ф. Карский и современное языкознание. Гл. рэд. М. И. Конюшкевич. Гродно, 2011.

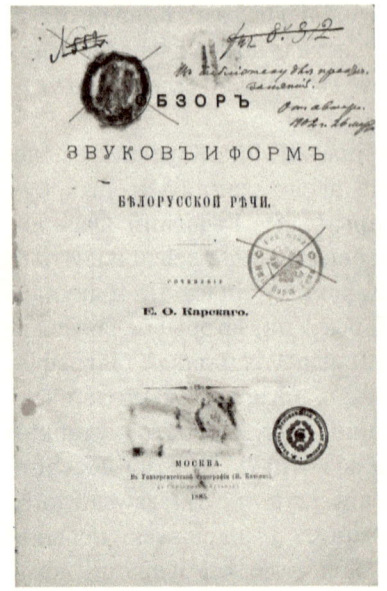
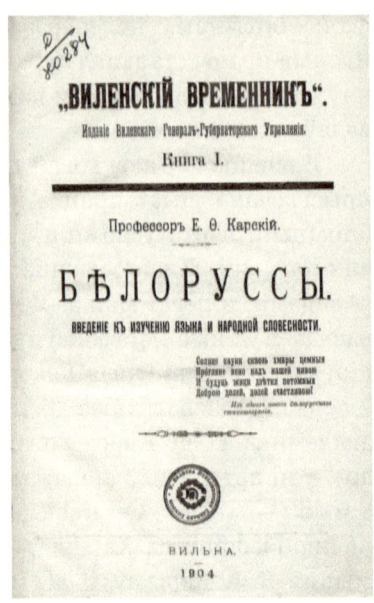

Зьлева: Вокладка першай працы Яўхіма Карскага па беларускай лінгвістыцы (1885) з аўтографам „Въ библіотеку для практич. занятій. От автора. 1902 г. 26 марта". *Справа:* Вокладка віленскага перавыданьня 1-га тома працы Яўхіма Карскага „Бѣлоруссы" (1904) з эпіграфам зь Янкі Лучыны па-беларуску знакамі расейскага пісьма.

з рознымі дасьледнікамі, як і навуковыя сувязі зь іншымі краінамі.

Дагэтуль сувязі Я. Карскага, як і іншых беларускіх навукоўцаў, зь міжваеннай Чэхаславаччынай не дасьледаваліся. Прадстаўлены мною артыкул мае характар уводзінаў да плянаваных комплексных, дэталёвых дасьледаваньняў з выкарыстаньнем чэскіх бібліятэк, архіваў ды карэспандэнцыі з чэскімі мовазнаўцамі ці этнографамі.

У артыкуле разглядаюцца сувязі Я. Ф. Карскага зь міжваеннай Чэхаславаччынай. У гэты час дасьледнік меў ужо моцную навуковую пазыцыю, як у Савецкім Саюзе, так і ў міжнародным асяродзьдзі. Ён быў зьвязаны перадусім зь Ленінградам, дзе выкладаў для студэнтаў, але таксама і зь Менскам.

Можна зьвярнуць увагу на некалькі аспэктаў сувязей Я. Ф. Карскага зь міжваеннай Чэхаславаччынай. У 1924 г. ён узяў удзел у Першым міжнародным зьезьдзе славянскіх географаў і этнографаў у Празе, у 1926 г. адбыў навуковую камандзіроўку ў Польшчу, Чэхаславаччыну і Югаславію, у 1929 г. браў удзел у падрыхтоўчай працы Камітэту па арганізацыі Першага міжнароднага зьезду славістаў, які прайшоў у Празе ў 1929 г., і, на завяршэньне, ад 1929 г. выбраны замежным сябрам Каралеўскага чэскага навуковага таварыства і ад 1930 г. замежным сябрам Акадэміі навук Чэхаславацкай Рэспублікі.

У гэтым артыкуле зьвернем передусім увагу на ўдзел навукоўца ў Першым зьезьдзе славянскіх географаў і этнографаў у Празе, які дэталёва апісваўся ў ягонай справаздачы[10]. Я. Ф. Карскі ў сваім уступе падкрэсьліваў, што ранейшыя зьезды географаў і этнографаў адбываліся ў краінах заходняй Эўропы і абміналі славянскія народы, бо тыя ня мелі сваіх дзяржаў і знаходзіліся ў палітычнай залежнасьці. Прапанова арганізаваць першы зьезд прыйшла ад Югаславіі, Чэхаславаччына ў сваю чаргу выказала моцную падтрымку ідэі зьезду. Тут у выніку і прайшло гэтае выдатна арганізаванае мерапрыемства — з 4 па 8 чэрвеня адбыўся сам зьезд, а з 9 па 15 чэрвеня — экскурсіі. Зьезд уключаў два напрамкі: славянскіх географаў і славянскіх этнографаў. Для мерапрыемства спэцыяльна была падрыхтаваная выстава чэхаславацкай і славянскай картаграфіі (стар. 36).

Яўхім Карскі атрымаў запрашэньне ад самога старшыні зьезду яшчэ ў сакавіку, то бок ад праф. Іржы Поліўкі[11], з мэтай рэпрэзэнтаваць расейскую навуку. Беларускі навуковец

---

[10] Карский Е. Ф. Отчет Е. Карского о командировке на 1-ый съезд славянских географов и этнографов в Праге в 1924 г. Приложение к протоколу VIII заседания ОС Российской Академии Наук 20 августа 1924 г. // Известия Российской Академии Наук, VI серия. Т. XVIII. 1924, июнь–декабрь, №№12–18. С. 36–44.

[11] Іржы Поліўка (Jiří Polívka, 1858–1933) — чэскі філёляг-славіст, этнограф, пэдагог, адзін з заснавальнікаў славянскай параўнальнай фальклярыстыкі. Працаваў прафэсарам Карлава ўнівэрсытэту, цікавіўся, паміж іншымі, славянскімі рукапісамі, якія знаходзіліся ў Санкт-Пецярбурзе і Маскве, сябра-карэспандэнт Санкт-Пецярбурскай акадэміі навук з 1901 г.

плянаваў ня толькі ўзяць удзел у зьезьдзе, але і сабраць матэрыял для рыхтаванай ім разгорнутай публікацыі па выданьнях славянскай кірылічнай палеаграфіі, асабліва па месцах знаходжаньня розных славянскіх рукапісаў (стар. 36, 37).

Дасьледнік паехаў у Прагу праз Латвію, Літву і Нямеччыну, што заняло яму чатыры з паловай сутак. Яшчэ 3 чэрвеня Карскаму атрымалася пабываць у Геаграфічным інстытуце Праскага Карлава ўнівэрсытэту і пазнаёміцца з геаграфічнай выставай. Там ён пабачыў мапы Чэхаславаччыны, ад самых даўніх і па сучасныя. Апрача таго, усім удзельнікам зьезду раздавалі нанова выдадзеныя камплекты мапаў Чэхаславаччыны (як *Přehledná mapa Československé Republiky, Velká Praha a okolí*, ці *Vysoké Tatry*). Мапы прывезьлі таксама і прадстаўнікі іншых краін (стар. 37). У канцылярыі таго ж Інстытуту ўдзельнікам раздалі таксама карткачкі на абеды, правілы ўдзелу ў зьездзе і запрашэньні на розныя мерапрыемствы. 3 чэрвеня, у адным з гарадзкіх клюбаў адбылася сустрэча для знаёмства ўдзельнікаў зьезду. Як пісаў сам Карскі, людзі былі вельмі зьдзіўленыя прысутнасьцю прадстаўніка Савецкай Расеі, думаючы, што ўсялякія сувязі з СССР у гэты час немагчымыя ні маральна, ні фізычна (стар. 38).

Вечарам наступнага дня ўсе былі запрошаныя ў Нацыянальны тэатр (Národní divadlo) на спэктакль Prodaná nevěsta, а ў чацьвер 5 чэрвеня адбыўся раўт у прэзыдэнта Чэхаславаччыны Томаша Гарыга Масарыка (спачатку быў інструмэнтальны канцэрт, а пазьней супольная вячэра) (стар. 38). У гэты дзень Я. Карскі быў яшчэ запрошаны на сьняданак у расейскае пасольства ў Празе.

Афіцыйнае адкрыцьцё зьезду адбылося ў сераду 4 чэрвеня 1924 г. у будынку Чэскага музэю. На адкрыцьці Я. Карскі, ад імені Расейскай акадэміі навук, запрасіў славянскіх вучоных у Ленінград на сьвяткаваньне 200-годзьдзя Акадэміі, якое прыпадала на лета 1925 г. (стар. 39).

З 4 чэрвеня пачалася праца ў сэкцыях, з рэфэратамі і дыскусіямі. Сэкцыі адбываліся два разы ў дзень, раніцай (з 8-ай да абеду і з 4-ай да 18-ай гадзіны). Яўхім Карскі, як спэцыяліст па энаграфіі ў шырокім значэньні гэтага слова, удзельнічаў у 5-й сэкцыі, якая ахоплівала антрапалёгію, этнаграфію, дэмаграфію і сацыялёгію. Найбольшая колькасьць дакладаў датычыла этнаграфіі. Ленінградзкі навуковец першага дня быў ганаровым госьцем і прачытаў даклад „Научные достижения в области этнографии в России с 1915 по 1924 г.", у якім асабліва падкрэсьліваў дзейнасьць акадэмічнага КІПС'у (то бок Пастаяннай камісіі па вывучэньні племяннога складу насельніцтва) і краязнаўчых арганізацый у СССР. Пасьля рэфэрату славянскія навукоўцы выказалі надзею на паляпшэньне адносінаў з Расеяй і аб лепшым абмене навуковымі выданьнямі. На 5-ай сэкцыі было прачытана каля 50 рэфэратаў. Падкрэслівалася таксама патрэба падрыхтоўкі этнаграфічнай бібліяграфіі на ўсеславянскім узроўні і стварэньні агульнаславянскага музэю ў Празе. Я. Карскі падкрэсьліў, што такі музэй ужо фармуецца ў Расейскім музэі ў Ленінградзе (стар. 39, 40).

У справаздачы са зьезду Я. Карскі піша далей, што мовай дакладаў былі ўсе славянскія мовы, але пераважалі даклады на расейскай, да якой добра ставіліся як чэхаславацкія навукоўцы так і, асабліва, паўднёваславянскія, і што нават прэзыдэнт Масарык ахвотна карыстаўся расейскай мовай падчас вячэры (стар. 40).

У суботу 7 чэрвеня вялася дыскусія аб правядзеньні Другога этнаграфічнага зьезду, прапанаванага на 1927 г. У сувязі з прапановай польскіх прадстаўнікоў месцам наступнага зьезду была выбраная Польшча (яшчэ без акрэсьленага гораду). Да 5-ай сэкцыі было далучанае адкрыцьцё Зьезду этнаграфічных чэхаславацкіх дзеячаў, у якім удзельнічаў і Я. Карскі. Пазьней ён быў запрошаны ў Этнаграфічны музэй, выдатна падабранымі экспанатамі якога ён вельмі захапляўся (стар. 40).

Закрыцьцё Першага зьезду славянскіх географаў і этнографаў мела месца 8 чэрвеня ў будынку парлямэнту. Адбылося падсумаваньне вынікаў па сэкцыях. Я. Карскі падкрэсьліў, як прадстаўнік РАН, што славянская навука, нягледзячы на пасьляваенныя цяжкасьці, адрадзілася, і яна ня горшая за іншыя рэгіёны Эўропы, і што вельмі важным цэнтрам дасьледаваньняў па гэтай тэматыцы зьяўляецца Чэхаславаччына, дзякуючы Ёсэфу Добраўскаму (Josef Dobrovský, 1753–1829) і Паўлу

Шафарыку (Pavol Šafárik, 1795–1861). Так публічна Я. Карскі прадставіў свае думкі, выказаныя падчас закрыцьця зьезду (стар. 41):

> Первый съезд славянских географов окончился, подведены итоги. Еще несколько дней и все мы разъедемся из сердца славянства — гостеприимной Праги — один на далекий север, другие на благодатный юг, третьи в другие места. Я думаю на прощанье поделиться теми мыслями, которые накопились у объективного участника этого съезда. Съезд показал, что славянская наука, несмотря на неблагоприятные условия послевоенного времени, с развитием свободы славян, не только возродилась, но и сильно развилась, не уступая таким же отраслям в Европейской науке вообще.
>
> В настоящее время, несомненно, таким очагом ее является Чехословакия. В этом отношении великие заветы И. Добровского, Шафарика и других многочисленных представителей чешской науки находят блестящее осуществление.
>
> Чехи оказались не только одним из культурнейших славянских народов, но и сумели своевременно не дать погаснуть науке в тех странах, где ей угрожала не малая опасность.
>
> Что касается их отношения к представителям русской науки, то оно было в высшей степени благожелательное и внимательное. Конечно, в этом вижу не какие либо личные симпатии, но уважение к русской науке, которая и до сих пор старается всеми силами высоко держать свое знамя (стар. 41).

Пасьля закрыцьця Першага зьезду географаў і этнографаў быў зроблены групавы здымак перад парлямэнтам. Пасьля закрыцьця пачалася другая частка паездкі — экскурсіі па Маравіі і Славакіі. Так апісаў гэтыя экскурсіі сам Я. Карскі:

> [...] при чем осматривались местные музеи и другие достопримечательности, а также знакомились с местной жизнью и культурой. Поездки были очень интересны с чисто научной стороны. Видели весьма много, проникали глубоко в крестьянскую среду, в села, очень отдаленные от культурной жизни, местами очень архаичные по постройке изб. Наблюдали народную жизнь. Для экскурсантов устраивали

особые выставки народных изделий, особенно вышивок. Нельзя было не видеть, как под влиянием школы в эти несколько лет свободы от венгерского ига выросло народное самосознание, развился дух самостоятельности. Всюду строятся народные школы, даже в захолустных деревнях [...]. Все поездки производились даром, за счет правительства. Отъезжающим из Праги были розданы свидетельства на проезд до границ Чехословакии по железным дорогам с уступкой 50 % (стар. 41, 42).

У наступнай частцы справаздачы Яўхім Карскі апісвае свой удзел у выставе расейскай замежнай кнігі, якая супала зь зьездам. Ленінградзкі дасьледнік плянаваў прадоўжыць паездку з Прагі ў Югаславію. Хацеў папрацаваць у Белградзе і Загрэбе з мэтай праверыць і знайсьці розныя даведкі аб югаслаўскіх рукапісах, патрэбныя для напісаньня „Славянской Кирилловской Палеографии". Атрымаць візу ўсё ж такі не ўдалося — югаслаўскі пасол прыняў дакумэнты і вырашыў зьвязацца зь Міністэрствам замежных спраў у Белградзе. Пасля трох тыдняў, не атрымаўшы адказу, навуковец вырашыў вярнуцца з Прагі ў Ленінград праз Польшчу (стар. 43). Апошнія дні побыту ў Празе ён выкарыстаў на азнаямленьне зь літаратурай.

Справаздача заканчваецца крытыкай польскіх улад і іх палітыкі ў дачыненьні да меншасьцей, у тым ліку да беларусаў:

Действительность оказалась даже хуже того, что представлено у [артикуле, М. Я.] Сроковского. Полонизация идет во всю: та немногая интеллигенция, которая осталась в этой части Белорусии, устраняется со службы по разным предлогам. Более неустойчивая уже заговорила по-польски, лишь бы где-либо пристроиться и не умереть от голода. Молодежи, кроме польских школ, негде получить образования. Крестьяне стонут от тяжести налогов. Все, что может поддержать белорусскую народность, систематически устраняется. Даже те белорусы из католиков, которые прежде мечтали о независимой Белоруссии в федерации с Польшей, теперь сознали свою ошибку и бежали в Литву, Латвию и др. страны. Но зато в народе развивается самосознание, и нередки жестокие расправы с угнетателями (стар. 43, 44).

Апошняя частка справаздачы была пабудаваная як палітычна-ідэалягічная і па прынцыпе апазыцыі. Чэхаславаччына паказвалася як разьвітая, дэмакратычная краіна, якая добра ставіцца на нацменшасьцей, а яе ўлады і навукоўцы добра ставяцца да расейскай мовы і савецкіх дасьледнікаў, у той час як Польшча прадстаўленая нэгатыўна. Паводле Я. Карскага, які вяртаўся праз Польшчу пасьля зьезду, улады ў Варшаве нішчаць культуру, мову меншасьцей, у тым ліку беларускую, а сяляне „паміраюць" ад высокіх падаткаў. Такое апісаньне адлюстроўвае тыповае стаўленьне тагачаснай Масквы да „буржуазнай Польшчы памешчыкаў" і эмоцыі пасьля нядаўняе Рыскае дамовы 1921 г., калі савецкім салдатам не ўдалося захапіць усю Польшчу, а беларускія землі былі падзеленыя паміж Польшчай і Савецкім Саюзам.

У 1926 г. адбылася другая паездка Я. Карскага ў замежныя славянскія краіны — Польшчу, Чэхаславаччыну і Югаславію — з мэтай пазнаёміцца з славянскімі этнаграфічнымі музэямі і ўсталяваць зь імі супрацоўніцтва. Арганізаваць паездку атрымалася зь цяжкасьцямі. Дасьледнік атрымаў запрашэньне ўзяць удзел у мерапрыемстве ўшанаваньня памяці вядомага чэскага вучонага Францішка Палацкага ў дзень 50-годзьдзя з дня сьмерці.

Пасьля камандзіроўкі, Яўхім Карскі падрыхтаваў падрабязную і дэталёвую справаздачу, якая і сталася падставай для пазьнейшай хвалі крытыкі ў ягоны адрас. Партыйныя прадстаўнікі зрэагавалі нэгатыўна, а самога дасьледніка атакавалі публікацыямі (І. А. Асімаў у менскай „Зьвязьдзе", ды М. Кальцоў у маскоўскай „Правде" і адэскіх „Известиях")[12]. Навукоўца крытыкавалі за чарнасоценства, шавінізм, акрэсьленьне Львова „старым рускім горадам" і за выказаную ім думку пра лепшае функцыянаваньне заходняй Беларусі (якая была ў межах Польшчы) у параўнаньні з усходняй (у межах Савецкага Саюзу).

У 1929 г. у Празе адбыўся Першы міжнародны зьезд славістаў. Яўхім Карскі ўдзельнічаў у падрыхтоўчай працы камітэту па яго арганізацыі, але ў Прагу не паехаў. Атмасфэра

---

[12] Дзятко Дз., Міхайлаў П. Мовазнаўцы. Мінск, 2017. С. 107.

вакол ягонае асобы пасьля камандзіроўкі 1926 г. і стаўленьне савецкай адміністрацыі былі ўжо настолькі нэгатыўныя, што такая паездка стала немагчымай.

Яўхім Карскі, што натуральна, цікавіўся навуковай працай замежных дасьледнікаў: польскіх, чэхаславацкіх ці югаслаўскіх. Чытаў іхныя працы, аналізаваў і некаторыя зь іх рэцэнзаваў. Напрыклад, 30 сьнежня 1922 г. ён выступіў з дакладам на паседжаньні Дасьледчага інстытуту імені А. Н. Весялоўскага з нагоды выданьня „Грамматики языка славянского по древнему наречию..." Ёсэфа Добраўскага, дзе падрабязна прааналізаваў ягоную працу[13]. Сам таксама публікаваў свае артыкулы ў чэхаславацкіх часопісах, як напрыклад: „Труды Академической конференции по реформе белорусского правописания и азбуки"[14], ці „К истории славянской филологии в конце XIX и первые годы XX ст. Три письма И.В. Ягича"[15].

Няглезячы на палітычныя ўмовы, Я. Карскі быў прадстаўніком савецкай дзяржавы і навукі. Тое, што яго двойчы запрасілі ў Чэхаславаччыну, паказвала на ягоную моцную пазыцыю ў эўрапейскім асяродзьдзі славістаў і этнографаў і таксама на асабістыя сувязі. Ён ня толькі быў добра азнаёмлены з працамі чэскіх і славацкіх навукоўцаў (вельмі цаніў, напр., Ёсэфа Шафарыка за апісаньне славянскіх моваў і вызначэньне беларускай мовы як самастойнай), але і падтрымліваў зь імі сувязі.

Дзьве паездкі Карскага ў Чэхаславаччыну мелі тры галоўныя мэты — ён паехаў як прадстаўнік Расейскай акадэміі навук, хацеў пазнаёміцца з славянскай культурай, фальклёрам і навукай, і трэцяе — сабраць матэрыял для публікацыі аб славянскай кірылічнай палеаграфіі. У 1928 г. ён выдаў па-расейску „Славянскую кирилловскую палеографию", адну з сваіх

---

[13] Булахов М. Г. Евфимий Федорович Карский. Жизнь, научная и общественная деятельность. Минск, 1981. С. 59, 60.
[14] Карский Е. Ф. Труды Академической конференции по реформе белорусского правописания и азбуки // Slavia. Roč. VII, seš 3. 1928. С. 828–835.
[15] Карский Е. Ф. К истории славянской филологии в конце XIX и первые годы XX ст. Три письма И. В. Ягича // Slavia. Roč. VII, seš. 3. 1928. С. 701–704.

важнейшых прац, якая да сёньня зьяўляецца вельмі важнай славістычнай публікацыяй.

Сувязі Яўхіма Карскага зь міжваеннай Чэхаславаччынай патрабуюць далейшых комплексных дасьледаваньняў з выкарыстаньнем чэскіх матэрыялаў, архіваў і карэспандэнцыі.

ACADEMIC CONNECTIONS OF JAŬCHIM KARSKI WITH INTERWAR CZECHOSLOVAKIA

Mirosław Jankowiak (Prague)

The connections between Belarusian linguists and Czechoslovakia had not previously been studied in detail. This article seeks to draw attention to this area of research, exploring the academic connections of the linguist and ethnographer Jaŭchim Karski in interwar Czechoslovakia. This was a period when contacts between the Soviet Union and democratic countries were limited and often even hostile. Jaŭchim Karski visited Czechoslovakia twice. In 1924, representing Soviet academia, he took part in the First International Congress of Geographers and Ethnographers in Prague. Following the Congress, he joined a research trip to Moravia and Slovakia to study traditional culture. His second visit, in 1926, was undertaken to gather material for a book on Slavic palaeography that he was then preparing.

Karski was an outstanding scholar, recognized both in his country and internationally. At the same time, he was deeply entangled in the politics and ideology of the country in which he lived and worked at the time — something reflected in his report on the Congress and in his refusal to attend the First Congress of Slavists in Prague.

ВАЦЛАЎ ЛАСТОЎСКІ
Ў БЕЛАРУСКАЙ І ПОЛЬСКАЙ КУЛЬТУРЫ

Натальля Русецкая (Люблін)

Гэтая праца прысьвечаная асобе Вацлава Ластоўскага, беларускага гісторыка, пісьменьніка, палітычнага і грамадзкага дзеяча. У артыкуле ажыцьцёўлена спроба сабраць асобныя элемэнты, зьвязаныя з асобай і творчасьцю Вацлава Ластоўскага, якія зьяўляліся ў беларускай культуры цягам апошніх дзесяцігодзьдзяў, прасачыць працэс вяртаньня спадчыны беларускага акадэміка ў культурны кантэкст, а таксама высьветліць, якія зь іх тым ці іншым шляхам трапілі ў польскі культурны кантэкст і якія падзеі гэтаму спрыялі.

◇◇◇◇◇

Імёны беларускіх пісьменьнікаў, грамадзкіх і культурных дзеячаў, якія загінулі ў гады рэпрэсій, старанна замоўчвала раней савецкая, а цяпер — і сучасная ўлада. Менавіта таму яны ніколі не былі па-сапраўднаму вернутыя і замацаваныя ў культурнай памяці беларусаў. Сярод іх імя Вацлава Ластоўскага (1883– 1938) — тытана беларускага адраджэньня. Сёньня пра такіх людзей кажуць, што ён зрабіў сябе сам. Вацлаў Ластоўскі прыйшоў на сьвет на хутары свайго бацькі ў тагачасным Дзісенскім павеце Віленскай губэрні, сёньня гэта Глыбоцкі раён Віцебскай вобласьці. Першыя веды паводле традыцыі шляхецкіх сем'яў атрымліваў дома, потым вучыўся ў Пагосцкай народнай школе — і гэта адзіная навучальная ўстанова, якую ён у сваім жыцьці скончыў, атэстату сярэдняй адукацыі, а тым больш вышэйшай Ластоўскі ніколі не атрымаў. Пры гэтым усё жыцьцё ён займаўся самаадукацыяй, прагна цягнуўся да ведаў, шмат чытаў. У той кароткі пэрыяд, калі жыў у Пецярбургу, працаваў у студэнцкай бібліятэцы (а гэта была ня толькі праца, а і сталы доступ да кніг, магчымасьць самаадукоўвацца), слухаў лекцыі ў Санкт-Пецярбурскім унівэрсытэце.

Назапашаныя маладым Ластоўскім рознабаковыя веды, ягоная актыўная грамадзянская пазыцыя, удзел у палітычных партыях і нацыянальна-вызваленчым руху, нястомная і натхнёная праца — усё гэта разам і паспрыяла таму, што ён змог далучыцца да разьвіцьця і станаўленьня беларушчыны ва ўсіх ейных праявах і ў самых розных сфэрах: палітычнай, навуковай, культурнай. Гісторык, пісьменьнік, публіцыст, літаратуразнаўца, мовазнаўца, сакратар газэты „Наша ніва", выдавец, куратар і аўтар падручнікаў, рэдактар газэты „Гоман" і часопіса „Крывіч", сябра, а таксама старшыня Рады БНР, акадэмік Інбелкульту і Беларускай акадэміі навук. Чалавек, які цікавіўся ўсім беларускім, зьдзяйсьняў этнаграфічныя экспэдыцыі (з адной зь іх быў прывезены крыж Эўфрасіньні Полацкай), працаваў у музэі, дбаў пра вывучэньне і захаваньне культурнай спадчыны беларусаў, імкнуўся да распаўсюджваньня ведаў у грамадстве і разьвіцьця адукацыі, чалавек, які столькі пасьпеў зрабіць для свайго народу, быў зьнішчаны карнымі органамі савецкай улады. Арыштаваны ў 1930 г. па справе „Саюзу вызваленьня Беларусі" і высланы на пяць гадоў у Саратаў, Вацлаў Ластоўскі не здаваўся нават у высылцы. Ён працаваў у аддзеле рэдкай кнігі ўнівэрсытэцкай бібліятэкі, працягваў займацца навуковай дзейнасьцю і пісаць свае працы, аднак рэпрэсіўная машына СССР рэдка пакідала ў спакоі тых, хто хоць аднойчы быў асуджаны. Ластоўскаму не дазволілі вярнуцца ў Беларусь пасьля таго, як ён адбыў першы тэрмін, у 1937 г. ён быў паўторна арыштаваны, а 23 студзеня 1938 г. асуджаны на расстрэл як агент польскай выведкі і ўдзельнік нацыянал-фашысцкай арганізацыі.

І хоць Вацлаў Ластоўскі быў канчаткова рэабілітаваны ў 1988 г., а ў 1990 г. адноўлены ў годнасьці акадэміка, беларуская дзяржава не зрабіла нічога, каб ягонае імя хоць нейкім чынам ушанаваць, спадчыну вярнуць і дасьледаваць, працы ўвесьці ў навуковы абарот, а літаратурныя творы — у школьную праграму. Уся праца ў гэтым кірунку рабілася і робіцца пераважна стараньнямі энтузіястаў, незалежнымі суполкамі і таварыствамі, пазадзяржаўнымі арганізацыямі і незалежнымі выдавецтвамі.

Перанос жа такіх нетрывалых элемэнтаў на „чужы" грунт, увядзеньне ў іншую культурную прастору таго, што ня мае сталай прапіскі ў сваёй, зьяўляецца даволі няпростай справай і вялікага посьпеху не гарантуе. І калі нават ня кожнаму беларусу вядомае імя Вацлава Ластоўскага, то польскаму чытачу яно невядомае зусім. Аднак гэта ня значыць, што яно цалкам адсутнічае ў культуры нашых суседзяў.

У дадзеным артыкуле ажыцьцёўлена спроба сабраць асобныя элемэнты, зьвязаныя з асобай і творчасьцю Вацлава Ластоўскага, якія зьяўляліся ў беларускай культуры цягам апошніх дзесяцігодзьдзяў, прасачыць працэс вяртаньня спадчыны беларускага акадэміка ў культурны кантэкст, а таксама высьветліць, якія аспэкты гэтае спадчыны тым ці іншым шляхам трапілі да польскага рэцыпіента і якія падзеі гэтаму спрыялі.

Гісторыя вяртаньня забытага імя

Вяртаньне спадчыны Вацлава Ластоўскага адбывалася адначасова зь вяртаньнем Беларусі незалежнасьці. Усьведамленьне значнасьці асобы Ластоўскага натхняла беларускіх выдаўцоў і актывістаў на перавыданьні ягоных тэкстаў. Першымі зьявіліся такія факсымільныя выданьні як „Падручны расійска-крыўскі слоўнік"[1] (1990), „Што трэба ведаць

---

[1] Ластоўскі В. Падручны расійска-крыўскі (беларускі) слоўнік. Коўна: Выданьне Міністэрства Беларускіх Спраў у Літве, 1924. Факс. выд. (Мінск : Навука і тэхніка, 1990) было выдадзенае коштам Таварыства беларускае мовы імя Францішка Скарыны, да друку падрыхтавалі Зьміцер Санько і Віктар Жахавец.

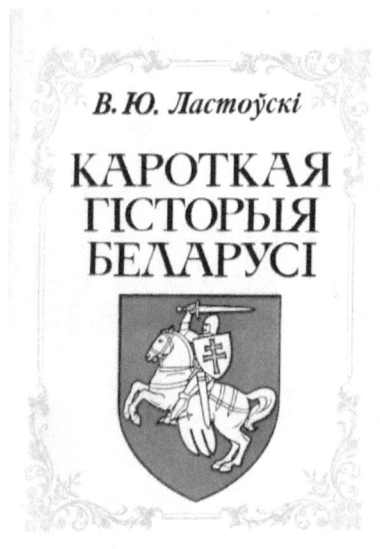 

Зьлева: факсымільнае выданьне (1993) „Кароткай гісторыі Беларусі"
В. Ластоўскага. *Справа:* выданьне „Неадменны сакратар адраджэння",
прысьвечанае В. Ластоўскаму, з сэрыі „Нашы славутыя землякі" (1995).

кожнаму беларусу"[2] (1991), „Кароткая гісторыя Беларусі"[3] (1993), крыху пазьней у менскім выдавецтве „Беларускі кнігазбор" былі надрукаваныя „Выбраныя творы"[4] (1997) Вацлава Ластоўскага з прадмовай „Вяртаньне зь нематы" Язэпа Янушкевіча. Гэта быў трэці па ліку том выдавецтва ў I сэрыі („Мастацкая літаратура"), пасьля кніг з выбранымі творамі Яна Чачота і Максіма Багдановіча. За два гады да выхаду гэтай

---

[2] Ластоўскі В. Што трэба ведаць кажнаму беларусу. Выд. 3, пашырыў Я. Найдзюк. Менск: Таварыства беларускай мовы імя Францішка Скарыны, 1991. Усяго з 1918 па 1992 год зьдзейснена сем публікацый гэтай працы Ластоўскага, якая выходзіла як асобнымі выданьнямі, так і на старонках пэрыёдыкаў у Вільні, Бэрліне, Манчэстэры і Менску.

[3] Ластоўскі В. Ю. Кароткая гісторыя Беларусі. Мінск : Універсітэцкае, 1992. (Факс. выд. на падставе: Власт, Кароткая гісторыя Беларусі. З 40 рысункамі. Вільня: Друкарня Марціна Кухты, 1910).

[4] Ластоўскі В. Выбраныя творы. Уклад., прадм. і кам. Я. Янушкевіча. Мінск : Беларускі кнігазбор, 1997.

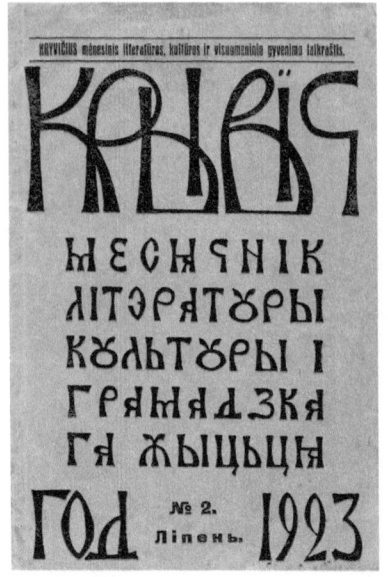
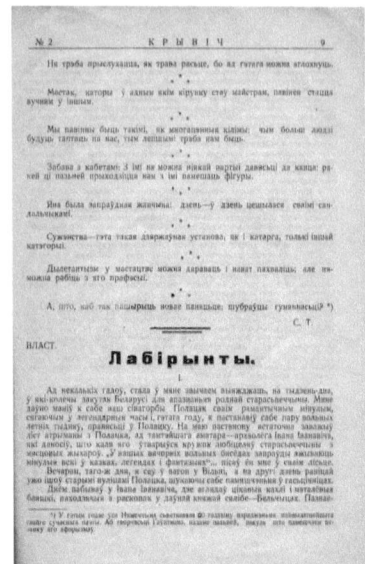

кнігі аўтар прадмовы выдаў у выдавецтве „Навука і тэхніка", у сэрыі „Нашы славутыя землякі" невялікую брашурку „Неадменны сакратар адраджэньня"[5] (1995), прысьвечаную асобе Вацлава Ластоўскага.

У 2008 г. у I сэрыі „Кнігазбору" (да таго часу „Беларускі кнігазбор" з прычыны перасьледу быў часткова перайменаваны) выйшаў том „Расстраляная літаратура"[6] з важнай прадмовай літаратуразнаўца Анатоля Сідарэвіча „Яны любілі Беларусь". У склад гэтага зборніка ўвайшлі таксама некалькі тэкстаў Вацлава Ластоўскага: вершы „Сабор сьв. Марка ў Вэнэцыі", „На смаленскіх сьценах", „На оды Гарацыя", „***Паэт, ты вольнага Пэгаса...", „Чала я не хіліў прад сілай", абразок „Чырвонец" і невялікі празаічны тэкст „Патрыятычны малітвеньнік"[7]. Творам

---

[5] Янушкевіч Я. Неадменны сакратар адраджэння. Мінск : Навука і тэхніка, 1995.

[6] Расстраляная літаратура. Творы беларускіх пісьменнікаў, загубленых карнымі органамі бальшавіцкай улады. Уклад. Лідзіі Савік, Міхася Скоблы, Кастуся Цвіркі, кам. Міхася Скоблы, Кастуся Цвіркі. Мінск : Кнігазбор, 2008.

[7] Ластоўскі В. Сабор св. Марка ў Венецыі, На смаленскіх сценах, На оды Гарацыя, ***Паэт, ты вольнага Пегаса..., Чала я не хіліў прад сілай, Чырвонец,

На суседняй старонцы: вокладка другога нумару часопіса „Крывіч" за 1923 г., дзе пачала друкавацца аповесьць В. Ластоўскага „Лябірынты", і першая старонка аповесьці В. Ластоўскага „Лябірынты".
Справа: вокладка першага кніжнага выданьня аповесьці „Лябірынты" (2015).

папярэднічала кароткая біяграфічная нататка пра пісьменьніка[8]. Варта дадаць, што А. Сідарэвіч, напэўна, быў першым, хто распачаў справу вяртаньня імя вялікага беларуса ў культурную прастору, надрукаваўшы пра яго артыкул у літаратурна-мастацкім і грамадзка-публіцыстычным часопісе „Нёман"[9] яшчэ ў 1988 г.

Знамянальная праца „Гісторыя беларускай (крыўскай) кнігі"[10] Вацлава Ластоўскага, якая ахоплівала пэрыяд ад канца X да XVIII стагодзьдзя, падрыхтаваная ім з нагоды 400-годзьдзя беларускага друку і апублікаваная ў 1926 г. у Коўне, дачакалася факсымільнага выданьня ў 2012 г. у Менску.

Патрыятычны малітвеннік // Расстраляная літаратура. С. 181–186.

[8] Вацлаў Ластоўскі // Расстраляная літаратура. С. 179–181.

[9] Сидоревич А. Экскурс в историю, необходимый для восстановления правды об одном человеке — писателе и ученом // Неман. 1988. №9. С. 156–163.

[10] Ластоўскі В. Гісторыя беларускай (крыўскай) кнігі. Спроба паясьніцельнай кнігопісі ад канца X да пачатку XIX стагодзьдзя. Коўна: Друкарня Сакалоўскага і Лана, 1926. (Факс. выд. Мінск: Мастацкая літаратура, 2012).

У 2015 г. асобным выданьнем у сэрыі „Мая беларуская кніга" менскага выдавецтва „Папуры" выйшла гістарычна-фантастычная аповесьць Вацлава Ластоўскага „Лябірынты". Упершыню гэты твор друкаваўся часткамі ў нумарах часопіса „Крывіч" за 1923 г. У савецкія часы аповесьць выходзіла ў замежжы: у Бэрліне ў 1944 г. і ў Мюнхэне ў 1956 г. У 1997 г. „Лябірынты" увайшлі ў том выбраных твораў „Беларускага кнігазбору". Такім чынам, публікацыя 2015 г. — першае кніжнае выданьне аповесьці, якое пабачыла сьвет у Беларусі. На вокладцы чытача заахвочвалі словы Пятра Васючэнкі:

> Пісьменніка хвалявалі таямніцы быцця чалавека і цывілізацыі, адсюль ягонае захапленне эзатэрыкай, містыкай, парапсіхалогіяй. Адкрыццём новага жанру ў сусветнай літаратуры сталіся „Лабірынты". Што гэта — дэтэктыў, фантастыка, інтэлектуальная проза, містыка? Усё паказвае на нараджэнне новага, сінтэтычнага рамана, кшталту тых, што пазней створыў Умбэрта Эка[11].

Сярод іншых папулярна-навуковых выданьняў, якія вярталі беларускаму грамадзтву памяць пра несправядліва забытых гістарычных і культурных дзеячаў мінуўшчыны варта згадаць кнігу 1996 г. — „Сыны і пасынкі Беларусі"[12], якая сярод іншых знаёміла чытачоў з постацьцю Вацлава Ластоўскага. Паступова вярталася імя славутага беларускага акадэміка ў беларускія энцыкляпэдычныя даведнікі па літаратуры і гісторыі. У чацьвёртым томе шасьцітомовага біябібліяграфічнага даведніка „Беларускія пісьменьнікі" (1992–1995) зьявіўся артыкул пра Ластоўскага аўтарства Генадзя Кісялёва[13]. Стараньнямі Я. Янушкевіча імя Ластоўскага зьявілася таксама ў шасьцітомовай „Энцыкляпэдыі гісторыі Беларусі"[14]

---

[11] Васючэнка П. // В. Ластоўскі. Лабірынты. Выбраныя творы. Мінск : Папуры, 2015. Вокладка, с. 4.

[12] Сыны і пасынкі Беларусі. Уклад. Барыс Сымон. Мінск: Полымя, 1996.

[13] Кісялёў Г. Вацлаў Ластоўскі // Беларускія пісьменьнікі: Біябібліяграфічны слоўнік у 6 т. Рэд. А. І. Мальдзіс. Мінск : Беларуская Энцыклапедыя, 1992–1995. Т. 4. С. 16.

[14] Янушкевіч Я. Ластоўскі Вацлаў Юстынавіч // Энцыклапедыя гісторыі Беларусі ў 6 т. Т. 4: Кадэты — Ляшчэня. Рэд. Г. П. Пашкоў і інш. Мінск : БелЭн,

і васямнаццацітамовай „Беларускай энцыкляпэдыі"[15]. Алесь Пашкевіч у сваёй кандыдацкай дысэртацыі[16] дасьледаваў паэзію, а ў доктарскай манаграфіі[17] разглядаў ідэю беларускай Крывіі, а таксама прозу Вацлава Ластоўскага.

Ня мог абысьці ўвагай постаць Ластоўскага і Леанід Маракоў у сваёй грунтоўнай дзесяцітамовай працы[18], у якой былі сабраныя зьвесткі пра рэпрэсаваных дзеячаў Беларусі. У сямідзясятую гадавіну трагічнай сьмерці Ластоўскага ў друку зьявіліся прысьвечаныя ягонай творчасьці артыкулы выбітных беларускіх літаратуразнаўцаў Уладзімера Конана[19] і Пятра Васючэнкі[20].

Да вывучэньня літаратурнай спадчыны Вацлава Ластоўскага пачалі зьвяртацца навукоўцы з розных акадэмічных асяродкаў па ўсёй Беларусі: „Лябірынтамі" зацікавіўся полацкі этнолях Уладзімер Лобач[21], прозай — горадзенская дасьледніца Надзея Чукічова[22], лірыкай — магілёўскі літаратуразнаўца Алесь Макарэвіч[23]. Адразу адзначым, што два апошнія

1997. С. 336–337.

[15] Янушкевіч Я. Ластоўскі Вацлаў Юсцінавіч // Беларуская энцыклапедыя: У 18 т. Т. 9: Кулібін — Малаіта. Рэд. Г. П. Пашкоў і інш. Мінск : Беларуская Энцыклапедыя, 1999. С. 144–145.

[16] Пашкевіч А. Феномен узвышэнства ў беларускай паэзіі ХХ стагоддзя / Аўтарэферат дысертацыі на атрыманне вучонай ступені кандыдата філалагічных навук. Мінск: Выдавецтва БДУ, 1998.

[17] Пашкевіч А. Канцэпцыя нацыянальнага быцця ў беларускай прозе замежжа ХХ стагоддзя. Манаграфія. Мінск : Выдавецтва БДУ, 2002.

[18] Рэпрэсаваныя літаратары, навукоўцы, работнікі асветы, грамадскія і культурныя дзеячы Беларусі. Энцыклапедычны даведнік у 10 тамах (15 кнігах). Т. 2 . Уклад. Л. У. Маракоў. Смаленск, 2003.

[19] Конан У. Парадоксы эстэтыкі Вацлава Ластоўскага: традыцыі і мадэрнізм // Весці БДПУ. 2008. Серыя 2. № 4. С. 86-89.

[20] Васючэнка П. Захоплены Лабірынтам // Роднае слова. 2008. № 11. С. 3-6.

[21] Лобач У. „Полацкія лабірынты": беларускі нацыянальны міф у нацыянальнай перспектыве // Гісторыя і археалогія Полацка і Полацкай зямлі: матэрыялы VI Міжнарод. навук. канф. (1–3 лістапада 2012) у 2 ч. Ч. 1. Полацк, 2013. С. 234–242.

[22] Чукічова Н. Марфалогія сюжэтнай інтрыгі ў прозе Вацлава Ластоўскага // Białorutenistyka Białostocka. 2013. Tom 5. С. 219–237.

[23] Макарэвіч А. Эстэтычная праблематыка грамадзянскага, творчага, асабовага зместу ў лірыцы Вацлава Ластоўскага // Białorutenistyka Białostocka. 2016. Tom 8. С. 35–63.

артыкулы друкаваліся ў навуковым беларусазнаўчым часопісе Беластоцкага ўнівэрсытэту ў Польшчы.

Адзін з даволі значных праектаў, прысьвечаных рэпрэсаваным літаратарам — „(Не)расстраляныя". У межах гэтага праекту адбыліся лекцыі, чытаньні твораў рэпрэсаваных беларускіх пісьменьнікаў, былі запісаныя песьні на словы расстраляных паэтаў. Завяршыўся гэты праект выданьнем грунтоўнага тому „(Не)расстраляныя"[24]. У кнізе ёсьць асобны разьдзел, прысьвечаны Вацлаву Ластоўскаму[25], які складаецца з біяграфічнай часткі аўтарства Я. Янушкевіча, а таксама шэрагу вершаў паэта: „Дума на Полацкім замчышчы", „***Формаў трупехлых я вораг дасконны...", „Рэйнскі вадапад", „Кёльнскі сабор", „У Альпах", „Чытаючы Гамэра", „Зорнік", „На ўзьмежы", „Пішы...", „У час аблогі". На верш „Пішы..." гуртом „Закон гука" была створаная песьня, прэм'ера якой адбылася ў сьнежні 2017 г.

Апошнім часам, калі пасьля пратэстаў 2020 г. незалежныя выдавецтвы ў Менску былі практычна ліквідаваныя, а тысячы беларусаў разьехаліся па розных краінах сьвету, пачалі зьяўляцца таксама аўдыёкнігі Вацлава Ластоўскага: „Кароткая гісторыя Беларусі"[26], агучаная акторам Алегам Гарбузам, а таксама дзьве гукавыя вэрсіі аповесьці „Лябірынты"[27].

Акрамя вяртаньня тэкстаў Вацлава Ластоўскага рабіліся таксама іншыя спробы ўпісаць імя беларускага адраджэнца ў культурную прастору Беларусі, замацаваць у гістарычнай памяці народа. Тут можна згадаць такія ініцыятывы, як прысьвячэньне славутаму беларусу радыё і тэлеперадач. Сяргей Дубавец у „Вострай браме" — сумесным праекце „Радыё

---

[24] (Не)расстраляныя. Мінск : А. М. Янушкевіч, 2021.
[25] Янушкевіч Я. Неадменны сакратар Адраджэння. Вацлаў Ластоўскі // (Не)расстраляныя. Уклад. Сяргей Будкін і Віктар Жыбуль. Мінск: А. М. Янушкевіч, 2021. С. 378–399.
[26] Ластоўскі В. Кароткая гісторыя Беларусі (аўдыякніга Litaralna) [Электронны рэсурс]. Рэжым доступу: youtube.com/watch?v=rVhrL_8YBT8. Дата доступу: 25.04.2024.
[27] Ластоўскі В. Лябірынты [Электронны рэсурс]. Рэжым доступу: youtube.com/watch?v=AkjNifUQagE. Рэжым доступу: youtube.com/watch?v=1il92yktLkg. Дата доступу: 25.04.2024.

Свабода" і „Нашай нівы" — асобны выпуск прысьвяціў менавіта Ластоўскаму і ягоным „Лябірынтам"[28].

На тэлебачаньні „Белсат" у праекце „Гісторыя пад знакам Пагоні" 162-гі выпуск знаёміў гледачоў з асобай Вацлава Ластоўскага. Пазьней праект дзеля шырэйшага распаўсюду быў выдадзены на асобных дысках. Імя Вацлава Ластоўскага было нададзенае старажытнаму дубу ў Полацку. Ініцыяваў гэтую падзею з нагоды 120-годзьдзя Вацлава Ластоўскага ў 2003 г. журналіст, пісьменьнік, старшыня Таварыства вольных літаратараў Алесь Аркуш. Напярэдадні падзеі Аркуш размаўляў з „Радыё Свабода": „Вацлава Ластоўскага заўсёды называюць волатам. Адпаведнік волата ў нас — дуб, нават гэта ў традыцыі беларускай, бо ёсьць дуб Адама Міцкевіча. І гэта, я думаю, плённы шлях у стварэньні культурнага кантэксту Полацку"[29]. Пісьменьнік выказваў таксама спадзяваньні, што да дуба будуць прыходзіць маладыя падчас вясельля, а сам дуб абавязкова трапіць у турыстычныя даведнікі[30]. Дуб, сапраўды, трапіў у турыстычны даведнік[31], тэкст да якога напісаў яшчэ адзін энтузіяст — гісторык, этнолаг Уладзімер Лобач. Выданьне было ажыцьцёўлена ў 2012 г. У тым жа годзе ў Глыбокім зьявілася Алея славутых земляком, дзе сярод іншых быў усталяваны бюст Вацлава Ластоўскага аўтарства беларускіх скульптараў Льва і Сяргея Гумілёўскіх.

Яшчэ адной рэгіянальнай ініцыятывай, зьвязанай з асобай славутага гісторыка была створаная ў 2009 г. студэнцкая гістарычная суполка „Аматары Беларускай Гісторыі імя В. Ю. Ластоўскага" пры Мазырскім дзяржаўным пэдагагічным унівэрсытэце. Старшынём суполкі быў Вадзім Дамарад, ён жа быў і галоўным рэдактарам друкаванага органа, газэты

---

[28] Дубавец С. Вацлаў Ластоўскі. „Лябірынты" (этэр „Вострай брамы" ад 08.11.2003).
[29] Аксак В. У гонар 120-годзьдзя Вацлава Ластоўскага ў Полацку зьявіцца дуб ягонага імя. Радыё Свабода, 07.11.2003 [Электронны рэсурс]. Рэжым доступу: svaboda.org/a/24850868.html. Дата доступу: 26.04.2024.
[30] Тамсама.
[31] Полоцк. Путеводитель. Текст В. Лобач, фото С. Плыткевич. Минск : Рифтур, 2012.

„Лябірынт", з матэрыяламі гэтага выданьня можна пазнаёміцца на старонцы інтэрнэт-бібліятэкі „Камунікат"[32].

Памяць пра Вацлава Ластоўскага ўшаноўвалася і ў межах міжнароднага фэсту дударскіх рэгіёнаў „Дударскі рэй", які адбываўся на Глыбоччыне (2017, 2018, 2019, 2020 — онлайн). І гэта ня толькі таму, што Ластоўскі быў ураджэнцам Глыбоччыны, але яшчэ і таму, што менавіта ён (пад псэўданімам Васіль Люцьвяг) адным зь першых заняўся вывучэньнем беларускай дуды, прысьвяціўшы ёй невялікі этнаграфічны нарыс „Дуда", які быў надрукаваны ў 1923 г. на старонках часопіса „Крывіч"[33]. Абапіраючыся на тагачасныя навуковыя крыніцы, аўтар зьдзейсьніў даволі грунтоўны аналіз традыцыйнага музычнага інструмэнту, адзначыў яго месца ў культурнай (у тым ліку літаратурнай) і гістарычнай спадчыне беларускага народа.

Мэмарыяльны крыж Вацлаву Ластоўскаму стварылі ў 2016 г. мастак Алесь Цыркуноў і разьбяр Юрась Камандзірчык. Гэта шасьцікнцовы Эўфрасіньнеўскі крыж з дубу, аздоблены алейнай размалёўкай, разьбой і лякам. Помнік быў устаноўлены ў Курапацкім лесе, дзе знаходзяцца пахаваньні ахвяр сталінскіх рэпрэсій. Гэтае месца трагічнай гібелі тысяч беларусаў ніколі не шанавалася недэмакратычнай уладай, а ўсталяваныя ва ўрочышчы крыжы, на жаль, неаднаразова зносіліся і апаганьваліся вандаламі (у тым ліку і крыж Ластоўскага, апошні раз у красавіку 2023 г.).

Таварыства беларускай школы, Міжнародная асацыяцыя беларусістаў, Міжнароднае грамадзкае аб'яднаньне „Згуртаваньне беларусаў сьвету «Бацькаўшчына»", Беларускі ПЭН яшчэ ў 2007 годзе заснавалі прэмію імя Вацлава Ластоўскага, якой уганароўвалі беларускамоўных настаўнікаў, выкладчыкаў і навукоўцаў.

---

[32] Лабірынт [Электронны рэсурс]. Рэжым доступу: old.kamunikat.org/labirynt.html. Дата доступу: 27.04.2024.
[33] Ластоўскі В. Дуда. (Гісторыка-абычаёвы нарыс) // Крывіч. 1923. №3. С. 42–44.

Постаць Ластоўскага
ў тэкстах беларускай сучаснай літаратуры

Цікава адзначыць, што постаць Вацлава Ластоўскага ўжо ў дзевяностыя гады XX ст. пачала трапляць і ў мастацкія творы сучасных беларускіх літаратараў. Звычайна, калі гістарычная асоба ў культурным полі нацыі мае сталую прапіску, то шлях яе ад актыўнага дзеяча да літаратурнага героя бывае больш доўгі і абавязкова праходзіць стадыю прадмета дасьледаваньняў, увекавечваньня памяці, стварэньня пэўных мітаў і сымбалізацыі. Калі ж прысутнасьць асобы ў гістарычным кантэксьце перарываецца і мае пункцірны характар, то ў гэтым працэсе практычна немагчыма захаваць пасьлядоўнасьць. Такім чынам, асоба Вацлава Ластоўскага пасьля доўгага пэрыяду адсутнасьці ў сьвядомасьці беларусаў у працэсе вяртаньня адначасова была і прадметам дасьледаваньня, і сымбалем эпохі, і літаратурным героем. Віктар Шніп у 1993 г. напісаў „Баляду Вацлава Ластоўскага". Напэўна, гэта быў першы твор, у якім Ластоўскі выступіў у якасьці літаратурнага героя.

Магчыма, што прысутнасьць нашага славутага земляка ў сучаснай літаратуры больш значная, але хацелася б зьвярнуць увагу на разнапланавасьць гэтай прысутнасьці, яе існаваньне на розных узроўнях мастацкага тэксту, а таксама на жанравую разнастайнасьць саміх твораў, у якіх гэтая прысутнасьць назіраецца. Такім чынам, прозьвішча Ластоўскага мімаходзь згадвае герой рамана „Пантофля Мнэмазіны"[34] Людмілы Рублеўскай, пра аўтара і ягоны твор „Лябірынты" разважаюць героі рамана „Сядзіба"[35] Алеся Аркуша. Героі фантастычнай аповесьці Аліны Длатоўскай „Ген зямлі"[36] ствараюць у Менску падпольнае аб'яднаньне „Лябірынт", што выразна адсылае чытача да твора Ластоўскага, а сам пісьменьнік згадваецца ў творы ў якасьці партрэта, што вісіць у бібліятэцы таемнага таварыства.

---

[34] Рублеўская Л. Пантофля Мнемазіны. Мінск : А. М. Янушкевіч, 2018.
[35] Аркуш А. Сядзіба. Полацк : Полацкае ляда, 2017.
[36] Длатоўская А. Ген зямлі. Мінск : Кнігазбор, 2017.

Натуральна, што без асобы Вацлава Ластоўскага ня мог абысьціся і Сяргей Шупа ў сваім архіўным рамане „Падарожжа ў БНР"[37]. І хаця ў творы даволі шмат увагі прысьвечана Ластоўскаму, то амаль кожная згадка, якая датычыць ягонай грамадзка-палітычнай дзейнасьці ці прыватнага жыцьця, вартая, безь перабольшаньня, асобнай поўнавартаснай кнігі — як навуковага дасьледаваньня, так і мастацкага твору, якім можа быць і гістарычная аповесьць, і палітычны дэтэктыў, і любоўны раман.

Цікавым прыкладам выкарыстаньня літаратурнай спадчыны пісьменьніка зьяўляецца апавяданьне Уладзімера Садоўскага „Лябірынты безыменнага горада"[38]. Як тлумачыць сам аўтар у прадмове, апавяданьне „Лябірынты безыменнага горада" створана шляхам перамешваньня двух апавяданьняў: „Лябірынты" беларускага гісторыка Вацлава Ластоўскага і „Безыменны горад" амэрыканскага культавага пісьменьніка літаратуры жахаў Говарда Лаўкрафта (у тэксьце таксама выкарыстаныя ўрыўкі зь ягонага апавяданьня „Фэст" у перакладзе Уладзіславы Гурыновіч)[39].

Гэты ж твор натхніў на стварэньне п'есы пад назвай „Лябірынты Власта"[40] драматурга і дасьледніка беларускай літаратуры Сяргея Кавалёва. Дзеяньне твора адбываецца ў Полацку ў 1928 г. і ў Саратаве ў 1938 г. Сярод дзейных асоб — Власт, навуковец і пісьменьнік. Акрамя таго С. Кавалёў выкарыстаў у сваім творы фрагмэнты, а таксама запазычыў герояў (Івана Іванавіча і Рыгора (Грыгор Н. у творы Ластоўскага) па мянушцы Падземны чалавек) уласна зь „Лябірынтаў" Ластоўскага. Напісаны ў 2020 г. і апублікаваны ў наступным годзе ў часопісе „Дзеяслоў" драматургічны твор, на жаль, не пасьпеў трапіць на сцэну. Пасьля пратэстаў 2020 г. у эміграцыі апынуліся многія акторы, рэжысэры, іншыя тэатральныя дзеячы Беларусі, да таго ж на першы плян у тэатры выйшлі іншыя, больш

---

[37] Шупа С. Падарожжа ў БНР. Архіўны раман. Радыё Свабода, 2018.
[38] Садоўскі У. Лабірынты безыменнага горада // Проста фантастыка. Мінск : А. М. Янушкевіч, 2018. С. 63–85.
[39] Тамсама. С. 63.
[40] Кавалёў С. Лабірынты Власта // Дзеяслоў. 2021. №4 (113). С. 199–217.

актуальныя і злабадзённыя тэмы. Але ня толькі п'еса Кавалёва магла б быць даволі цікава ўвасобленая ў тэатры, але і, як адзначала Л. Рублеўская, „цудоўнай і вельмі сучаснай можа выглядаць экранізацыя «Лябірынтаў» Вацлава Ластоўскага, з іх міфалагічнымі персанажамі"[41]. Хочацца спадзявацца, што аднойчы ўсе гэтыя, а таксама многія іншыя праекты, зьвязаныя з асобай і творчасьцю вялікага беларуса, будуць рэалізаваныя.

Прысутнасьць Вацлава Ластоўскага ў польскай культурнай прасторы

Польскія пераклады беларускай літаратуры зьяўляюцца даволі сталай часткай усёй перакладной літаратуры ў Польшчы. Іншае пытаньне: наколькі гэтыя пераклады вядомыя ці папулярныя ў польскім грамадзтве? У бібліятэках і кнігарнях можна адшукаць і творы беларускіх клясыкаў, і сучасных аўтараў, выдадзеныя як у савецкія часы (Янка Купала, Васіль Быкаў, інш.), так і ў наш час (Уладзімер Караткевіч, Сьвятлана Алексіевіч, Альгерд Бахарэвіч).

Час ад часу на польскім кніжным рынку зьяўляюцца асобныя выдавецкія ініцыятывы, значнасьць якіх цяжка пераацаніць. Адным зь іх быў уроцлаўскі праект „Беларуская бібліятэка", у межах якога была выдадзеная грунтоўная дзьвюхмоўная анталёгія беларускай паэзіі „Чала я не хіліў прад сілай"[42]. У том увайшлі тэксты творцаў, якія жылі ў розныя эпохі (ад XV да XX ст.) і пісалі на розных мовах (лацінскай, польскай, беларускай). Другі разьдзел пад назвай „З сучаснай паэзіі" пачынаецца з твораў Янкі Купалы і заканчваецца вершамі нашага сучасьніка — Андрэя Хадановіча.

---

[41] Сідарэнка А. Дзе „новая зямля" экранізацый? Калі героі нацыянальнай літаратуры запануюць у айчынным кіно? // Культура. №36 (1007). 03.09.2011–09.09.2011 [Электронны рэсурс]. Рэжым доступу: kimpress.by/index.phtml?page=2&id=6296&mode=print. Дата доступу: 25.04.2024.

[42] Чала я не хіліў прад сілай. Анталёгія беларускай паэзіі XV–XX стагоддзяў. Уклад. Л. Баршчэўскі, А. Паморскі. Wrocław : Kolegium Europy Wschodniej im. Jana Nowaka-Jeziorańskiego, 2008.

Трапілі ў выданьне і асобныя вершы Вацлава Ластоўскага, адзін зь іх — „Чала я не хіліў прад сілай", што варта падкрэсьліць асобна, даў назву ўсёй анталёгіі. Зададзеная загалоўкам тэма, безумоўна, паўплывала на выбар паэтычных тэкстаў. Хоць укладальнік і аўтар прадмовы Лявон Баршчэўскі адзначаў, што кіраваўся ня толькі тэматыкай вершаў, але ў першую чаргу зьвяртаў увагу на „якасьць наяўных польскіх перакладаў таго ці іншага паэта"[43]. Тым ня менш, у кнігу трапілі пераважна творы патрыятычнага і грамадзянскага гучаньня, а таксама пэйзажная лірыка, значная частка якой мае традыцыйна рамантычнае мастацкае вырашэньне.

Акрамя згаданага вышэй верша Ластоўскага ў анталёгію ўвайшлі ягоныя „Сабор сьвятога Марка ў Вэнэцыі", „На Радуніцу" і „Дума на Полацкім замчышчы", па-беларуску і ў перакладах на польскую мову ў выкананьні Адама Паморскага.

Нягледзячы на тое, што вершы былі напісаныя аўтарам каля ста гадоў таму, да таго ж паэтычная мова Ластоўскага даволі складаная, поўная аўтарскіх нэалягізмаў, што робіць нялёгкай задачай для перакладчыка пераўвасобіць іх на іншай мове, але зьяўленьне істотных для гісторыі беларускай літаратуры імёнаў у польскай анталёгіі — гэта важная падзея ў міжкультурным дыялёгу двух народаў. Для польскага чытача творы Ластоўскага могуць мець асаблівае значэньне яшчэ і таму, што дэманструюць „несавецкі" погляд на гісторыю Беларусі, чаго не было ў перакладных творах савецкага часу, а таксама прыадчыняюць таямніцу старажытных беларускіх сьвятаў і абрадаў.

Калі разглядаць уласна пераклады вершаў Ластоўскага на польскую мову, то варта заўважыць, што большасьць арыгінальных лексычных адзінак, выкарыстаных у арыгінальным тэксьце, якія не фіксуюцца ў слоўніках сучаснай беларускай мовы, перакладзеная на польскую мову пры дапамозе нарматыўных сэнсавых эквівалентаў. Зразумела, што ствараць перакладніцкія нэалягізмы даволі рызыкоўны захад. Перакладчык, мэта якога пазнаёміць чытача з творчасьцю замежнага

---

[43] Баршчэўскі Л. Слова замест уступу // Чала я не хіліў прад сілай. С. 10.

аўтара, часта абірае стратэгію пэўнага спрашчэньня экзатычнага тэксту, чым імкнецца да стварэньня моўнага рэбуса. Пры гэтым А. Паморскі адважыўся на ўвядзеньне шэрагу экзатызмаў у свае пераклады, такіх як „Przedwieczny Kon", „pokłonny" ці „od setek lat, od wieków wieka". Пры гэтым верш „На Радуніцу", перакладзены як „Na Zmartwychwstanie" (На Вялікдзень), страціў назву беларускага народнага сьвята, што, на маю думку, крыху ўводзіць у зман польскага рэцыпіента. Паводле перакладу атрымліваецца, што беларусы абрад памінаньня продкаў спраўляюць на Вялікдзень, а гэта ня так.

Наступным прыкладам прысутнасьці Вацлава Ластоўскага ў польскім кантэксьце зьяўляецца навуковы артыкул люблінскай беларусісткі Бэаты Сівэк, прысьвечаны п'есе С. Кавалёва „Лябірынты Власта"[44]. Вось такім апасродкаваным чынам, праз разгляд твора сучаснага беларускага драматурга, у навуковы абарот (у першую чаргу да польскіх славістаў) трапляе інфармацыя і пра аповесьць „Лябірынты", на падставе якой была напісаная п'еса, і сам аўтар першакрыніцы — Вацлаў Ластоўскі. Дадам, што Бэата Сівэк ажыцьцявіла таксама пераклад на польскую мову п'есы Кавалёва „Лябірынты Власта"[45] і гэта дае надзею на далейшае ўмацаваньне ў польскай культурнай прасторы асобы Вацлава Ластоўскага.

І апошняе, пра што хацелася б згадаць, гэта зьяўленьне новага беларускага выдавецтва ў Польшчы — „Полацкія лябірынты". Пакуль на рахунку выдавецкай ініцыятывы ня так шмат яшчэ кніг, але некалькі зь іх асабліва важныя па розных прычынах: гэта і падтрымка аўтараў, асуджаных па палітычных матывах, і папулярызацыя іхнае творчасьці, і выхаваньне ў беларусах гонару за сваіх суайчыньнікаў — абаронцу правоў чалавека, літаратара, нобэлеўскага ляўрэата Алеся Бяляцкага[46].

---

[44] Siwek B. Tekst dramatyczny jako przestrzeń dialogu międzykulturowego: Labirynty Własta Siergieja Kowalowa (wstępne rozpoznania) // Białorutenistyka Białostocka." 2022. T. 14. C. 107–120.

[45] На момант напісаньня артыкула пераклад ня быў надрукаваны.

[46] Алесь Бяляцкі. Уклад. Лявон Сновіч, К., Тацьцяна Нядбай. Менск-Варшава-Менск : Полацкія лабірынты, 2022.

і праўніка, адваката, сябра Каардынацыйнай рады — Максіма Знака[47].

Напрыканцы дадам, што мэтай артыкула не было сабраць і зафіксаваць усе зьвесткі пра Вацлава Ластоўскага. Зразумела, што па-за ўвагай маглі застацца і навуковыя артыкулы, і розныя культурныя ініцыятывы, якія адбываліся ў розных рэгіёнах Беларусі, і мастацкія творы. Але нам важна было прасачыць і прадэманстраваць на канкрэтных прыкладах, што такія ініцыятывы былі, што належалі яны найчасьцей мясцовым энтузіястам, якія дзейнічалі ня толькі без падтрымкі з боку дзяржавы, а часта насуперак тым устаноўкам, што трансьляваліся афіцыйнымі ўладамі, а ініцыятывы былі даволі разнастайнымі і ахоплівалі самыя розныя абшары: навуковы, дыдактычны, літаратурны, культурны і іншыя.

Прааналізаваўшы гэты працэс, які адбываўся на працягу апошніх дзесяцігодзьдзяў, даводзіцца, на жаль, канстатаваць, што дасьледаваньні асобы і творчай спадчыны Вацлава Ластоўскага маюць пераважна прынагодны характар і расьцярушаныя па розных крыніцах: газэты, часопісы, энцыкляпэдыі. Ніводная галіна беларускай навукі, да разьвіцьця якой прыклаў свае намаганьні Ластоўскі, ня можа на сёньня пахваліцца грунтоўнай манаграфіяй, прысьвечанай асобе і дзейнасьці вялікага беларуса, слаўнага дзеяча нашага адраджэньня пачатку ХХ ст. Таму зразумела, што ў такой сытуацыі наладжваньне міжкультурнага беларуска-польскага трансфэру моцна ўскладняецца і адбываецца марудна. У цяперашніх умовах, калі ў Беларусі зноў забараняецца і вынішчаецца ўсё беларускае, а „Выбраныя творы" Вацлава Ластоўскага прызнаюцца „экстрэмісцкімі матэрыяламі", застаецца спадзявацца, што ў чарговы раз беларуская дыяспара, раскіданая па ўсім сьвеце, выканае ролю захавальніка культурнай памяці беларусаў і перадасьць нашчадкам напрацаваныя веды і культурныя здабыткі.

---

[47] Знак М. Зэкамерон. Вершы. Гутаркі. Пер. Ігар Качуня. Уклад. Таццяна Нядбай. Варшава: Полацкія лабірынты, 2024.

VACŁAŬ ŁASTOŬSKI
IN BELARUSIAN AND POLISH CULTURE

Natalla Rusieckaja (Lublin)

This paper is dedicated to Vacłaŭ Łastoŭski, a Belarusian historian, writer, and political and public figure. It aims to bring together various aspects of Lastouski's life and work that have become part of Belarusian cultural discourse in recent decades, trace the process of reclaiming his legacy in Belarusian culture, and determine which of these elements have made their way into the Polish cultural context and what events facilitated this crossover.

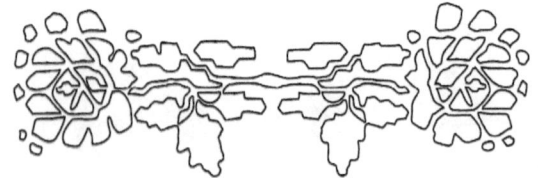

ПАКАЗАЛЬНІК ІМЁНАЎ

Абуховіч, Альгерд 128
Агіенка, Іван 101, 105, 112, 113
Аксак, Валянціна 229
Алексіевіч, Сьвятлана 233
Аляксандар II 54
Аляхновіч, Францішак 118, 126, 128
Андэрсан, Бэнэдыкт 120, 132
Арбузаў, А. Ц. 54
Аркуш, Алесь 229, 231
Арлоўскі, Восіп 128
Арлоўскі, І. Д. 156
Арол Л. 128
Асімаў І. А. 216
Бабкоў, Ігар 37
Багдановіч, Адам 31, 187
Багдановіч Іван 57
Багдановіч, Максім 88, 125, 128, 157, 167, 223
Багрым, Паўлюк 127
Багушэвіч, Францішак 54, 124, 128, 156
Байкоў, Мікола 83
Бакушынскі, Анатолій 172
Бандке, Ежы Самуэль 101
Барановіч, Лазар 127
Баршчэўская, Ніна 74, 80
Баршчэўскі, Аляксандар 47, 80
Баршчэўскі, Лявон 47, 233, 234
Баршчэўскі, Ян 124, 127
Баўэр, Ота 34–38
Бахарэвіч, Альгерд 233
Бацюшкаў, Пампэй 55, 101
Бітчанка, С. М. 56, 57
Біч, Міхась 45, 46, 60
Бокль, Генры Томас 30
Брайцаў, Якуб 128
Бруевіч, В. 128
Будны, Сымон 124, 127
Бузук, Пётра 83, 193
Буйло, Канстанцыя 128
Булахаў, Міхаіл 217
Бульба, Альгерд 161
Быкаў, Васіль 233
Быкоўскі, Леў 95
Быліна, Янка 128
Бядуля, Зьмітрок 128, 198, 200, 202, 204, 205, 206
Бялуга, Мікалай 193
Бялькевіч, Іван 83
Бяляцкі, Алесь 235
Васілеўскі, Леон 101
Вастокаў, Аляксандар 101
Васючэнка, Пятро 226, 227
Вераніцын, Канстанцін 124, 128
Весялоўскі А. Н. 217
Вілейшыс, Ёнас 93
Віндэльбанд, Вільгельм 32
Вінкельман, Ёган Ёахім 40
Вітан-Дубейкаўская, Юліяна 158, 159
Возьняк, Міхайла 101
Воранаў, Віктар 172
Выхадцаў, Тодар 176
Вэбэр, Макс 33
Вячорка, Вінцук 74
Галавацкі, Якаў 101
Галіна, Антось 128
Галубок, Уладзіслаў 128
Гальмаджан, Тодар 176
Галятоўскі, Іоанікі 127
Гарбуз, Алег 228
Гартны, Цішка 128
Гарун, Алесь 125, 128
Гарэцкі, Гаўрыла 128
Гарэцкі, Максім 118–134

Гвазьдзёў, Сяргей 102
Гелнэр, Эрнэст Андрэ 132
Гердэр, Ёган Готфрыд 40
Гобсбаўм, Эрык 132
Голуб, Тэрэза 128
Градоўскі, Аляксандар 29, 30, 32
Грубэ, Алесь 176
Грунтоў, Сяргей 180, 182, 187
Грушэўскі, Міхайла 55, 101, 102
Грыб, Тамаш 90
Грыгаровіч, Іван 101
Грымак, Лявон 128
Грынблят, Майсей 193
Грыневіч, Антон 128, 180, 182, 184, 186, 187
Грыневіч, Яніна 128, 180, 182, 184, 186, 187
Гужалоўскі, Аляксандар 142, 143
Гумілёўскі, Леў 229
Гумілёўскі, Сяргей 229
Гумілеўскі, Філярэт 101
Гурло, Алесь 128
Гурыновіч, Уладзіслава 232
Гусоўскі, Мікола 124, 128
Гушча, Тарас 128
Дабравольскі, Уладзімер 185, 199
Дабранскі, Флявіян 101
Дабужынскі, Мсьціслаў 109, 110, 158
Дамарад, Вадзім 229
Даніловіч, Ігнат 101
Дарэўскі-Вярыга, Арцём 127
Дастаеўскі, Фёдар 22, 25
Дашкевіч, Леў 187
Дзярновіч, Алег 63
Дзятко, Дзьмітрый 209, 216
Длатоўская, Аліна 231
Добраўскі, Ёсэф 213, 217
Доўнар-Запольскі, Мітрафан 55, 88, 101, 187
Доўнар, Ларыса 90, 95, 98, 102, 102–104, 106, 108
Драздовіч, Язэп 156
Дубавец, Сяргей 228, 229
Дубінскі, С. 192
Дуж-Душэўскі, Клаўдыюш 47, 92, 140, 148
Дунін-Марцінкевіч, Вінцэнт 54, 124, 127
Дучыц, Мікола 176
Дыла, Язэп 176
Дынзе, Уладзімер 32, 33
Дышчанка, Ян 193, 194
Ельскі Аляксандар 166
Ёнінас, Ігнас 94
Ермаловіч, Мікола 44–76
Еўлашэўскі, Тодар 127
Ёхэр, Адам 101
Журба, Янка 128
Жыгімонт Аўгуст 159
Жыгімонт Кейстутавіч 53
Жыгімонт Стары 52
Жылуновіч, Зьміцер 186
Жытлоўскі, Хаім 36
Загорскі, У. 173
Запрудзкі, Сяргей 73, 74, 80, 148
Зізані, Стафан 127
Зімэль, Георг 34
Знак, Максім 236
Зомбарт, Вэрнэр 30, 31, 35
Зязюля, Андрэй 128
Зямкевіч, Рамуальд 101, 128, 159
Іваноўскі, Вацлаў 153, 158, 159
Ігнатоўскі, Усевалад 186
Іерамія, патрыярх 159
Іофе, Эмануіл 182
Іпэль, Альбэрт 173
Кавалеўскі, Г. Г. 95
Кавалёў, Сяргей 232, 235
Каганец, Карусь 125, 128
Казак, Аляксей 192
Каліноўскі, Кастусь 127
Кальцоў М. 216
Камандзірчык, Юрась 230
Карамзін, Мікалай 101, 102
Каранеўскі, Язэп 187
Караткевіч, Уладзімер 233

Паказальнік імёнаў

Каратынскі, Вінцэсь 118, 126, 127
Карповіч, Лявон 127
Карскі, Яўхім 55, 77, 83, 88, 101, 104, 105, 187, 198, 199, 202, 208, 208–218
Касьпяровіч, Мікалай 83, 174, 178
Касяк, Канстантын 159
Каўка, Аляксей 102
Каўцкі, Карл 30, 31
Кацар, Міхаіл 175
Каяловіч, Міхаіл 55, 101
Кіпель, Яўхім 98, 102
Кіпрыяновіч, Рыгор 101
Кірыл Тураўскі 124, 127
Кісель, Апанас 127
Кісялёў, Генадзь 226
Кішка, Лявон-Лукаш 127
Ключэўскі, Васіль 101, 102
Кміта, Філон 127
Колас, Якуб 125, 128, 176
Конан, Уладзімер 227
Косіч, Марыя 128
Красінскі, Мікола 176
Краўцоў, Макар 128
Крашэўскі, Юзаф 101
Кругер, Якаў 146
Кругер, Якуб 176
Крымскі, Агатангел 78
Кубала, Людвік 55
Купала, Янка 125, 128, 233
Кушын, Павал 127
Лабоў, Ўільям 75
Ланг, Фрыдрых 36
Ластоўскі, Вацлаў 17–43, 44–76, 71–29, 125, 128, 137–151, 152–178, 187, 190, 220–237
Лаўкрафт, Говард 232
Лаўроў, Пётар 28, 30
Лейка, Кандрат 128
Лёсік, Язэп 83, 128
Леўчык, Гальяш 128
Лёфгрэн, Орвар 132
Ліндэр, Райнэр 47, 53, 56, 58, 66
Ліндэ, Самуіл 82
Лісоўскі, Мікалай 95
Лобач, Уладзімер 227, 229
Лобік, Лявон 128
Луцкевіч, Антон 39, 88, 178
Луцкевіч, Іван 88, 91, 158, 159, 161, 162, 163, 164, 173, 178
Лучына, Янка 54, 124, 128, 210
Львова, Ірына 78
Любаўскі, Мацей 101
Люцьвяг, Васіль 230
Лявончыкаў, Васіль 95
Ляйбовіч, Гірш 146
Ляўданскі, Аляксандар 142
Маджарскі, Лявон 127, 128, 144, 234, 235
Маджарскі, Ян 144
Мадзалеўскі, Канстанцін 176
Макарэвіч, Алесь 227
Маракоў, Леанід 227
Марзалюк, Ігар 57
Масарык, Томаш 212
Мачульскі, кс. Юрый 165
Мельнікава, З. 133
Мельнікава, Зоя 133
Мікешын, Міхаіл 175
Міхайлаў, Павал 209
Міхалап, Мікалай 157
Міцкевіч, Адам 22, 25, 229
Мураўёў, Міхаіл 54
Мушынскі, Міхась 128
Мэе, Антуан 71, 73, 75
Мялешка, Міхаіл 185, 187, 190, 191
Навіна, Антон 128
Надсан, а. Аляксандар 91
Налівайка, Людміла 141
Нарбут, Тэадор 101
Насовіч, Іван 82
Некрашэвіч, Сьцяпан 73, 80, 83, 142, 149
Неміроўскі, Яўген 103, 104, 108, 113
Нікалаеў, Мікола 102

Нікіфароўскі, Мікалай 181, 184
Нэканда-Трэпка, Антон 121
Нямцэвіч, Юліян 101
Пагуда, Пётра 190
Палацкі, Францішак 216
Палеес, Аляксандар 176
Паломнік, Даніла 127
Палуян, Сяргей 128
Паморскі, Адам 233, 234, 235
Пастарнак, С. Ф. 95
Паўловіч, Альбэрт 126, 128
Пацюпа, Юрась 74, 80, 81
Пашкевіч, Алесь 227
Пашкевіч, Ян-Казімір 127
Ператц, Уладзімір 101
Петрашкевіч, Алесь 128
Піліпаў, Язэп 128
Пічэта, Уладзімір 101, 188, 189, 190, 191
Поліўка, Іржы 211
Прушкоўскі, Вітольд 175
Пташыцкі, Станіслаў 101
Пчыцкі, Франц 127
Пшчолка, Аляксандар 126, 128, 198
Пыпін, Аляксандар 55
Рада Беларускай Народнай Рэспублікі 58
Радзевіч, Леанард 128
Радзівіл, Магдалена 166
Радзівіл, Міхал Казімер 144
Радзівілоўскі, Антон 127
Раманаў, Еўдакім 101, 181, 187, 195, 199
Ровінскі, Вікенці 127
Рошчына, Тацьцяна 114, 156
Рублеўская, Людміла 231, 233
Рушчыц, Фэрдынанд 163
Рыкерт, Генрых 32
Рымша, Андрэй 127
Рыпінскі, Аляксандар 127
Сабалеўскі, Аляксей 101
Саверчанка, Іван 128, 161
Сагарда, Мікола 95

Садоўскі, Уладзімер 232
Сазонава, Тацьцяна 103, 112
Салаўёў, Сяргей 102
Сапуноў, Аляксей 101
Сасюр, Фэрдынан дэ 71
Саўчанка, Надзея 180, 182, 187
Сербаў, Ісак 142, 176, 181, 187, 189, 191
Сержпутоўскі, Аляксандар 181, 187, 191, 202
Сівэк, Бэата 235
Сідарэвіч, Анатоль 225
Сідарэнка, А. 233
Сільнова, Людміла 97, 98, 156
Сімяон Полацкі 124, 127
Скарына, Францішак 66, 90, 91, 92, 175, 178, 222, 223
Скурко, Андрэй 61, 62
Смаленскі, Аўрам 127
Смаляціч, Клімэнт 127
Сматрыцкі, Мялеці 127
Сопікаў, Васіль 101
Спэнсэр, Гербэрт 30
Сразьнеўскі, Ізмаіл 101
Сракоўскі М. Я. 215
Станкевіч, Ян 73, 78, 80, 159
Станюта, Міхаіл 176
Стары Ўлас 128
Стрыйкоўскі, Мацей 101
Супінскі Антон 193, 197
Супінскі, Антон 171
Сымон, Барыс 226
Сыракомля, Уладзіслаў 127
Сьвянціцкі, Іларыён 94, 100, 101
Сьпяранскі, Міхаіл 101
Сьцябельскі, Ігнат 101
Тайлар, Эдвард Бэрнэт 30
Талочка, кс. Уладзіслаў 73
Тарашкевіч, Браніслаў 128
Транквіліон-Стаўравецкі, Кірыла 127
Тройца, Вацюк 128
Турчыновіч, Восіп 101
Тычына, Анатоль 156, 176

Паказальнік імёнаў

Уласаў, Аляксандар 128, 161, 163
Улашчык, Мікалай 189
Ульяна Віцебская 159
Ундольскі, Вукол 101
Усава, Н. М. 158
Фарботка, Юзюк 128
Фёдараў, Іван 103, 104, 108, 113
Фіёль, Швайпольт 104, 105
Філін, Фядот 77
Філіповіч, Міхась 146
Фіхтэ, Ёган Готліб 29, 30, 32
Фурман, Іван 174, 175, 178
Фядзюшын, Анатоль 142
Хабургаеў, Георгі 77
Хадановіч, Андрэй 233
Харламповіч, П. 192
Цётка 125, 128
Цыркуноў, Алесь 230
Цыхун, Апанас 209
Цьвікевіч, Іван 176
Цяпінскі, Васіль 90, 108, 124
Чарнышэвіч, Флярыян 128
Чачот, Ян 118, 124, 126, 127, 223
Чукічова, Надзея 227
Шавялёў, Юры 78
Шантыр, Фабіян 128
Шапока, Адольфас 102
Шафарык, Ёсэф 217
Шафарык, Павал 213
Шахматаў, Аляксей 77, 78, 101
Швед, Вячаслаў 209
Шлюбская, Надзея 183
Шлюбскі, Аляксандар 102, 156, 174, 180–207

Шлюбскі, Анупрэй 183
Шматаў, Віктар 108
Шніп, Віктар 231
Шпілеўскі, Міхал 147
Шпілеўскі, Павал 127, 147
Шпрынгер, Рудальф 28, 32
Шпрынгер, Эдуард 28
Шупа, Сяргей 74, 232
Шчакаціхін, Мікола 91, 148, 149, 174–176, 177, 194
Шылер, Фрыдрых 40
Шэін, Павел 181, 199
Эўфрасіньня Полацкая 48, 57, 124, 140, 141, 221
Юркойць, Алесь 98
Ядвігін Ш. 125, 128
Янушкевіч, Язэп 22, 24, 28, 47, 56, 128, 168, 223, 226, 228
Янчук, Мікалай 101, 187
Ярашэвіч, Юзаф 101
Ясюк, Іван 128
Bigot, Davy 75
Boutet, J. 75
Costa, J. 75
Hroch, Miroslav 48
Martel, Antoine 79
Maxwell, Alexander 48
Meillet, Antoine 71
Papen, Robert A. 75
Radzik, Ryszard 56
Saifullayeu, Anton 45, 48, 53, 59, 62, 66
Śleszyński, Wojciech 47, 48, 51, 59

Іншыя кнігі Skaryna Press

„Зьбіраўся скарб". Артыкулы ў гонар 50-годзьдзя
Скарынаўскае бібліятэкі ў Лёндане.

Экспэдыцыя Вацлава Ластоўскага 1928 году:
захаваная спадчына.
Вольга Лабачэўская

На „Старт" і ў „Тэмпе"!
Ножны шпурляк на Аршаншчыне.
Арцём Сізінцаў

І даўней так пелі: музычны фальклор
старавераў паўночна-заходняй Беларусі.
Вольга Барышнікава

Мовазнаўчыя працы.
Вацлаў Ластоўскі

Фэмінізацыя беларускай мовы.
Уладзіслаў Гарбацкі

Гід па фэмінізацыі беларускае мовы.
Уладзіслаў Гарбацкі

Беларусь у XXI стагоддзі:
паміж дыктатурай і дэмакратыяй.

Няскоранае пакаленне.
Галасы беларускай моладзі 2020-га.

Панове, паднапружцеся!
Элізабэт Бадэнтэр

Набывайце ў добрых кнігарнях і на *skarynapress.com*

www.ingramcontent.com/pod-product-compliance
Lightning Source LLC
Chambersburg PA
CBHW020404080526
44584CB00014B/1172